인본주의적 인간중심 모래상자 치료

Sandtray Therapy

A Humanistic Approach

Stephen A. Armstrong 저 | 전애영 역

도서출판 원미사

Sandtray Therapy

A Humanistic Approach

저자 서문

1 장에서 언급한 바와 같이 이 책은 모래상자치료사에게 내담자와 함께 모래상자 치료회기를 보내는 효과적인 방법을 소개해 주기 위해 쓰여졌다.

책에 첨부되어 있는 DVD는 고객과의 실제 모래상자 치료회기를 담고 있는데 이는 이 책에서 설명하고 있는 인본주의적인 접근방법을 예시하는 것이다. 이 책은 모래놀이치료사를 위주로 해서 쓴 것이기 때문에 나는 직접적인 서술방식을 많이 사용했고 형식적이고 기술적인 서술방식은 보다 적게 사용하였다. 이 책에서 나는 자주 독자인 당신에게 직접적으로 말 할 것이다. 이 책을 감수해 준 동료 한 사람은 편지를 읽는 것 같다고 말했다. 나는 이 책의 대부분에서 "그"라는 표현을 하지 않고 "그녀"라는 말을 대신 사용했다.

1부에서 나는 치료에 인본주의적으로 접근하는 방법, 이 방법에 있어서 관계의 중요성, 치료사들과 관련된 몇 가지 중요한 문제들과 모래상자 치료에 인본주의적 접근방법을 사용하고자 하는 치료사들을 위해 몇 가지 개발상의 고려사항을 설명하였다.

2부에서는 이 책에서 가장 실용적인 부분이고 따라서 가장 중요한 부분이다. DVD도 주로 이 부분에 초점을 맞추었고 DVD에 나와 있는 모래상자 기법의 다른 측면들도 설명하고 있는데 거기에는 지금 이곳에서 감정을 가지고 일을 하는 것, 내담자와 대면하여 일을 하는 것, 저항 그리고 고통 논쟁 등이 포함되어 있다.

3부에서는 수련감독을 하는데 있어 내가 어떻게 모래상자를 사용하였는가에 대해 설명한 장(chapter)이 포함되어 있다. 또한 나는 이 부분에서 연구와 훈련에 주안점을 두었다. 만일 당신이 모래상자 접근법을 배우고자 한다면 이 책에서 설명한 인본주의적 접근방법이 당신이 내담자와 같이 사용할 효과적인 구조를 제공받기를 바란다.

저자 감사의 말씀

저는 이 일을 하는데 저를 도와주시는 많은 분들이 계셔서 너무 다행이었습니다. Dee Ray는 과거 6년 간 저의 스승이셨고 상담사 교육자가 되는 힘든 과정에서 저를 인도해 주셨습니다. Dee는 카운슬링 분야에서 좋은 강연자와 연구자가 되기를 바라는 저희들의 표상이십니다. 그녀의 우정, 피드백과 인도는 저에게 형언할 수 없는 가치가 있는 것입니다.

저는 치료사로서 제가 알고 있는 것 중에 많은 것을 저에게 가르쳐 주신 두 명의 치료 마스터를 알고 있습니다: Rick Carson과 Bob Berg 입니다. 저는 두 분 모두를 매우 존경하고 그들 밑에서 치료사에 관해 배우게 된 것은 큰 행운이었다고 생각합니다.

제가 30년 이상 알고 지낸 Garry Landreth가 없었다면 저는 카운슬링에서 박사 학위를 따려고 하지 않았을 것입니다. 그는 저에게서 가능성을 보았고 그의 격려는 제가 박사 과정을 마칠 수 있다는 자신감을 저에게 심어 주었습니다.

작가이자 치료사이고 저의 35년 지기인 Stan Ferguson은 개인적으로 그리고 직업적으로 저에게 큰 도움이 되었습니다. 제가 윤리적 결정을 명확하게 내리지 못할 때 저는 Stan과 상의했고 그는 항상 제가 그러한 상황을 헤쳐 나갈 수 있도록 도와주었습니다. 그리고 최근에는 출판과 인쇄 분야에서 저에게 큰 도움이 되었습니다.

또한 저의 학과장이신 Stephen Freeman에도 감사드립니다. 그의 우정과 지도력은 저에게 매우 큰 의미가 있습니다. Dee, Stan 그리고 Stephen에게 이번 프로젝트에 보인 그들의 귀중하고도 사려 깊은 피드백과 제안에 대해 특별히 감사드립니다.

역자 서문

인간의 마음을 치유하는 치료방법 중 하나로 모래놀이치료가 우리나라에 보편적으로 대중들에게 소개되어 진 것이 이제 아마 10여년의 세월이 된 듯하다. 모래놀이치료는 내담자와 치료자가 진정한 인간의 만남이 이루어지면서 치유되어진다는 것을 경험하게 되었다. 모래상자에 펼쳐지는 매회기마다 내담자의 새로운 창조적 작품은 끊임없는 변화의 과정으로 인간 표현이 이루 말할 수 없는 경이로움을 만나게 된다. 그 속에서 자기 스스로를 찾아가는 과정이 자신의 요구들이 저절로 균형을 이루어가고 있는 듯 보였다. 이 균형은 인간의 심리적 부적응 상태를 적응의 상태로 향하는 경향성을 가지고 있었다. 이는 치료자의 균형적 삶과도 깊은 영향이 있다고 보여 치료자의 자질함양에 더욱 관심을 갖게 되었다. 그러던 중 역자는 이러한 위대한 인간의 변화놀이를 인간중심 표현예술치료라는 연수에 참여하면서부터 더욱 탐구하고자 하는 욕구가 강렬히 일어났다. 인본주의의 인간중심은 근본적으로 인간은 스스로 자신의 문제를 해결하고 이해할 수 있는 능력을 가지고 자기실현을 추구한다는 관점에서 출발한다. 인간중심치료는 치료자의 지식으로 치료하는 것이 아니고 치료자의 진솔하고, 공감적이고, 긍정적 존중 태도가 내담자 스스로의 씨앗을 성장시키고 가능성을 발휘하도록 한다. 이는 치료자의 지적 자질만이 아닌 인성적 자질의 결과와 맞닿는 것으로 내적 외적인 태도의 통합으로 내담자를 대할 수 있을 것이라는 확신으로 늘 인간중심 관련 모래놀이 책들을 찾게 되었다. 몇 년 전 S. A. Armstrong의 A Humanistic Approach Sandtray Therapy의 제목의 책을 만났을 때 이것을 제대로 공부하라는 메시지로 받아들여 한줄 씩 차분히 읽어나갈수록 보여지는 DVD매체와 함께 하면서 안도감에 가슴을 쓸어내렸다. 나는 선뜻 번역작업을 하기로 결정한 것이 아니라 연구하고 공부하는 마음으로 정리해 가다가 치료분야의 종사자 역량을 충분히 발휘할 수 있도록 지침이 될 수 있다는 확신을 얻어 함께 도움이 되고자 내어놓게 되었다. 혼자 읽고 이해하는 부분보다 내어놓고자 마음먹고 이 한권의 책을 번역 정리한다는 것이 얼마나 어려운지 다시 한 번 깊게 느끼게 되었다.

또한 모래놀이치료 분야에 인간중심이라는 또 하나의 장을 열어 함께 나눌 수 있다는 마음의 기쁨으로 이 책을 내어 놓는다.

이 책을 출간하는 과정에서 많은 분들의 도움이 있어서 동참해 주신 여러분께 진심으로 감사드립니다. 특히 이 책이 나올 때 까지 기다려주신 원미사 사장님과 편집과정에서 애써 주신 선생님께도 감사의 마음을 전합니다.

목 차

제3장 인본주의 치료사 • 57

제4장 발달 수준 고려 • 93

Part Ⅱ : 과 정

제5장 모래상자 체험 • 107

제6장 자각과 변화촉진 • 127

제7장 양극성 • 159

제8장 저항 • 183

제9장 슬픔 • 201

Part Ⅲ : 교육지도, 연구와 훈련

부록 A

Part Ⅰ

인본주의적 접근

1
인본주의적 접근 입문

관심 초점

모래상자 놀이에 관해 여러 권의 책이 저술되었다. 융의 관점에서 저술된 책들이 많지만 보다 더 절충된 관점의 저술된 책들도 있다. 이 저서들의 일부는 소품의 중요성, 상자의 크기, 장면에 관한 해석, 모래상자 놀이하기의 실제적 측면을 설명하는데 상당히 많은 주의를 기울이고 있다. 이 모든 주제들은 중요하기 때문에 본 저서에서 언급되고 있지만, 특별히 강조하는 것은 없다. 그렇다면, 본 저서는 어떤 점이 차별화되는가? 모래상자 놀이의 과정에 기본적으로 초점을 맞추고 있다. 본 저서에 딸려 있는 DVD는 실제 성인 내담자와 모래상자 놀이 치료를 진행하는 방식을 보여준다. DVD에 담긴 치료과정은 편집되지 않은 실제 모래상자 치료 세션이다. 본 저서에서 기본적으로 초점을 두고 있는 것은 성인과 청소년과 함께 하는 모래상자 치료를 하는 방법이며, DVD에서 내가 하고 있는 방식을 보여주고 있다. 아동과 함께하는 모래상자 치료에도 약간 초점을 두지만, 내가 다루고 있는 대부분은 15세 이상의 내담자와 함께 모래상자 치료를 하는 것이다.

만약 독자가 실제상담사나, 임상의이거나, 상담분야나 모래상자에 관해 관심을 가지는 관련분야의 대학원생이라면, 내담자에게 질 높은 중재를 제공하는데 본 저서가 도움이 될 것이고 앞으로의 교육에 대한 관심도 높일 것이다. 만약 당신이 모래상자기법을 이용해서 수련받기를 원하는 사람들의 수련감독자라면, 수련감독자로서 모래상자기법 활용을 다룰 수 있는 장을 포함시켰다. 만약 독자가 모래상자기법에 관해 알고자 하는 치료사라면, 나는 본 저서가 역시 흥미를 끌 것이라고 생각한다.

모래상자기법은 일종의 놀이치료이다(Flahive & Ray,2007; Homeyer & Sweeney, 1998). 모래상자와 놀이치료에서, 내담자들은 활동과 상징적 놀이를 통해서 자신을 표현한다. 놀이치료 교육과 경험이 모래상자기법의 전제조건인가?

나는 여러분들이 내담자와 모래상자를 활용하는데 놀이치료사가 되어야 한다고는 생각하지 않지만, 그것이 확실한 자산이라고 생각한다. 놀이치료 교육은 모래상자 치료사가 되고자 하는 사람들에게 여러 가지 면에서 도움이 되지만, 여기서는 몇 가지만 중점적으로 다룰 것이다. 첫째, 질 높은 놀이치료교육은 치료사들에게 철학과 활동중심의 접근법을 제공하기 때문에 도움이 된다. 뿐만 아니라 놀이치료 교육은 수련생들에게 비언어적 신호(nonverbal cues)를 읽고 반응하는 경험을 제공한다. 동봉된 DVD에는, 내가 내용보다는 과정에 대응하며 내담자와 함께 하는 세션이 많이 담겨 있다. 교육을 받고 있는 많은 치료사들이나 상담가들은 아직 이 기법을 익히지 못했지만, 내 의견으로, 훌륭한 치료사들은 모두 비언어적 신호를 읽고 반응하는데 상당히 능숙하다. 적어도 모래상자 치료사로서 교육을 받기 전에 놀이치료 입문과정을 수강할 것을 나는 권한다. 표현예술을 경험하는 것이 모래상자에 전제조건인가? 아마도 그럴 것이다. 여러분이 모래상자치료를 알아보려고 조사하기 전에 표현예술 활동을 몸소 체험해보기를 강력히 권한다. 다시 말해서, 모래상자 치료 세션을 실시하기 전에 내담자의 입장에서 모래상자기법과 기타 표현예술 활동을 체험해 보기 바란다. 또한 내담자와 다른 표현예술 매체를 활용하는 법을 배우기를 권한다.

Homeyer and Sweeney(1998)가 저술한 Sandtray: A practical manual(모래상자: 실제 지침서)를 읽어보지 않았다면, 그 책을 추천한다. 모래상자의 기본에 관한 많은 것들을 그 책에서 다루고 있으므로, 나로서는 내담자와 수련생들과 함께 하는데 귀중한 자료라고 생각했다. 이 책은 실제로 Homeyer and Sweeney 저서가 중단되는 지점에서 다시 기억하도록 설계되어 있다. Homeyer and Sweeney는 과정을 다루고 있지만, 그것이 그들 저서의 주된 초점은 아니다. 내가 모래놀이과정에 관해 논의할 때 그들의 저서를 참고로 하겠지만, 내가 여러분들과 함께 나누게 되는 대부분은 내 자신의 연수와 직접 내담자와 실제수련생들과 함께 나눈 체험에서 나오는 것이다.

본 저서의 목적은 실제 상담사들과 대학원 후기과정 학생들과 지도감독관들에게 인본주의적 관점의 모래상자 과정의 모델을 제시하는 것이다. 비록 나는 본서가 모래상자에 대한 어떤 이론적 접근에도 도움이 될 수 있다고 믿지만, 모래상자 치료의 이론중심 접근에서 가장 많은 부분을 차지하는 융학파들은 그들이 생각해왔던 것으로부터 매우 다른 저서라는 것을 발견할지도 모른다. 사실, 융학파는 보통 모래상자를 “모래놀이”(Allan, 1998; Kalff, 1980)라고 칭한다. 절충적이거나 인본주의적인 실천가들과 수련생들은 그들의 이론적 체계를 통합하는데 본서가 다소 더 쉽다고 생각한다. 그러나 지금-여기(here and now) 상황의 내담자와 실제를 배우는 것이 이론적 경향과는 상관없이 더 훌륭한 치료사가 되는데 도움이 된다고 나는 생각한다. 내가 인본주의적이라는 용어를 사용할 때, 인본주의적 철학과 인간중심이론 그리고 게슈탈트 주의를 포함하는 치료의 이론적 접근을 말하는 것이다. 본서는 처음부터 끝까지 인간중심의 철학과 게슈탈트 철학이 섞여 있다는 것을 알게 될 것이다.

Herlihy(1985)가 말했듯이, 인간중심 접근과 게슈탈트 접근은 공통점이 많다. 두 접근방식 모두 관계의 중요성과 내담자의 현실자각과 느낌의 중요성을 강조한다. 나는 인간중심의 치료와 게슈탈트 치료를 인본주의적으로 통합하는 것이 나에게 내담자의 성장을 도와주는 효과적인 접근을 제공한다는 것을 알았다.

인본주의적 치료

Cain(2002)은 인본주의적 심리치료의 기원은 Carl Rogers가 1940년에 했던 강연일지도 모른다고 말했다. 제목이 “심리치료의 신개념”이라는 Rogers의 강연에서, 그는 당시의 심리치료를 비판하면서 인지와 과거보다는 정서와 현재를 더 강조하는 접근법을 제안했다. Rogers는 치료적 관계를 성장경험이라고 칭했다. Rogers의 강연에 대한 반응은 흥분, 비판, 혼란이 뒤섞였다.

인본주의 치료사들은 내담자를 자신의 잠재력을 개발할 내재적 경향을 타고난 자기실현적 존재로 본다(Cain, 2002, p.3). 내담자들은 성장을 할 내적 자원을 활용할 능력을 가지고 있다고 본다. 인본주의 치료사들은 사람들이 자기를 자각할 수 있고 그들이 하는 선택에 책임을 질 수 있다고 믿는다. 내담자들은 소속되고자하는 욕구가 강한 사회적 존재로 보여진다. 인본주의 심리치료에서는 치료적 관계가 내담자의 건설적 변화의 기본 자원이다(Cain, 2002). 치료적 관계의 주목적은 성장을 위한 최적의 환경을 만들어내는 것이다. Rogers는 "대부분의 아동들은 그들의 정서적, 지적, 사회적 욕구를 충족하는 보통의 환경이 주어지면, 그들 자신 속에 삶에 반응을 하고 편안하게 적응해가는 동인을 충분히 가지고 있다"고 말했다(Kirschenbaum, 1979, p.75). 그러나 치료사가 아동이나 청소년이나 성인을 내담자처럼 보는 한 "적절한 보통의 환경"보다 더 많은 것을 필요로 하는데 왜냐면 그들이 어린 아동에 대한 신뢰가 없기 때문이다. 따라서 성장을 위한 최적의 환경은 다른 무엇보다 가장 중요하다.

그러나 아동이 성장해 갈 때, 충분히 경험하는 존재에서 자기 자신과 일치되지 않고 자신을 자각하지 못하는 존재로 변화시킬 때 어떤 일이 일어나는 것일까? Kirschenbaum and Henderson(1989)은 다음과 같이 말했다.

> 인간이 유아에서 어른으로 성장해 가면서 내면의 분열이 점점 커지는데, 우리 자신의 더 깊은 "경험"으로부터 인정과 사랑을 받기 위해서 우리의 즉각적인 자각을 분리시키는

> 분열이 생긴다.
>
> 우리는 우리의 삶에서 중요한 보호자들에게 받아들일 수 없는 것으로 여겨지는 우리자신에 관한 감정과 표현을 억누르는 것을 배운다. 사랑받고 인정받고자 하는 우리의 욕구는 "일치성"을 이루고 전체성이 되고 참될 수 있는 우리의 능력을 해칠 수도 있다. 미성년 같은 "평가의 중심"이 우리 안에 확고하게 자리하고 있으나 우리는 신체적으로, 정서적으로, 지적으로 성장하기 때문에 우리는 외부세계로부터 우리에게 오는 그 평가를 "무의식적으로 받아들이는(내사)" 것을 배우는데…… 우리가 진정으로 누구인가를 알기 전까지는 그것은 이미 실행할 수 있는 게 아니다.

우리 자신을 잃어가는 이런 과정을 감안하면, 치료사의 역할은 내담자가 처음에 가지고 있던 것, 즉 자신과의 관계로 돌아가는 과정을 용이하게 하는 것이다. 내담자를 그 자신으로 인정하고 모든 감정을 받아들일 수 있을 때 내담자는 불쾌한 부분을 제거한 자신보다는 자신의 진정한 감정을 알고 중요하게 여기며, 받아들이기 시작한다. 성장을 도와주기 위해서 치료사는 믿음과 예측을 보류하고 내담자처럼 되는 것을 이해하기 위한 의식적인 노력을 해야 한다. 내담자의 현실자각이 치료사의 관심의 초점이다. Rogers가 말했듯이, 인본주의 치료사는 정서를 강조하고 정서를 인간의 행동에 영향을 주는 중심 역할을 하는 것으로 본다. 내담자가 그들의 감정을 더 잘 이해하도록 도와주는 것뿐만 아니라 인본주의 치료사들은 내담자가 그들의 삶의 의미와 패턴을 이해하도록 도와준다.

"인본주의적 치료사들은 사람들을 자신들의 삶의 방식과 과정, 그리고 일어나는 사건들에 대한 그들의 태도를 본질적으로 자유롭게 선택하는 존재로 본다. 사람들이 자유롭게 선택함과 동시에 그들의 선택에 책임을 진다(Cain, 2002, p.12)." 내담자는 깊은 자각을 통해서 자멸적인 선택과 행동패턴을 더 잘 자각할 수 있게 되고 새로운 길이나 방향을 선택할 수 있게 된다.

본서에서 인본주의적 접근은 주로 지금-여기(here-and-now)에 초점을 둘 것이다. Bugenthal(1999)은 치료사들은 내담자에 관한 정보보다는 내담자의 즉각적이고 주관적인 경험에 더 초점을 두어야 한다고 말했다. Bugenthal은 "삶의 순간에 우리자신에 대한 자각이 높아지면 자기주도의 효과가 커지고 삶의 만족도 높아진다"고 말했다(p.24).

본서는 주로 상담교육을 받는 실제수련자들을 위해 저술되었지만, 담고 있는 내용은 임상 사회복지사와 상담심리학자들에게도 적용이 된다. 학문적 환경에서는 상담 수련생들이 개념화할 상담이론을 하나로 선택하고 내담자와 중재 할 것을 권한다. 만약 수련생이 이론에서 벗어난다면 수련감독관은 수련생의 오류를 고쳐주고 선택한 이론을 다시 일관되게 적용하도록 지도한다. 다른 상담, 임상사회복지 또는 상담심리 프로그램에서는 기법에 초점을 맞추고 이론은 일체 무시하거나 이차적인 것이 된다. 또 다른 프로그램에서는 학생들에게 이론적으로 절충을 하라고 권장한다.

반면에 실제수련자들은 이론적 소품을 따르기보다는 내담자의 요구를 충족하는데 더 관심을 둔다. 내담자와의 접근에서 단 하나의 이론만 이용하는 실제수련자들을 많이 알고 있지만, 나는 이런 실천은 놀이치료사들에게 흔치 않은 예외라고 생각한다. 나는 North Texas대학에서 받았던 인간중심 교육과 Rick Carson에서 받았던 게슈탈트 교육 그리고 Greenspan(2004)과 그 외 사람들의 발달이론에 큰 영향을 받았다. 나는 이런 관점들과 기법들을 결합하여 내가 함께 작업한 내담자들과 실제수련생의 요구를 충족할 수 있다는 것을 알았다.

나는 본서에서 이론에 대해 많이 설명하지 않을 것이지만 그렇다고 해서 이론이 별로 상관이 없거나 중요하지 않다고 생각한다는 의미는 아니다. 반대로, 매우 중요하다고 생각한다. 개념화와 중재를 알려줄 이론이 없으면 실제수련자들은 내담자와의 효과와 방향이 제한적일 것이다. 여러 가지 기법을 인용하는 상담가들은 치료의 이론적 기초를 잘 발전시켜 나갈 것이다.

실제수련에 관하여 한마디 하고 싶다. 나는 수련감독관으로서 나 자신의 스타일을 개발했다. 박사과정의 실제수련생들과 함께 하면서, 나는 치료사 개인에게 초점을 맞추는 것이 내가 수련감독관으로서 해왔던 가장 풍요로웠던 경험임을 알게 되었다. 나의 실제수련생들은 내담자 중심의 교육보다는 이런 종류의 작업을 더 중요하게 여긴다는 것을 알았다. 모래상자는 실제수련생들에게 자기자각을 심화시키고 치료에서 자신을 효과적으로 이용하는 성장을 도와주는 경험을 제공하는데 최적이다. 독자들은 본서를 읽으면서 치료사들의 자기자각의 중요성이 명확해질 것이다. 만약 치료사로서의 초점이 지금-여기(here-and-now)의 감정이라면, 우리는 내담자의 강렬한 감정에 대해 편안한 수준이 되어야 할 필요가 있고, 그런 감정이 우리에게 미치는 영향을 알아야 한다.

본서에서 내가 가정하는 것 중 한 가지는 자각과 성장은 함께 간다는 것이다. 만약 내가 무엇을 자각하지 못한다면, 내가 그것을 어떻게 바꿀 수 있겠는가? 본서는 내담자와 내가 더 많은 것을 자각할수록 더 좋다는 가정을 근거로 한다. 본서의 많은 부분이 내담자의 자각을 돕는 방법에 관한 것이다. 여러분이 치료사로서 자기 자각이 높을수록 내담자를 더 깊이 데려갈 수 있다.

자각과 통찰

나는 자각과 통찰을 구분하고자 한다. 통찰이 중요하다고 생각하지만 그것을 자각의 부산물로 본다. 그 두 가지를 구분하는 나의 방식은 통찰은 왜(이유)에 관한 것이고 자각은 무엇과 어떻게에 관한 것이다. 여러분이 누군가가 방금 당신에게 했던 말에 이상하게 반응한다는 것을 의식한다고 하자. 배근육이 당기고 생각이 정신없이 돌아가는 것을 의식한다. 이 의식(눈치챔) 과정이 내가 자각이라고 부르는 것이다. 당신은 자신이 경험하는 것과 어떻게 반응하는지를 알아차리고 있다. 왜 자신이 이런 식으로 반응하는지에 관해 생각하고 그 사람이 당신을 당신의 아버지나 형처럼 대한다는 것을 깨달으면, 그것이 바로 내가 통찰이라고 부르는 것이다. 나는 통찰을 인지과정으로 보고, 자각을 경험적 지금-여기(here-and-now) 과정으로 본다. 그 두 가지는 중요하지만 나는 자각이 있는 사람보다는 통찰이 있는 사람들 더 많이 만난다. 치료사들을 비롯하여 많은 사람들은 매우 통찰력이 풍부하다. 우리는 우리가 어떤 일을 왜 하는지 알고 싶어하는 경향이 있다. 많은 내담자도 마찬가지이다. 서양 문화에서는 통찰과 분석이 자각보다 더 강조되는 것 같다. 모든 것을 설명하는 것이 우리에게는 매우 중요해 보인다. 물론, 인생에 많은 것들은 설명하기 힘들다. 나는 당신이 설명할 수 없는 어떤 일들이 당신에게 일어났다고 추측하고 있다.

자각은 겁이 날 수도 있다. 그것은 지금-여기(here-and-now)의 경험에 의한 것 이다. 물론 자각이 사실 뒤에 올 수도 있다. 나는 뭔가를 경험하고 나서야 고통 받는다는 것을 눈치 채지 못할지도 모른다. 통찰은 주로 사실 뒤에 온다. 이것은 종종 반영의 결과이다. 반영은 중요하며 우리의 문화에서 소홀히 되지 않는다. 반영을 방해하는 것들이 너무나 많다. 반영은 왜(이유)에 초점을 두거나 무엇과 어떻게에 초점을 두기도 한다.

본서에서 대부분의 초점은 통찰보다는 자각이다. Rohr(1999)은 자각에 대한 우리의 첫 반응은 대부분 긍정적인 것이 아니라고 말했다. 그는 대부분의 사람들이 새로운 자각수준으로 들어가면 불안이 높아진다고 말했다. 우리는 편안한 영역에서 살기를 좋아하는데, 자각은 그 편안한 영역을 방해한다. 편안한 영역의 가장자리로 가면, 불안을 느끼는 경향이 있다. 진실을 아는 것이 좋은 것이라고 생각하기는 하지만, 우리는 이런 종류의 진실을 두려워하는 경향이 있다.

예를 들면 나는 내 자신과 다른 사람들에 대해 비판적인 편이다. 이런 경향은 내가 완전히 긍정적으로 보는 것이 아니다. 대부분 나는 이런 경향을 내 자신의 약점이라고 생각한다. 언젠가 나는 온종일 만난 수많은 사람들을 비판하고 있다는 것을 알게 되었다.

내가 자신을 알아채고 내가 무엇을 하고 있는지를 의식할 수 있으면 도움은 되지만 그것이 내 자신에 대해 편안하게 느끼게 해주지는 못한다.

이제 비판의 다른 유형으로 전환해 보자. 우리 자신에 관하여 뭔가를 눈치 채면 우리자신에 관해 판단을 내리거나 비판하기가 쉬워진다. 대부분, 나는 이런 태도가 도움이 된다고 생각하지 않는다. 우리가 습관이나 패턴을 의식할 때 우리 자신을 향하여 판단을 하지 않게 될수록 우리는 더 성장할 수 있다. 이 말을 다시 한 번 해보자. 우리가 습관이나 패턴을 의식할 때 우리 자신을 향하여 판단을 하지 않을수록 우리는 더 성장할 수 있다. 사람들은 인정해주는 환경 속에서 성장하고 발전한다. 언급했듯이 서양의 문화는 사람들에게 천성적으로 비판을 하고 판단을 하게끔 장려하는 경향이 있다. 예술평론가, 음악평론가, 영화평론가가 있다. 이런 모든 종류의 비판이 그 자리를 잡는 동안 자기비판은 역효과를 낳는 경향이 있다. 허용(인정)과 자각이 성장을 도와준다.

어떤 치료사들은 자기 자신을 모래상자 치료사라고 확인시킨다. 내가 아는 어떤 모래상자 치료사는 내담자와 전적으로 모래상자를 이용한다. 나는 내 자신을 모래상자 치료사라고 밝히지 않는다. 나는 내 자신이 모래상자를 좋아하고 거의 모든 연령의 내담자에게 활용할 가치가 있고 힘이 있다고 깊이 믿는 인본주의 치료사라고 말하고자 한다. 모래상자는 신비로운 힘이 있다고 나는 생각한다. 때때로, 어떻게 상자 하나가 내담자의 중요 문제를 모두 담아내는지를 보면 놀라울 따름이다. 각각의 상징은 기억과 경험과 트라우마, 희망, 꿈을 담고 있다. 상징들이 모여 고통스럽거나 만족스럽거나 괴롭거나 아주 의미 있는 내담자의 삶을 표현한다. 그것은 정말이지 완전히 마음을 사로잡는다. 내담자의 역할에서 모래상자를 경험해 보았다면, 나는 당신이 모래상자가 얼마나 신비로울 수 있는지를 경험으로 알기를 바란다. 이미 실제수련자로서 모래상자를 활용하고 있다면, 본서와 DVD가 내담자와 모래상자 활용을 더 풍요롭게 해 줄 것이다.

모래상자 활용을 위한 이론적 해석

> Homeyer and Sweeney(1998)는 모래상자 치료를 비언어적 소통도구로서 구체적인 모래상자 자료를 활용하여 내담자에 의해 주도되고 교육을 받은 치료사에 의해 촉진되면서, 개인 내면의 문제와 대인간의 문제를 펼쳐내고 처리하는 표현적이고 투사력이 있는 심리치료방식이라고 정의하였다(p.6).

나는 주로 본서에서 청소년과 성인에게 모래상자를 활용하는 것에 초점을 맞추기 때문에 인본주의적 모래상자 치료에서 촉진과정이 치료의 통합적 부분이라는 것을 덧붙이고자 한다. 어린 내담자들에게는 모래상자 치료가 비언어적 특성을 더 많이 갖고 있지만, DVD의 세션에서 보듯이 모래상자는 문제를 말로 찾아갈 수 있는 발판으로 이용될 수 있다.

Homeyer and Sweeney(1998)는 모래상자에 대한 이론적 해석을 광범위하게 제시하였다. 모래상자가 생소한 관심을 가진 독자라면 모래상자의 가치와 타당성에 관한 그들의 글을 다시 읽어 보고 싶을 것이다. 본서는 더 상급독자들을 위한 저서임을 명심하고 나는 그들의 이론적 해석을 우리의 목적에 맞게 수정하였다.

모래상자의 운동감각성 특성

모래는 감각적인 특성을 가지고 있다. 많은 나의 내담자들은 단지 모래를 손가락 사이로 흘려보내면서 몇 분을 보냈다. 그들 중 어떤 사람들은 이 감각적 경험을 통해 어린 시절의 기억을 경험하였다. Homeyer and Sweeney(1998)가 "모래는 그 자체로 치료적 경험이다"라고 기록했다. 모래는 위안을 주고 더 심층적인 상담을 하는데 필요한 안전하다는 느낌을 자아내는데 도움이 된다.

모래에 소품을 정렬해 놓는 것이 많은 내담자들에게는 아주 중요하다. 많은 내담자들은 소품을 모래에 꼼꼼하게 정렬해 놓으며 그들이 놓고 싶은 방식으로 놓기 위해서 상당한 시간을 보내며 애를 쓴다. 통제의 문제를 가지고 있는 내담자들은 모래상자에서 그들의 세계를 통제하는 능력을 즐기는 것 같다. 분명한 것은 많은 내담자들은 자기 삶에서 어떤 것들에 아무런 권한이 없었다고 느껴왔기 때문에 모래상자에서의 이런 경험을 하는 것이 아주 중요하다.

모래상자는 간접적이다

놀이치료와 같이 내담자들은 트라우마, 갈등, 양가감정, 고통,

기타 문제와 관련된 감정들을 모래놀이에서 투사를 통해 간접적으로 더 편안한 감정으로 느낀다. 사람 형상보다는 동물이나 무생물 상징을 통해 그들 자신을 그려내기를 선택한다. 상자 안의 텅 빈 공간조차도 내담자의 여러 측면을 보여준다. 말로 고통을 경험하고 표현하기는 많은 사람들에게 위협적이다. 많은 사람들은 과거의 트라우마를 되살리는 것을 너무나 두려워하여 그 고통이 의미하는 구멍에서 나오지 못할지도 모른다고 생각한다. 상자는 문제와 감정을 표현하기에 더 안전하고 덜 직접적인 방식을 제공한다.

모래상자의 이런 간접적 특성이 어떤 내담자들에게는 특히 매력이 있다. 어떤 성인들은 간접적 방식으로 사람들과 관계를 맺는 습관을 형성한 사람들이 있다. 이런 방식을 이용하는 사람들은 그들 자신에 관해 진술을 하기 보다는 질문을 하는 경향이 있다. 내 아내와 내가 처음 데이트를 시작했을 때, 나는 이런 현상을 천천히 이해하게 되었다. 아내는 나에게 "외식하러 갈래요?"라고 묻곤 했고, 나는 "별로"라고 대답하며 이 문제는 끝이 났다고 생각했다. 나는 곧 그녀의 질문이 실제로는 그녀가 외식하러 가고 싶다는 욕망에 관한 진술이었음을 알게 되었다. 나는 부부들이 이와 비슷한 것을 겪었을 것으로 생각한다.

모래상자의 카타르시스

나는 모래상자에서 종종 카타르시스가 일어난다는 것을 알았다. 카타르시스라는 말은, 이전에는 표현되지 않았던, 그리고 때로는 이전엔 의식 밖에 있던 감정이 강하게 표출되는 것을 의미한다.

나는 억제와 억압사이의 경계가 흐릿하다고 생각한다. 어떤 저자들은 억제를 억압보다 더 의식적인 과정이라고 기술하지만, 나는 사람들이 감정 속에서 불편해하는 경향이 있고, 그것을 통제하고 피하는데 상당한 에너지를 소비한다고 생각한다. 비록 이런 감정을 자각하기는 하지만 표현은 자각하기조차 미미할 정도로 자신에게만 국한시킨다. 많은 내담자들은 감정을 경험한다면, 그 감정이 자신을 소모시킨다고 생각한다. 일단 그 감정을 놓아버릴 수 있다면, 그 감정이 강렬하기는 하지만 참을 수 없을 정도는 아니라는 것을 깨닫는다.

남아 있는 장에서는 감정을 경험하기를 두려워하는 내담자를 도와주는 방법을 보여줄 것이다. 물론 이것은 여러분이 당신 자신의 감정을 기꺼이 경험하고자 한다는 것을 가정한다. 아마 내담자를 그들의 경험 속으로 당신이 가고자 하는 것보다 더 깊이 내담자를 데려가지 못할 것이다. 이런 의지를 가지면 당신이 내담자를 더 깊은 자각 속으로 데려가는 기술을 배우기 위해서는 상당한 작업과 실습이 필요할 것이다.

모래상자는 포괄적이다

어린 아동들은 가족치료에서 종종 제외시킨다(Armstrong & Simpson, 2002).

사실, 어린 아동들에 관해 교육을 받지 않고 어린 아동을 말로 하는 치료에 참여할 수 있는 가족 구성원으로만 보는 가족치료사들이 많다. 모래상자는 아동들이 놀이와 활동을 소통의 수단으로 이용할 수 있게 해주는 매체물을 제공한다.

발달 관점에서 보면, 어린 아동을 가족치료에서 제외시키는 것은 허용할 수가 없다. 모래상자와 기타 표현적 예술 활동은 치료사들에게 전 가족의 참여를 촉진하는 놀이 매체를 제공한다(Carey, 1994).

모래상자에서 은유

놀이치료와 마찬가지로, 모래상자는 은유적이다. Homeyer and Sweeney(1998)는 은유는 치료적으로 효과적일 수 있다고 말했다.

내담자가 모래에서 자신의 은유를 만들어낼 때, 치료사들은 내담자가 만들어내는 상징을 가진다. 그러므로 치료사들은 내담자가 은유와 관계가 있을지를 걱정할 필요가 없다. 내담자들은 은유를 만들어낼 뿐만 아니라 은유 무리를 만들어 내기도 한다. 언뜻 보기에는 관계가 없어 보이는 복잡하게 짜여진 양탄자가 일관된 전체로 상징되기도 한다.

내담자가 은유와 은유적 무리를 만들어낼 때, 이 자료들을 가지고 상담을 하는 인본주의적 방법은 해석을 하는 것이 아니라 탐구를 하는 것이다. 이 접근에서는 해석은 치료사 당신만의 것이다. 당신은 모래상자 동안에 마치 대화치료에서 내담자와 상담하듯이 경험에서 우러난 추측을 할 것이다. 인본주의 치료사들은 가끔 스스로에게 "이것은 무엇을 의미하지?"라고 묻는다. 그러나 인본주의 치료사들은 그들의 해석을 내담자와 나누지 않는다.

모래상자는 깊은 자아개방을 촉진한다

만약 치료사가 내담자들에게 적절히 대응한다면, 모래상자는 치료에서 새로운 차원의 문제를 열 수 있다. 본서의 많은 부분이 내담자들을 그들의 문제와 자각으로 인도하는 방법으로 내담자에게 대응하는데 할애하고 있다. 모래상자의 시각적, 운동감각적 특성은 내담자가 문제에 초점을 맞추고 집중력을 유지할 수 있게 도와주는 매개체를 제공한다. 만약 치료사들이 내담자가 만들어내는 모래의 은유를 다루는데 능숙하다면, 내담자는 한 번도 해보지 못한 방식으로 문제와 감정을 경험할 수 있다. 내담자에게 신뢰와 안정감이 있으면, 그들의 감정을 충분히 경험할 만큼 편안해질 수 있다. 나는 다음 장에서 내담자가 그들의 감정을 충분히 경험하는 것이 왜 중요하다고 생각하는지 설명할 것이다. 내담자가 이 경험에 저항하는 경향이 있기는 하지만, 그들도 역시 그들을 구속해 온 그 고리로부터 자유로워지고 싶을 것이다.

DVD: 모래상자 치료 세션

다른 저술에 비해 본서의 한 가지 독특한 점은 DVD가 함께 포함되어 있다는 것이다. 46분 길이의 실제, 편집되지 않은 연습이 없는 모래상자 치료 세션이 담겨 있다. 세션의 과정진행 부분만 담았는데, 그것이 본서에서 기본적으로 초점을 두고 있는 것이기 때문이다.

DVD 속의 내담자는 오랫동안 봐 왔던 여성이다. 40대이며 결혼

하여 5명의 자녀를 두고 있다. 자녀가 6명이었으나, 1명의 자녀를 잃은 것이 모래상자 세션에서 주요 문제이다. 이 세션이 있기 8개월 전에 이 내담자의 16세 아들이 자살을 하였다. 자살할 당시에 약물남용 경험이 있었고 정신과 병원에 있었다. 상상할 수 있듯이, 아들의 죽음은 엄청난 충격이었다.

내담자의 다른 문제 일부는 드러나겠지만, 나는 여러분이 세션을 보기 전에 이 문제에 관해서 알았으면 좋겠다. 세션을 촬영한다는 동의를 내담자에게서 받았고, 그녀는 자신의 이야기가 다른 사람들에게 도움이 되기를 희망했다.

전체 세션에 관한 대본이 부록 A에 포함되어 있다. 내 스스로 세션 전체를 원고로 옮겼는데, 그것은 장단점이 있었다. 대본 속에, 나는 내담자와 내 말 중에서, "어, 음…" "있잖아요" 같은 말을 빼고 다 적었다. 학습과 참고를 용이하게 하기 위해 나는 내담자-치료사 부분에 각각 번호를 매겼다.

2장에서 그 세션에 관하여 말할 것이기 때문에 이 장을 읽고 난 후에 DVD를 보기를 권한다. 그 세션은 극심하고 내담자의 문제는 고통스럽다. 내담자는 자살로 아들을 잃었고 세션에서 이 상실의 고통을 경험한다. 이 세션이 완벽하지는 않다. 세션을 보고 난 후, 나는 기회가 있다면 수많은 부분을 다르게 했을 것이라는 생각이 들었다. 본서의 여러 부분에서 몇 가지에 대해 이야기할 것이다. 세션이 완벽하지 않다는 점이 DVD의 마음을 끄는 특성인지도 모르겠다. 숙련자나 대학원생들을 가르칠 때 내가 실수를 하면, 그들이 그것을 좋아한다는 것을 알고 있다. 학생 평가에서 그들은 내가 수업 중에 완벽하지 않은 놀이치료의 순간을 함께 나누려하는 점을 평가해주었다. 여러분이 이 세션이 모래상자 치료의 접근을 보여주는데 도움이 된다고 생각하기 바란다.

내가 애를 쓰고 있던 한 가지 문제는 내가 하는 일을 어떻게 하느냐를 설명하는 것이다. 나의 학생들이 증명하듯이, 나로서는 그렇게 쉽지 않았다. 그 순간에 내가 하는 것의 대부분은 직관이다. 내가 수업 중에 생생한 시연과 교육을 하면, 학생들은 내가 왜 어떤 방식으로 대응하고 다른 방식으로는 대응하지 않는지를 묻는다.

학생들은 실망스럽겠지만 내가 자주 하는 대답은, "그것은 느낌의 문제다"라는 것이다. 학생들과 수련생들이 "전문가"가 이렇게 말하는 것을 들으면 답답하다.

그것은 누구나 뭔가를 알려고 할 때 듣고자 하는 대답이 아니다. 유감스럽게도 그것이 사실이다. 당신이 오랫동안 치료사 일을 해왔다면, 직관적인 사람이라면, 당신의 접근방식이 나와 비슷하다면, 아마도 내 말을 이해할 것이다. 본서의 후반부 상담가/치료사 발달에서 치료사는 어떻게 그들 자신만의 방식과 접근법을 개발하는지에 관하여 토의할 것이다.

나는 치료사로서 직관적이다 할지라도, 그리고 내가 치료를 어떻게 하는지를 설명하기가 어려운 때가 있기는 하지만, 본서는 실제 내담자와 실제 세션을 담은 DVD를 제공한다. 뿐만 아니라, 책 전반에서, DVD에서 내가 한 일을 왜 했는지를 설명하기 위해 많은 노력을 했다. 다른 모래상자 치료사들이라면 이 내담자에 대해 아주 다르게 대응했을 것이고 내담자와 똑같이 만족스러운 치료결과를 얻었을지도 모른다. 본서에서 내가 하려고 하는 것이 모래상자 치료의 효과적인 접근이라고 강조할 수는 없지만 그것이 최선이거나 유일한 접근이라고 말하고 싶지도 않다(Ronnestad & Skovholt, 2003).

좋은 상담과 치료

상담과 치료에 관해서 내가 가지고 있는 편견을 공유하고자 한다. 나는 좋은 상담과 치료는 주로 놀라울 정도로 깊고 개인적인 관계에 관한 것이라 생각한다. 많은 저술가들이 이 관계를 설명하려는 노력을 해왔고, 나도 본서 전반에 걸쳐 그것을 설명하고자 하지만 먼저 좋은 상담과 치료가 아닌 것을 말하고자 한다.

대체로 나는 좋은 상담이나 치료가 신념이다 라는 것을 믿지 않는다. 분명, 이런 신념을 갖는 다는 것은 돌봄 훈련에서 이용되는 규칙과 가이드라인에 반대한다는 말이다. 관리의료와 기타 요인의 결과로서, 단기치료와 해결중심의 치료와 같은 치료접근은 최근 몇 십 년 사이에 인기를 끌었고 지금도 널리 사용되고 있다.

다음 장에서, 단기치료에 관해 더 설명할 것이다. 관리의료에서 사용하는 실천과 유행하는 것에 보조를 맞추었다면 수년 동안 훨씬 더 많은 돈을 벌었을 것이라고 확신하지만, 좋은 치료는 신속히 이루어지는 것이라고 생각하지 않는다. 또한 신속하게 문제를 해결하는 것이어도 안 된다고 생각한다.

내담자들은 그들의 문제에 대한 해결을 요구하고 해결책을 찾을 도움을 요구하면서 상담에 오지만, 내담자가 치료에 가지고 오는 많은 문제들은 신속하고 간단한 해결책이 없다. DVD 속의 내담자는 자살로 아들을 잃었다. 치료사가 그녀에게 6 내지 8주 만에 아들의 자살에 관해서 받은 고통과 죄책감을 해결할 수 있다고 말한다면 그녀가 상심하고 깊이 상처받았을 것이라고 생각한다.

물론 일부 내담자들은 자기 탐구와 자기발견의 과정에 참여하고자 하는 상담사와 치료사에게 오지는 않는다. 모든 내담자들이 성장과 변화의 긴 과정에 충실하리라고 예상하는 것은 주제넘은 것임을 나는 깨달았다. 어떤 내담자들은 치료에 와서 한두 가지 특정 문제를 해결하고 자기탐구 과정으로 목표를 바꾸어 버리기도 한다. 그러나 본서에서 설명하는 것과 같은 치료접근이 분명 모든 내담자나 모든 치료사에게 다 해당되지는 않는다.

해결중심의 상담에 관한 나의 지식이 부족하다는 점을 고백하지만, 나는 그런 접근은 특정 문제를 갖고 있는 내담자에 대해 효과가 있을 수 있다는 점을 안다.

또한 Beck의 인지치료와 그 외의 것들과 같은 접근을 존중한다.

사실, 불안이나 우울을 겪고 있는 청소년이나 성인과 상담을 하는데 인지와 행동문제를 다루고 있지 않다면 내담자가 필요로 하는 것을 주고 있지 않다고 생각한다.

내담자가 효과적인 대처기술을 기를 수 있게 도와주는 것 외에 다른 이유가 없다면, 인지와 행동중재가 불안하고 우울한 내담자에게 도움이 된 것이다.

인지접근이 우울증상을 완화하는데 효과가 있다는 것을 보여주는 우울에 관한 연구가 있다(Jacobs, Reinecke, Gollan, & Kane, 2008). 그러나 흥미롭게도 인지치료사들은 내담자의 불평만 다루는 것이 아니라, 그들의 기저에 있는 핵심적인 신념을 다룬다(Burns, 1999). 그러므로 심지어 인지치료에서도, 내담자는 예상한 것보다 더 오래 가는 자기탐구에 참여할 것으로 예상된다.

슬픔, 관계의 어려움, 일이나 결혼에 관한 양가 감정과 같이 내담자가 애를 쓰고 있는 많은 문제들에 관하여, 나는 많은 사람들이 심층 상담이 필요한 자기탐구의 과정에 충실하고자 한다는 것을 알았다. Rogers와 마찬가지로 Yalom(1995)은 내담자와의 심층 상담을 주장하는 사람으로서, 심리치료집단이 가장 중요하게 여기는 것을 연구하였다. 확실히, 정서적으로 심층적인 치료상담은 내담자가 높이 평가했다.

심층 치료상담을 신봉하는 유명 치료사를 보았거나, 비슷한 사람과 치료를 해보았다면, 그것이 어떤 것인지 잘 알 것이다. 물론, 여러분 중에는 수년 동안 내담자들과 심층 치료상담을 해온 사람도 있을 것이다. 나는 운좋게도 내담자들과 매우 심층적으로 상담하는 두 명의 치료사(Rick Carson & Bob Berg)를 알고 있는데, 그것이 나에게 깊은 영향을 미쳤다.

내가 모래상자치료를 알기 오래 전에, 나는 5년간 Rick Carson과 집중 게슈탈트 교육을 받았다. 그는 내담자가 가고자하는 심연으로 인도할 줄 아는 경탄스러운 치료사이다. 나는 잠깐 동안 개인 상담소에서 일했는데, 내가 원한 내담자와 심층상담을 하려고 노력했다. 편안한 가구가 놓여진 개인 상담실에서 꽤 좁게 원형으로 주로 여섯 명이 둘러앉았다. 나로서는 그 경험이 끔찍했던 것이, 그 모임에 함께 할 때, 다른 누구보다 게슈탈트 치료에 관해 알고 있는 것이 없었다. 수련생들 중 일부는 오랫동안 오고 있던 사람들이었다.

가끔씩, Rick이 게슈탈트 치료 시연을 하곤 했다. 그는 지원자를 요청했고, 우리 중 한 명이 내담자가 되곤 했다. 나는 그가 얼마나 빨리 근원적인 문제에 이르는지 매료되었다. 그는 완전히 마음을 사로잡았다. 우리는 아무도 내담자의 입장이 되는 것을 개의치 않았다. 끔찍했던 것은 우리가 교대로 치료사가 될 때였다. 내담자를 더 심층적인 의식으로 인도하고자 애썼다. Rick가 치료사였을 때는 그의 반응은 노력을 기울이지 않은 것처럼 보였다. 나머지 우리가 차례가 되어 치료사를 맡으면, 무엇을 해야 할지 잘 모르는 자주 단기치료의 지점에 이르곤 했다. 그 집단은 Rick이나 그 집단으로부터 우리가 도움을 요청하기 위해 만들어졌지만, 너무나 쉽게 내담자와 꼼짝 못하게 되어 당황스러웠다. 물론 처음에 그 집단에 들어갔을 때는 내가 그 집단에서 제일 형편없었다. "내담자"에게 도움을 주고자 애를 쓰고 있을 때 나를 바라보고 있는 12명의 시선을 무시하기가 어려웠다. 나는 너무나 스스로를 의식하였기 때문에 내 자신이 내담자가 될 때도 그 집단에서 제일 못했다. 정말 불편하고 불안했다.

그러나 나는 점점 좋아졌다. 내가 그 집단 속에서 진정으로 편안해지는데 일 년 정도가 걸린 것 같다. 나는 내담자와 심층으로 가는데 자신감이 생기기 시작했다. 몇 개월이 흐른 후에는 나는 치료사로서 내 방식을 개발하기 시작했다.

상담사/치료사로서의 당신의 발달 과정에 따라서, 당신은 자신의 스타일을 개발했거나 그 과정에 있다. 다른 누군가가 되려고 애쓰는 것은 효과가 없다. 교육을 받는 초기에는 다른 치료사들로부터 얻는 많은 것들을 사용하겠지만, 발전해갈수록, 내담자와의 상담에서 자신을 활용하는 법을 배우는 것이 중요하다. 사실, 이것이 초보 치료사와 경험이 많고 발전된 치료사를 구분 짓는 것이다. 즉 치료에서 자신을 활용하는 것이다. 기법이 중요하기는 하지만 좋은 치료가 정교한 기법에 관한 것은 아니다. 상급 치료사들이 내담자와 상담할 때, 내담자는 치료사를 한 사람으로서 마주하는 것이다.

다음 장에서 치료 관계에 관하여 더 이야기 하겠지만, 여기서 몇 가지만 말하고자 한다. 이미 말했듯이, 좋은 치료는 내담자와 치료사 간에 심층적이고 개인적인 관계가 결부된다. 이런 관계가 심층적 치료가 되기 위해서는 치료사가 치료에서 자신의 상담을 했어야 한다고 생각한다. 치료사는 심층 수준의 고통과 두려움을 느꼈어야 하고, 치료와 치료 밖의 자신의 개인 생활에서도 이 감정을 완전히 극복했을 것이다. 왜 치료사가 이 모든 고통을 겪어야 할까?

나는 치료사들이 자신의 삶에서 깊이 들어가 본 것보다 더 내담자와 더 심층적으로 갈 수 있다고 생각하지 않는다. 본서의 전반에서 내가 내담자와 하고자 하는 것이 내담자가 있는 곳에 내가 있으며, 그녀가 가고자 하는 곳에 내가 가고, 그녀와의 여행을 그녀가 가장 두려워하는 곳으로 데려가는 것임을 읽게 될 것이다. 어느 정도 우리 모두는 우리 자신에 관한 어떤 감정이나 기억이나 신념을 두려워한다. 나는 내 자신의 악마를 직면하였으며, 그것은 쉽지는 않았으나, 그것이 내담자가 있는 곳에 내가 함께 하는데 도움이 되었다고 확신한다.

요약

이 장에서는 본서에서 다른 모래상자 치료 저서와 목적이 어떻게 다른지를 기술하는 것이 목적이었다. 또한 모래상자 치료에 대한 인본주의적 접근을 간단히 기술하고자 하였다. 모래상자 치료의 이론적 해석을 간략히 제시하였고, 좋은 치료에 관해 내가 가진 생각들을 함께 공유하였다. 다음 장으로 넘어가기 전 이 지점에서 여러분이 DVD 세션을 보기를 권한다.

숙지 사항

실습생을 위한 숙고할 내용

- 심층상담과 단기접근에 관하여 어떻게 생각하는가?
- 내담자와의 상담에 당신 자신의 어느 정도를 투입할 수 있는가?
- 당신 자신의 문제에 관하여 얼마나 많은 상담을 해보았는가?
- 당신 자신의 감정에 관하여 얼마나 편안한가?
- 당신 자신과 다른 사람들의 강렬한 감정에 대해 얼마나 편안한가?
- 좋은 치료에 대한 당신의 정의는 무엇인가?

수련 지도 감독관/상담 교육자를 위한 숙고내용

- 좋은 치료에 대한 당신의 정의는 무엇인가?
- 교육이 좋은 치료를 어떻게 촉진할 수 있는가?
- 어떤 교육 접근이 치료사의 발달을 가장 잘 촉진하는가?
- 수련감독자로서 내담자와 치료사를 얼마나 강조하는가?
- 수련생들이 자신의 감정에 편안해 하는 것을 얼마나 강조하는가?

2
관 계

기술 혁신이 조명을 박고 갈채를 받는 세상에서 무엇인가 좀 더 기본적인 것이 더 중요하다고 말하는 것은 너무도 단순해 보인다.

T. Skovholt(2001, p.11)

자신의 성장이 자신을 걱정하고 사랑해주는 이들에게 가장 큰 힘이 된다.

M. Mayeroff(1990, p.56)

관계는 시간이 걸린다.

이 새로운 세기에 더 빠른 것이 더 좋은 것 같아 보인다. 몇 가지를 말해보자면 더 빠른 컴퓨터, 더 빠른 인터넷 연결, 문자 메시지, 인스턴트 메시지 등이 그것들이다. 미디어에서는 효과적인 언어가, 사업에서는 생산성이 부분적으로 효율성과 속도로 측정된다. 물론 돌봄 관리에서는 "환자들"에게 간결한 기법이 필요하다.

"더 빠른 것이 더 좋다"는 견해에 초점을 맞추는 나의 목적은 이런 추세의 가치와 논쟁하려는 것이 아니라 삶의 모든 측면에서 그 가치에 이의를 제기하고자 하는 것이다. 개인적인 관계에 있어서 더 빠른 것은 더 좋은 것이 아니다. 우리 모두는 우리의 경험을 진행하는 과정에는 시간을 필요로 한다. 의미 있는 관계를 맺는 데는 시간이 걸린다. 이해 받고 허락 받았다는 느낌, 다른 이가 당신이 말하는 바에 신경을 쓴다는 믿음, 특별히 다른 목적 없이 그저 함께 시간을 즐기며 함께 하는 것 등은 모두 시간이 걸리는 경험들이다.

마찬가지로 나는 좋은 상담 관계는 시간을 요한다고 믿으나 많은 내담자들은 빠른 치료를 원한다. 어떤 사람들은 즉각 치료를 시작하기를 원하기조차 한다. 나는 내담자가 전화를 한 바로 그날 그들을 만날 수 있는지를 묻는 내담자들을 몇몇 겪은 적이 있다.

그들은 가능한 한 빨리, 그리고 고통 없이 문제를 해결하고자 한다.

첫 회기에, 내게 자신의 이야기를 한 후에, 성인 내담자와 부모들은 종종 치료가 얼마나 걸리는지를 묻는다. 내가 경험이 적었을 때, 그 질문에 대한 내 반응은 도움이 되지 못했다고 확신한다.

놀이 치료를 위해 부모들이 아이를 내게 데려왔을 때, 많은 부모들은 그들이 나와 공유하는 긴급한 호소 문제를 가지고 있다. 많은 부모들은 내게 오기 전에 내가 가능한 한 빨리 "문제에 접근하지" 않을 것이라는 것을 이해하지 못한다. 그들은 아마도 자신의 5살 난 아이에게 정곡을 찌르는 질문을 할 것이라고 짐작했을 것이다. 사실 이런 부모들 다수가 관계를 형성하고 신뢰를 구축해야 한다는 나의 이야기를 듣고 실망했을 것이 틀림없다.

아이들의 문제를 풀고자 하는 이러한 몇몇 외적 압력에 대해

Landreth(2002)는 치료사들이 아이들을 풀어야 할 문제로 보는 것이 아니라 사람으로 보는 것의 중요성을 강조했다. 부모들이 그들의 아이들을 위해 특정한 목적을 마음속에 가지고 치료사를 찾아왔을 지라도 너무 이른 문제로 뛰어들어 해결하려는 시도는 잘못된 것이라고 믿는다. 그러나 많은 치료사들은 이런 믿음에 동의하지 않는다. 많은 인지행동 치료사, 문제해결초점 치료사들은 간결한 접근법에 가치를 두며 나는 그들의 내담자들 다수가 그것에 감사할 것이라고 상상하곤 한다. 나는 대부분의 내담자들이 가능한 한 빠른 증상 호전에 가치를 부여한다고 확신한다. 아무도 고통속에 있기를 원하지 않으나 나는 내담자들에게 시간을 가지고 그들의 이야기를 하고, 그들의 느낌을 느끼고, 매력적이고 신비로운 내면의 자아의 세계를 탐구할 수 있는 분위기를 만들어 내는 것은 엄청난 가치를 갖는다고 믿는다. 공급은 풍부하지만 의미있는 관계는 힘들다. 치료실에 오는 많은 내담자들은 잃어버린 것에 애통해하거나, 모순에 대해 투쟁하거나, 추정이나 자기 제한적 개념에 의문을 던질 수 있는 관계가 없다.

관계의 질

내 관점에서 좋은 치료법은 관계에 관한 것이다. 관계는 치료법의 어떤 접근법에서든 가장 중요한 요인이다. 어떠한 기법, 지식, 혹은 전문 기술보다 훨씬 더 중요하다. 상담 결과에 대한 메타 분석 연구들은 치료 관계가 이론적인 지향이나 기법에 관계없이 긍정적인 치료 결과와 상호 연관이 있다는 것을 보여주었다(Frank &

Frank, 1991; Hansen, 2002). 광범위한 논문 평가는 이러한 발견을 뒷받침한다. Sexton과 Whiston(1994)는 상담 관계의 질이 내담자의 치료 결과에 가장 중요한 영향을 주었다는 것에 주목했다. 마찬가지로 Bachelor와 Horath(1999)는 "치료 관계의 질이 다양한 치료 접근법 전반에서 치료 결과에서 주요한 결정 요인임이 밝혀졌다"(p.133)고 기술했다.

Rogers(1942)는 관계의 중요성과 그 관계가 내담자에게 미치는 영향에 대해 강조한 최초의 치료사 중 한 사람이었다. Rogers(1989)에 의하면

> "개인은 그 자신 속에 자기 이해와, 자기 개념, 태도 그리고 자발적인 행동을 수정하기 위한 광대한 자원을 가지고 있다. 그리고 이 자원은 심리적인 태도를 갖기에 용이한 정의 가능한 분위기가 제공될 수만 있다면 가볍게 두드려볼 수 있다"고 했다(p.135).

Bugenthal(1999)은 좋은 심리치료를 다음과 같이 부연했다.

> "여러분이 여러분의 삶에서 갈망하는 것, 그 목표에 다다르는 데 자신도 모르게 자신에게 얼마나 힘들게 만드는지에 관한 것이며, 여러분이 찾고자 하는 것은 이미 여러분 안에 있다는 것을 알도록 도움을 받을 수 있다는 것에 관한 것이다. 그것은 여러분의 핵심인 어떤 영원성의 불꽃을 깨닫고 감사하게 되는 것이다(p.1)".

핵심 조건

Rogers는 용이한 분위기를 제공하는 데 필요한 세 가지 조건을 계속해서 설명했다(1959; 1961; 1989). 대개 핵심 조건이라고 불리는 이 조건은 공감, 온화함, 진정성이다. Rogers(1989)는 진정성(일치) 혹은 사실성이 세 가지 핵심 조건 중 가장 중요한 조건이라고 했다. Rogers는 또한 "치료사가 관계에서 평상시의 자신의 모습을 보이고 전문가적인 모습을 보이지 않거나 개인적인 모습을 보이는 일이 많을수록 내담자가 건설적인 방식으로 변하거나 성장할 가능성은 더 커진다(p.35)"라고 주장했다. 이에 더해 Rogers는 진정한 치료사는 다음과 같다고 했다.

> "그 순간에 흐르는 감정과 태도를 공유한다. 직감적인 수준에서 경험된바, 의식 속에 존재하는 바, 그리고 내담자에게 표현한바 사이에는 밀접한 어울림 혹은 일치가 있다(p.135)".

그 누구도 역할에만 충실한 치료사를 원하지 않는다. 나는 우리 모두가 믿을 수 있고 행동으로 보여주는 누군가를 원한다고 생각한다. 나는 일치됨과 진정성이 사람들에게 흔하지 않은 어떤 것이라는 것을 발견한다. 나는 그런 정말 진정한 사람들을 많이 알지 못한다.

Rogers(1989)는 공감 이해는 "치료사가 내담자가 경험하고 있는 느낌과 개인적 의미를 정확하게 감지하고, 내담자와 이러한 허용적인 이해 속에 소통"(p.136)할 때 존재한다고 한다. Rogers는 또한 가장 강력한 공감은 치료사가 내담자가 인식하는 것뿐만 아니라 아래와 같은 의식 수준의 의미 대해 명료하게 이해했을 때 일어난다고 한다.

Rogers(1989)가 성장과 변화의 분위기를 촉진시키는 데 필수적인 것으로 간주한 세 가지 조건은 온화함, 수용성, 혹은 무조건적인 긍정적 존중이다. 이 태도는 내담자로 하여금 치료 회기 동안 내담자가 순간적으로 느끼는 것이 무엇이든 다 수용된다는 것을 전달한다. 치료사가 내담자를 전적으로 수용할 수 있을 때 성장과 변화가 있을 가능성을 높아진다.

Rogers(1989)는 이러한 조건은 부모 자식 간 혹은 교사와 학생 간과 같은 치료실 밖의 관계에서도 적용될 수 있다고 말했다. 훈련을 받고 있는 어떤 상담사들은 다른 이에 비해 좀 더 공감 능력이 좋고 온화하다. 이는 대개 훈련과는 아무런 관련이 없는 것으로 보인다. 치료사로 훈련 받은 몇몇 사람들은 이러한 특질을 그저 보유한 것으로 보이며 그들은 상담 훈련 이전에 이러한 자질을 가지고 있던 것으로 보인다. 우리 모두는 상담사가 아니지만 공감 능력이 있고 온화한 사람을 만나본 적이 있다. 나는 공감 능력이 좋고 따듯한 상담사 훈련을 받고 있는 사람이나 이러한 특성이 있는 상담사가 아닌 누군가를 만나면 그들 주위에 있기를 좋아한다. 공감력이 높고 온화한 사람들 속에 있으면 기분이 좋다.

Rogers(1989)는 또한 내담자들 역시 핵심 조건을 체험할 필요가 있다고 한다. 다른 말로 하자면 치료사가 치료 관계에서 공감 능력이 있고 따듯하며 진정성이 있다면 내담자는 자신 속에서 무엇인가가 이러한 조건을 단절시키지 않는다면 성장하고 변화할 것이다. 내담자가 누군가를 신뢰하는데 어려움이 있다고 해보자. 내담자는 자신의 삶에서 상처를 받았고 학대당했으며 따라서 아무도 진정으로 신뢰하지 못한다. 이런 내담자는 다른 사람으로부터의 어떠한 진정 어린 보호도 왜곡시켜버리는 경향이 있는 견고한 방어벽을 발달시켜왔기에 치료사의 공감 능력, 온화함, 진정성을 수용하기까지 힘겨운 시간을 보낼 것이다. 따라서 이런 유형의 내담자는 핵심 조건에 수용적이지 못하기 때문에 성장과 변화에 더 많은 시간이 걸릴 것이다.

핵심 조건의 중요성은 아무리 강조해도 지나침은 없다. 나는 수용하지 않고 쉽게 꽃을 피우는 사람을 알지 못한다. 우리 모두는 이해 받고 받아들여지고자 한다. 나는 나를 "받아들이는" 사람과 함께 있을 때 매우 안심이 된다. 종종 나는 반대의 경험을 하는 것처럼 보인다. 또한 다른 사람이 진정이 아니라면 신뢰가 가능할지 모르겠다.

이 책에서 모래놀이 치료에서의 인식의 촉진을 위해 디자인 된 개입 전략과 기법에 상당한 시간을 할애했다. 하지만 건전한 치료관계 없이, 수용적 분위기와 공감적 분위기 없이, 진솔한 치료사 없이라면 이 책에 나온 모든 기법과 개입은 가치가 없다. 우리 모두는 우리 자신이 되기 위해 안전함을 느낄 필요가 있다. 우리는 개인적인 것을 내보일 정도로 충분히 안전함 을 느끼기 전에 다른 사람을 신뢰할 필요가 있다. 사실 어떤 사람이 극히 개인적인 것을 신뢰하지 않는 사람에게 내보인다면 내보인 사람은 대개 그것을 후회한다.

영성, 의미, 성장

치료사들을 포함해 많은 이들은 삶에서 가장 의미 있는 부분으로서 다른 이와의 관계를 경험한다. 삶에서 의미를 발견하는 것은 성장을 촉진시키며 내담자에게 희망을 준다. 만일 내담자가 자신의 어려운 삶의 경험이 어떤 의미가 있고 그들의 삶에 목표가 있으며, 그들의 삶이 험한 바다에 아무렇게나 내던져진 방향키도 없는 배가 아니라고 믿는다면 내담자는 그들이 삶 속에서 만나게 될 어려운 도전을 더 잘 견딜 수 있을 것이다.

Mayers와 Williard(2003)는 영성은 의미와 성장 그리고 관계와 관련된 것이라고 주장했다. 그들은 영성을 "삶과 존재의 의미를 찾아 세우고 개인적인 성장과 책임감 그리고 다른 이와의 관계를 향해 움직여 가는 모든 인간 속에 존재하는 능력과 경향"(p.149)이라고 정의했다. Mayers와 Williard는 영적 체험은 "이전에 언급된 형태와 위험의 변화를 넘어 움직이는 능력에서 보여지는 바와 같이 개인적인 성장을 발전시키고 새로운 의미를 만들어 내는 개인적인 삶에서의 모든 경험 혹은 과정"(p.149)이라 했다. Mayers와 Williard는 그들의 영성에 대한 정의는 종교적 믿음과 세속적 이념을 포괄할 만큼 광범위하다고 한다.

많은 내담자들은 그들의 삶의 의미에 대한 의문과 의혹을 가지고 치료실에 온다. 어떤 내담자는 그들의 성장 과정을 방해하는 믿음을 갖고 있는 반면 다른 이들의 종교적 믿음은 심리적 성장과 변화를 격려한다. 어떤 내담자들에게는 종교적 믿음은 죄의식의 원천이다. 치료사들에게 내담자의 죄의식의 원천에 도전하는 것은 유혹적이지만, 치료사는 내담자의 믿음이 그들을 방해한다고 생각할지라도 치료사가 내담자가 있는 곳에 있을 수 있는 것이 중요하다.

때로는 내담자가 반대편에 있는 문제를 가지고 있을 수 있다. 그들의 삶이 의미가 없다고 경험하는 것이 그것이다. 몇 년 전에 사람들을 포함해 그 어떤 것도 믿기가 힘든 내담자가 있었다. 그녀의 삶에서 의미를 찾기 힘든 이유의 하나는 그녀가 다른 사람과 의미 있는 관계를 맺는 데 매우 많은 문제가 있었기 때문이었다. 그녀의 과거 때문에 그녀는 사람들을 충분히 믿기 힘들었고 누군가와 가까워지기에 충분히 빗장을 내려놓기 힘들었다.

상담에서의 영적, 윤리적, 종교적 가치를 위한 협회(ASERVIC)는 치료사 자신의 영적 믿음 체계를 설명하고 그것을 형성한 삶의 경험을 찾고, 어떻게 영성이 그들 자신의 성장과 정신적 건강에 공헌했는지를 설명하는 능력을 포함한 영성에서의 상담자 능력 시험을 제안했다(영성에 대한 정상회담, 1977). 내담자들이 의미와 영성에 대한 관심을 갖고 치료실에 온다는 조건에서 치료사는 이러한 주제에 대해 편안히 대할 수 있어야 할 필요가 있으며 내담자의 의문과 관심에 즉각 응대 할 필요가 있다. 인본주의적 치료사들은 내담자가 서 있는 자리에서 내담자를 만나고 내담자의 믿음과 가치를 포함한 내담자의 내면세계를 이해하려고 노력해야 한다.

인본주의적 모래놀이 기법

내담자들은 자신의 내면세계를 모래상자에서의 작품장면을 통해서 드러내며 인본주의적 치료사는 모래놀이 기법의 언어적 부분을 통해 내담자의 이러한 경험을 향상시키려 노력한다. 인본주의적 접근법은 관계의 중요성을 강조하며 핵심 조건의 중요성을 믿는다. 앞 장에서 나는 내가 하려고 노력하는 한 가지는 내담자가 있는 자리에 함께 있으려는 것이라는 언급을 한 바 있다. 이 개념이 얼마나 중요한지는 강조하지 않을 수 없다. 이것에 대해 달리 말하자면 나는 내담자의 내면의 주관적 경험과 접촉하고 그것에 맞추기를 원한다는 것이다(Hansen, 2005).

이 책에서의 모래놀이에서의 접근법과 다른 접근법의 근본적 차이는 인식과 변화를 촉진시키는 방법에 있다. (여러분이 아직 눈치채지 못했다면) 여러분은 내가 이 책에서 인식에 대해 반복해서 이야기하고 있다는 것을 알아차릴 것이다. 그것은 인식 없이는 변화의 가능성은 없을 것이라고 내가 믿기 때문이다. 2부에서 나는 인식을 제고하고 더욱 심도 있는 탐구를 촉진하고, 모순의 인식을 증대시키며, 저항에 대응하기 위해 기획된 DVD 회기에서 사용된 개입과 기법에 대해 자세하게 논한다.

여러분이 이 나라에서 활동하고 있는 많은 놀이 치료사들과 같이 인간중심적이라면 이 책을 읽어가면서 여러분은 이 책과 DVD에서 보는 모래놀이 치료에서의 인본주의적 접근법과 인간중심적 접근법 사이에 약간의 차이가 있음을 알게 될 것이다.

하지만 나는 이런 말을 할 것이다. 모래놀이 치료에서 내가 하고자 하는 모든 것은 전적으로 관계에 달려있다. 사실 나는 여러분과 내담자 간에 신뢰와 안전한 관계가 존재할 때까지는 모래놀이 치료를 사용하지 말라고까지 권고한다. 여러분이 사용할 수 있는 좀 덜 강력하고 따라서 내담자들에게 좀 덜 위협적인 다른 표현 예술 활동이 수없이 많다(Bratton & Ferebee, 1999). 여러분이 게슈탈트 기법을 시행하는 것을 보거나 스스로 이용해 본적이 없다면 그것들에 익숙해지는 데는 다소 시간이 걸릴 것이다.

DVD 회기에서 나는 일단 회기가 시작되면 내담자가 가는 곳이면 어디든 함께 가려고 노력했다. 내담자 12절은 매우 긴 내담자 절인데, 여기서 내담자는 아들의 자살을 묘사하는 장면 속의 이미지에 대해 말한다. 이 절은 그 회기가 정말 날아오르는 장소다. 그녀가 아들의 자살에 초점을 맞추었을 때 그녀가 경험한 고통과 분노를 묘사하는 동안 나는 어떤 식으로든 그녀를 안심시키거나 그 경험으로부터 꺼내려고 노력하지 않았다. 나는 그녀가 있는 곳에 함께 있으려고 노력했다.

신뢰. DVD에서 여러분이 볼 수 없는 것은 모래놀이 회기 이전에 이 내담자와 내가 함께 보낸 많은 회기이다. 이 회기 이전에 내담자와 나는 그녀의 여정에서 많은 우여곡절을 겪었다. 그녀의 아들의 죽음은 그녀가 만난 다른 시련과 어려움을 긴 시간을 쓰며 다룬 이후에 나온 것이다. 내가 말한 바와 같이 나는 내담자와 깊은 신뢰를 쌓기 전에는 모래놀이를 이용하지 않는다. 내담자가 나를 깊게 신뢰하면 내담자는 모래놀이를 깊이 있게 경험할 준비가 되어있을 것이다. 치료를 위해 내게 와서 긴 시간 동안 치료에 매진한 내담자는 나를 신뢰한다. 그들은 내가 그들을 수용하며, 내가 어떤 행동이

나 역할을 가장하지 않고, 내가 그들의 가장 깊고 어두운 두려움과 비밀을 겁내지 않는다는 것을 알게 된다.

나는 30년 이상을 상담자와 치료사로 일해 왔다. 여러분이 상담자/치료사로 시작할 때 여러분은 치료에 종사하는 사람이 아닌 사람들과 연관된 많은 패턴을 잊어야 한다. 하지만 여러분이 잠시 치료사로 일한다면 관계에서의 진솔함이 매우 중요한 요소라고 생각한다. 진정성 혹은 진실함은 핵심 조건의 하나이며 노련한 치료사들은 초보자들보다 이 조건을 경험하고 표현하는 데 훨씬 더 쉬운 것으로 보인다. 나에게는 내 내담자들에게 진실한 것이 매우 중요하며 내가 내담자들에게 진솔하지 못하면 그들은 나를 신뢰하지 않을 것이란 것을 나는 알고 있다.

나는 내담자가 나를 신뢰할 때 내가 내담자에게 몇 가지 실제적인 연습을 하고, 새로운 시도를 할 수 있게 하며, 때때로 잔혹할 정도로 정직할 수 있는 많은 자유를 준다고 말하고 싶다. 이 내담자는 내가 주의하고 있음을 알고 있고, 안전함을 느끼며, 나를 심도 있게 알고 있다. 신뢰할 수 있는 관계에는 일종의 좋은 예측 가능성이 존재한다.

예를 들어, 대부분의 경우에 나는 내 아내가 내가 말하는 대부분의 것에 반응할 것이라는 것을 알고 있다. 나는 종종 내가 그녀에게 말하려고 생각하고 있는 어떤 것에 그녀가 어떻게 반응할 것인가를 상상해보는 데 그녀의 반응은 대부분 내가 예상했던 바와 아주 흡사하다. 내담자 그녀가 끔찍하게 부끄러운 것이라고 생각하는 어떤 것을 고백한 것을 내가 받아들일 때, 그녀는 다른 사람들보다 다른 수준에서 신뢰할 수 있는 사람으로 나를 보기 시작하는 것이다. 내담자가 상담 관계 밖에서 이와 유사한 관계를 가지고 있다면 명백히 이 신뢰의 수준은 훨씬 더 쉬울 것이다.

하지만 내담자가 -많은 내담자들이 가지고 있지 않은-깊은 수준의 신뢰로 특징 지워지는 어떤 깊고 의미 있는 관계를 가지고 있다고 해도 나는 이 다른 관계에서 결여된 어떤 것을 제공할 수 있다는 것을 발견한다. 그것은 정직한 피드백, 무조건적인 수용(혹은 그것에 내가 최대한 가깝게 다가가는 것), 그리고 내담자의 감정의 가장 깊고 어두운 퇴행 지점으로 내담자와 함께 갈 의지이다. 나는 내담자가 자신의 가장 깊은 두려움, 가장 고통스럽고 치욕적인 경험과 감정 그리고 내담자가 증오하고 절실한 자신의 일부와 대면하는 동안 내담자와 함께 있을 수 있다. 게다가 나는 비디오에 나오는 내담자와 같이 가장 고통스러운 상실을 겪을 때 내담자와 함께 할 수 있다. 내게 우리가 함께 하는 이 여행은 값을 헤아릴 수 없는 것이다.

신체접촉. 내담자와의 신체 접촉은 치료사들 사이에서는 다소 논쟁의 여지가 있는 주제이다. 어떤 치료사들은 내담자와 신체 접촉을 하지만 다른 이들은 그렇지 않다. 비디오에서 여러분은 내가 내담자와 몇 차례 신체 접촉을 하는 것을 목격했을 것이다. 내가 내담자의 몸에 손을 대는 방식은 내가 다른 내담자들에게 하는 방식과 같은 전형적인 것으로 나는 약간 가까이 다가가서 내 손을 내담자의 어깨에 올려놓는다. 전형적으로 나는 내담자가 무언가 고통스런 것을 겪고 있을 때와 그들이 울 때 이런 행동을 한다. 지난 20년간 내담자들은 이런 유형의 접촉에 긍정적으로 반응해왔다. 이 책 전반을 통해 내가 말한 바와 같이 나는 내담자들이 서 있는 자리에 나도 같이 있음을 보여주려고 정말 열심히 노력했다. 신체 접촉은 이를 보여주는 한 가지 방식이다. 내가 언급한 바와 같이 나는 비디오에 나오는 내담자를 잘 알고 있고 그녀가 나를 매우 깊이 신뢰한다는 것을 알고 있다.

내담자에게 신체 접촉을 사용하는 데 예외가 있다. 15년쯤 전에 나는 여성 내담자와 그녀의 남편을 보고 있었다. 내담자는 아동기에 성적 학대를 받았었다. 회기 중 한번은 그녀가 전에 받은 학대로부터 느꼈던 어떤 고통을 다시 경험하고 있었고 그녀는 소리 내어 울고 있었다. 그녀의 남편은 그녀 옆에 앉아 있었고 나는 그녀의 어깨를 만졌다. 그녀는 즉각적으로 내 손에서 어깨를 떼어냈고 매우 겁먹은 것처럼 보였다. 몇 분 후 우리는 그 순간을 힘을 더 했고 그녀는 자신이 그런 감정을 느낄 때는 남편을 포함해 그 누구도 자신을 건드리는 것을 원하지 않는다고 말했다. 나는 내가 그 회기에서 성적 학대에서 살아남은 성인에게 나의 무경험을 보여주었다고 생각한다. 뒤돌아보면 나는 그녀에게 손을 대기 전에 그녀와 그 문제에 대해 이야기를 나누어야 했다. 이제 첫 번째 규칙으로 내담자가 성적 학대를 겪은 이력이 있다면 나는 그렇게 한다.

성인을 상대로 한 나의 작업 중에 그것이 신체 접촉이 잘 받아들여지지 못한 유일한 예이다. 하지만 나는 치료사들이 봉사하는 사람들에 달려있다고 확신한다. 대부분 나는 병원에 입원한 내담자들은 보지 못했다. 그리고 나는 좀 더 안정적이지 못하고 좀 더 심각한 내담자들을 상대하는 치료사들은 신체접촉의 사용에 좀 더 보수적일 것이라고 생각한다.

DVD에서의 치료적 관계

이제 DVD 회기에서의 관계에 대해서 이야기 해보자. 여러분이 비디오를 보는 중에 내담자가 나를 깊이 신뢰한다는 것은 명백하게 보일 수도 보이지 않을 수도 있다. 내가 일찍이 언급한 바와 같이 그녀의 아들이 자살하기 전 그녀는 오랫동안 내게 왔었다. 그녀는 전적으로 수용된다는 느낌을 받았고 깊이 있는 작업을 할 정도로 충분히 나를 신뢰하며 나는 그녀를 깊이 배려한다. 때때로 그녀는 남편을 데려와 그들의 관계에 대한 작업을 하곤 했지만 기본적으로 그녀가 우리의 작업의 초점이었다. 그녀가 나를 그처럼 깊이 신뢰하지 않았다면 나는 그녀가 비디오에서 한 것과 같은 작업을 할 수 있었을까를 심각하게 의심해본다. 안전성과 신뢰는 상담 관계에 필수적인 것이지만 여러분이 내담자를 자신의 더 깊은 감정 속으로 초대할 때는 훨씬 더 그렇다.

Homeyer와 Sweeney(1998)는 모래놀이 기법 과정에 대한 논의에서 "놀이상자작품의 은유와 이야기 속에서 계속 논의하라. 이는 내담자가 문제를 해결하기 위해 요구될 수 있는 필수적인 거리두기를 제공한다. 이는 모래놀이의 특별한 힘이다"(p.74)라고 권고한다. 그러나 Homeyer와 Sweeney는 또한 은유 속에 머무르는 것에 대한 지침에 예외가 있음을 말한다. "모래놀이에서 음유 속에 머무르는 것에는 예외가 있는 데 내담자가 모래상자 위의 작품장면에 구성된 요소들과 자신의 삶의 상황에 연관성을 만들기 시작할 때가 그것이다"(p.75).

DVD 속의 내담자는 그녀가 만든 장면을 구성하기 위해 그녀가 선택한 상징들과 그녀의 삶을 즉각적으로 연관시키기 시작했다. 그녀가 장면에 대해 이야기를 시작했을 때 그녀는 "나는 강에 있는 배에 있고 나는 일종의 Pollyanna(*미국의 맹목적인 낙천가로서 미국의 Eleanor Porter(1868-1920)의 소설 중 여주인공 이름)다. 왜냐하면 나는 노아에게 어떤 일이 일어나고 있는지 적응하지 못했고 일을 놓치고 말았다"고 말한다. 모래놀이 상자 위의 소품과 그녀의 삶은 이 회기동안 전형적인 것이었다.

내가 본 대부분의 성인 모래놀이 내담자들은 DVD에 나온 내담자와 마찬가지로 소품과 자신들의 삶을 연관시키는 경향이 있다. 소품은 그들의 삶 속의 어떤 것을 포착하며 그들은 자신들이 구성한 장면을 보며 종종 그들이 간과했거나 축소시킨 자신들의 삶의 문제를 볼 수 있게 된다.

요약

좋은 기법은 관계와 연관된 것이다. 수많은 연구물들은 이론적인 접근법 여하와 상관없이 다른 어떤 요인보다 관계가 더 변화에 영향을 준다는 것을 보여주었다. 핵심 조건은 모래놀이 기법에서 인본주의적 접근법의 중심부이다. 비록 DVD에서 촉진적 개입이 예시될 것이고 이어지는 장에서 설명될 것이지만 높은 질의 치료 관계없이는 개입과 기법들은 제한적인 가치만을 가질 뿐이다.

숙지 사항

실습생을 위한 숙고할 내용

- 내담자와의 관계를 시작할 때 핵심 조건에 얼마만큼 강조점을 두는가?
- 회기를 비디오로 녹화하는가? 그렇다면 내담자와의 관계에서 무엇을 배우는가?
- 얼마나 자주 내담자가 A에서 B로 요점을 이동하도록 하는가?
- 그렇게 했을 때 얼마나 많은 저항을 받는가?

수련 지도 감독관/상담 교육자를 위한 숙고내용

- 많은 상담 교육 프로그램에서 핵심 조건보다는 기법에 좀 더 강조점을 두는 경향이 있다. 당신의 프로그램 혹은 감독에서 무엇을 강조하는가?
- 수련감독 대상자 혹은 학생들에게 내담자들이 있는 곳에 있으라고 가르치는가?
- 수련감독 대상/수련생들에게 내담자와의 신체접촉의 이용에 대해 무엇을 가르치는가?

3 인본주의 치료사

"진짜가 뭐예요?" 하루는 토끼가 물어 보았습니다. "뱃속에 윙~ 소리를 내는 것이 들어있고 손잡이가 달리는 거예요?" "진짜란, 어떻게 만들어졌는가 하는 게 아니란다." 목마는 대답했습니다. "그건, 생기는 일을 말한단다. 아이가 너를 그냥 가지고 노는 것이 아니고, 너를 오래 오래 사랑해주면, 진짜 사랑해주면, 그 때 비로소 너는 진짜가 되는 거야." "아픈가요?" "음… 때로는." "하지만 진짜가 될 때는 아픈 것쯤은 상관하지 않게 되지." 진짜가 될 때쯤에는 털은 온통 빠져있을 것이고, 눈알도 떨어져 나가고, 여기저기 쑤시고 누추해지게 되지.

M. Williams(1983, pp.4-5)

내가 집단 지도자로서, 또는 치료사로서 최선을 다하고 있을 때, 나는 또 다른 특징을 발견한다. 나의 내면의 직관적 자아에 가장 가까이 있을 때, 내 속의 미지의 것에 접촉할 때, 아마도 관계 속에서 약간 달라진 의식 상태에 있을 때, 내가 하는 것은 무엇이든지 완전히 치유된 것 같다고 나는 생각한다. 그러면 단순히 나의 존재가 해방되고 도움이 된다.

C. Rogers(1989, p.137)

진짜 혹은 실제

벨벳 토끼에 나오는 목마는 훌륭한 인본주의 치료사가 되었을 것이다. 그는 현실적이며, 현명하고 경험이 많다. 그는 토끼에게 그가 듣고 싶어 하는 말을 하지도 않고 그를 안심시키려고 하지도 않는다. 또한 토끼에게 자신이 진짜라고 믿으면 진짜가 될 것이라고 말하지도 않는다. 당신이 벨벳 토끼라는 동화책을 읽었다면, 토끼가 진짜가 아니라는 것과, 목마가 토끼에게 진짜라고 말해주는 것이 도움이 되지 않을 것임을 알 것이다. 이것은 아직 토끼가 진짜가 되어가는 과정의 앞부분이다. 많은 내담자들과 일부의 치료사들도 진짜가 되어가는 과정에서 한참 모자란다. 이렇게 말한다고 해서, 이 내담자들이나 치료사들이 진짜가 될 수 없다는 말이 아니라, 아직 멀었다는 말이다. 초보 치료사들은 이 순간에는 불리한 입장에 있다. 당신이 초보 치료사라고 해서 진짜가 될 수 없다는 말이 아니라, 그것이 어렵고, 내담자들은 당신의 인생경험 자질에 대해 회의적일 수도 있다는 말이다. 인생 경험은 치료사에게 있어서 개인의 성장과 전문가로서의 성장의 발달과정의 일부이다. 물론 현실에서 진짜라는 것은 연속선상에 있다. 바라건대 우리는 치료사로서 진짜가 되어 가는 과정에 있어야 하는 것이다.

나는 목마가 진짜라는 것은 너에게 일어나는 일이라도 말할 때 그 말에 공감한다. 비록 우리 각자가 어린 아이였을 때는 진짜였을지도 모르지만, 서양의 문화에는 우리에게 반대의 것을 조장하는 듯한 영향이 너무나 많다. 지금은 그런 영향에 관해서는 다루지 않지만, 사람들로서는 진짜가 된다는 것이 쉽지 않다고 말한다. 많은 사람들은 타인에게서는 그것을 원치 않고, 우리는 진짜가 되는 법을 모른다. 노력이 필요하고 시간이 필요하다.

목마가 사랑이 우리를 진짜로 만든다고 말할 때 그는 올바르게 생각하고 있는 것이다. 치료사가 누군가에게서 사랑을 받아본 적이 없다면 그런 치료사가 내담자와 함께 완전히 존재하고 진짜가 되는 것이 가능한가? 나는 그렇다고 생각하지 않는다. 나는 목마가 진짜가 되어가는 과정에 두 가지 인생경험을 더 추가하고자 한다. 즉, 고통과 상실이다. 만약 포부가 큰 인본주의 치료사가 고통과 상실을 겪어보지 않고서 어른들의 삶에 수반되는 감정들을 견뎌야 한다면, 어른으로서 인간적 위기에 맞닥뜨려 보지 않고서 어려운 결정을 해야 한다면, 그들은 깊은 내면의 고통을 겪고 있는 내담자들과 연결이 되기 위해 애를 쓸 것이다.

목마는 진짜가 되면 상처받는 것은 개의치 않게 된다는 말도 했다. 그 말이 무슨 뜻인지 나는 정확히는 모르지만, 개인으로서, 전문가로서의 성장과정에 있었던 치료사들은 내담자들이 그들에게 화를 낼 때 상처를 받지 않을 수 있는 더 나은 입장에 있다고 나는 믿는다. 또한, Ronnestad and Skovholt(2003)에 따르면, 치료사가 더 많은 것을 갖추고 발달할수록 그 치료사는 개인적으로도 전문가로서도 고통과 실망을 견디어 낼 수 있을 것이다.

Rogers(1989)에 의하면 진짜라는 것은 유능한 치료사의 가장 중요한 자질이며, 유능한 인본주의 치료사의 가장 중요한 자질이라고 나는 생각한다. 지난 장(chapter)에서, 정말로 참된 사람들을 내가 얼마나 많이 알고 있는가의 문제를 논의했다. 세상에서, 교수들은 정치적으로 옳아야 하고, 학생들은 교수들이 하는 말을 주시

해야 하기 때문에 진짜가 된다는 것은 어렵다. 공공연히 우리 모두는 어느 정도 우리가 무슨 말을 하는지, 그 말을 어떻게 하는지를 인식해야 한다. 타인의 감정에 민감하다는 것은 좋은 것이지만, 우리가 정치적으로 신경을 쓸수록 우리는 진짜에서 멀어진다. 우리가 진짜가 되지 않도록 압박하는 환경적 요인뿐만 아니라 치료실에서조차 우리에게 제한을 가하는 내적 요인들이 있다.

접근-회피 갈등

내면적인 두려움은 우리가 진짜가 되지 못하게 방해하는 주요인이라고 생각한다. 사실, Kagan and Kagan(1997)에 의하면 사람들은 어린 시절에 서로를 두려워하는 것을 배우고, 이 두려움이 성인기까지 계속 이어지는 경향이 있다. Kagan and Kagan은 사람들은 상처받거나 타인에게 상처를 주는 것에 대한 두려움이 있고, 타인에게 둘러싸이거나 타인을 둘러싸는 것에 대한 두려움도 가지고 있다. 우리가 가지고 있는 두려움의 대부분은 애매모호하고 비이성적인 것처럼 보인다.

우리는 사람들을 두려워하지만 또한 사람들을 필요로 한다. Kagan and Kagan(1997)에 따르면 이런 접근-회피 갈등은 대부분의 인간의 상호작용의 특징이다. "사람들은 타인과의 직접적이고 단순한 친밀함에 다가가기도 하고 멀어지기도 하는 것 같다. 이런 접근-회피 태도는 순환과정인 것으로 보인다. 즉, 친밀함 뒤에는 상대적인 고립감이 따르고, 고립은 새로운 친밀함을 부른다"(p.298). 이런 접근-회피 갈등을 고려할 때, 사람들은 심리적으로 "안전한" 각자에게 고유한 거리를 정한다. 사람들은 약간 친밀하고 안전한 곳에서 거리를 찾는 경향이 있다(Kagan & Kagan).

이런 접근-회피 갈등이 나타나는 한 가지 양상은 사람들이 메시지를 주고받는 방식이다. 전달되는 것의 대부분은 전달자나 수신자에 의해서 인정이 되지 않는다. "사람들이 상호작용할 때, 많은 수준에서 서로를 감지하지만, 그들이 보내거나 받는 것의 제한된 범위만 인정한다"(Kagan & Kagan, 1997, p.299).

Kagan & Kagan(1997)은 다음의 예를 사용하여 우리가 어떻게 의사소통의 어떤 측면을 무시하도록 사회화되어 왔는지를 보여주었다.

> 점잖은 신사인 한 외교관이 다른 신사(역시 외교관)에게 너무나 거짓말을 잘하여, 그 두 번째 신사가 비록 첫 번째 신사가 거짓말쟁이라는 것을 알면서도, 어쩔 수 없이 자신은 그 첫 번째 신사를 믿는다는 것을 보여주게 되지만, 첫 번째 신사는 두 번째 신사가 자신을 믿지 않는다는 것을 알고 있다. 두 사람 다 각자가 서로를 믿는다고 말하지만, 두 사람 다 둘이 거짓말쟁이라는 것을 알고 있다(p.299).

사람들은 세련되게 행동하는 경향이 있다(Kagan, 1980). 의미와 기저에 깔린 메시지를 보고 듣는 놀라운 능력을 가지고 있지만, 인식하는 것의 작은 일부만 인정하는 경향이 있다. Kagan and Kagan(1997)은 메시지를 솔직하게 인정하지 않으려 하는 것은 상대에게 너무 가까이 가지 않으려는 것에 바탕을 둔다고 주장했다.

Kagan and Kagan(1997)은 교육을 받고 있는 치료사도 내담자에게서 자신들이 느끼거나 실제로 보고 듣는 모든 감정에 주의를 기울이지는 않는 경향이 있다고 말했다. 이런 무시하려는 성향은 왜 치료사들이 내용에 너무 많은 주의를 기울이고 과정과 지금 현재에 충분히 주의를 기울이지 않는가에 대한 설명이 될 수도 있는데, 그것이 더 안전하고 더 친숙하기 때문이다.

그러므로 Kagan and kagan(1997)이 정확하다면, 친근감을 두려워하는 것은 치료적 관계에 영향을 줄 것이다. 만약 치료사와 내담자가 함께 있을 때 두려움이라는 암류가 흐른다면, 이 두려움은 관계에 있어서 극복해야 할 또 다른 장애물이다. 분명, 인본주의 치료사가 친근함에 대한 두려움이 없을수록, 치료사는 내담자를 알아가고 그와 연결되는 것에 더 수용적이고 솔직해질 것이다.

치료사 발달

그러나 이 장의 서두에서 Rogers가 기술한 수준에서 내담자와 연결이 될 수 있으려면 분명, 오랜 시간이 걸릴 것이다. 사실, 우리들 중에는 결코 그런 수준에 이르지 못하는 사람도 있을 것이다. 그러나 함께 있는 것이 치유가 된다는 그의 설명은 나로 하여금 그런 식으로 내담자와 공감하고 싶게 만든다. 당신이 상급 대학원생이든, 초보 상담자이든, 경력 있는 상담자이든 간에, 유능한 인본주의 치료사가 된다는 것은 발달 과정이다. 그것은 시간이 걸릴 뿐만 아니라 개인으로서의 성장과 전문가로서의 성장과정에 전념하고 솔직하고자 하는 의지가 필요하다. 이 장의 남은 부분에서는 이 성장과정에 관해 기술할 것이다. 이 과정을 기술하면서, 모래상자 치료보다는 인본주의 치료사가 되는 것에 대부분 중점을 둘 것이다. 다음 장에서는 다시 모래상자에 초점을 두고, 책 II 부에서는 모래상자에서 사용하는 촉진 반응에 초점을 맞출 것이다.

Ronnestad and Skovholt(2003)는 치료사들이 시작하는 학생 단계에서부터 고급 전문가단계로 가는 발달 단계를 설명하였다(10장에서 자세히 다룬다). 저자들은 정체되지 않고 지속적으로 발달해가도록 도와주는 각각의 수준에서의 치료사들의 자질에 관하여 설명한다. 만약 당신이 치료사로서 Carl Rogers(1989)의 발달에 관해 읽었다면, 발달을 많은 사람들과 경험에 의해 영향을 받는 긴 과정이라고 설명한 것을 알 것이다. Skovholt and Ronnestad (2001)는 초심자에서 능숙한 치료사가 되어가는 발달 과정을 루이스와 클라크의 미국개척 탐험에 비유하였다. 탐험가들에게 때로는 일이 잘 되어 가기도 하지만, 때로는 불확실성과 위험도 있었다. 치료사들도 전문가로 발달하는 과정에도 비슷한 길고, 느리고, 변덕스러운 길을 만난다.

Skovholt and Ronnestad(2001)는 내담자처럼 치료사의 성장도 관계에 의해 강하게 영향을 받는다고 말했다. "전문가인 연장자는 원조/가르침/치유 분야에서 새로운 사람에게 매우 중요하다"고 말했다(p.33). 대학원 1학년생부터 졸업한 지 40년이 넘은 치료사들 100명을 면담한 연구논문에서, Skovholt and Ronnestad (1992)는 그 정보제공자들에게 연구와 이론의 영향보다 내담자와 동료들과 전문가 선배들의 영향이 훨씬 더 크다는 것을 알았다.

인간적 특성

인본주의 치료사가 인간적으로, 전문가로서 성장하면, 어떤 특성이 발달해야하는가? 나는 진짜가 되는 것의 중요성과 그 과정을 설명하였고, Kagan and Kagan(1997)은 치료사들이 그들이 내담자에게서 보고 내면적으로 듣는 것에 주의를 기울이는 법을 배워야 한다고 강조하였다. 이 두 가지 자질, 즉 진짜가 되는 것과 현존하는 것을 아는 것은 매우 중요하다. 사실, 치료사가 내담자의 내면에 있는 것을 볼 수 없다면 어떻게 진정으로 공감을 할 수 있겠는가? 치료사로서의 당신에게 일어나는 일과 내담자에게 일어나는 일을 인식하는 것은 매우 중요하다. 그러나 유능한 인본주의 치료사는 다른 특성도 발달시켜야 한다. Landreth(2002)는 아동중심의 놀이치료사의 개인적 특성에 관한 설명에서, “치료사가 아동에 관하여 어떻게 생각하느냐는 치료사가 아동에 관하여 무엇을 알고 있느냐보다 더 중요하다”라고 말했다(p.99). Landreth는 놀이치료사는 “새로운 것을 수용하려는 태도를 가지고 예상치 못한 것을 받아들이고 적응하는 융통성이 있어야 한다”고 말했다(p.99).

뿐만 아니라 Landreth(2002)는 아동과 함께 완전하게 현존하고, 아동이 자유롭고 인정받고 있다고 느끼는 환경을 조성하는 것의 중요성을 강조하였다. Landreth는 “함께 있는 것은 하나의 예술형식이다”라고 주장하였다(p.98). 완전히 현존한다는 것의 개념은 이해하기는 비교적 단순하지만 실천하기는 어렵다. 어느 정도, 우리 각자는 현재 순간을 떠나는 경향이 있다. 이장 앞부분에서, 이런 경향에 대한 이유를 몇 가지 말하였다. 개인적으로, 나는 상상

속으로 들어가는 경향이 있다. 다른 치료사들은 너무 많은 것을 생각하는 경향이 있을지도 모른다. 또 어떤 감정이나 감정의 강도에 대해 불편해하는 치료사들도 있을 것이다.

Landreth(2002)는 놀이치료사가 가져야 할 중요한 자질 목록에 애매모호함에 대한 관용을 추가하였다. 또한 놀이치료사가 "아동이 있는 곳에서 아동을 만나는 것"이 중요하다고 말하였다(p.99).

Landreth에 따르면, 놀이치료사가 "아동의 경험과 감정에 영향을 받거나 정서적으로 감동을 받을 정도로 예민한" 것이 중요하다(p.100-101). Landreth는 놀이치료사는 치료사들이 대립을 다루고 부적당하다고 느끼지 않고 인간적 한계를 받아들이게 해주는 인간적 용기와 솔직함을 가져야 한다고 말했다.

유능한 놀이치료사가 되는데 필요한 Landreth의 인간적 자질목록에 대해서 곰곰이 생각하면서, 나는 그가 언급한 모든 자질들이 모래상자 치료를 하는 인본주의 치료사들에게도 역시 중요하다는 생각을 했다. 완전히 현존한다는 것에 관하여 본서의 곳곳에서 논의할 것이다. 잠깐만 이 문제에 관해 생각해보자. "당신의 지금 발달 시점에서 당신은 얼마나 잘 완전히 현존할 수 있는가? 우리들 대부분은, 이런 능력을 기르는데 상당한 시간이 필요하다. 내담자가 우리에게 영향을 미치게 할 만큼 연약해지려면 용기와 내담자에 대한 신뢰가 필요하다. 세션에서 치료사의 연약함의 정도는 관계에서 상호신뢰와 정비례해야 한다고 나는 생각한다.

인본주의 치료사가 길러야 할 또 다른 자질은 수용하기이다. 나로서는 다른 내담자들보다 더 받아들이기 쉬운 내담자들이 있다.

대체로, 내가 내담자를 받아들이는데 어려움을 겪는다면, 그것은 우리가 성별이나 인종과 같은 분명한 점에서 다르기 때문이 아니라 뭔가 인간적인 면에서 다르기 때문이다. 감정을 느끼거나 자신을 드러내지 않으려고 하는 내담자들은 나도 가끔 어려울 때가 있다. 과거보다는 이런 유형의 내담자를 더 잘 받아들이지만 때로는 여전히 어렵다. 보통 이런 종류의 내담자들에게는 모래상자 치료가 난국을 헤쳐가는데 도움이 된다는 생각이 들지 않으면 활용하지 않는다.

앞의 장에서 나는 공감의 중요성에 관해 설명했지만, 더욱 더 공감하는 것을 배우는 것이 인본주의 치료사가 성장하는데 꼭 필요한 자질이다. 모래상자 치료에서 모래상자 작품 장면은 내담자의 내면의 세계를 보여주는 그림이다. 치료사는 그 세계가 어떤 것인지를 볼 수 있는 기회를 받은 것이다. 인본주의 치료사가 그 순간에 내담자의 인식, 감정, 의미에 맞출 수 있는 사람이 되는 것이 대단히 중요하다. 내담자가 자신의 작품 장면에 관하여 이야기할 때, 사용하는 어휘가 중요하지만, 그 순간에 체험하는 것이 더 중요하다. Bugenthal(1999)은 "치료사는 말보다는 '음악'에 귀를 기울일 필요가 있다"고 말했다(p.20).

Landreth는 융통성에 관해 이야기 했고, 나는 여기서 융통성의 한 측면을 강조하고 싶다. 모래상자 치료를 할 때, 내담자와 함께 당신의 문제를 드러내는 것이 중요하다. 나는 수련생들에게 "당신의 문제를 놓으십시오."라고 말한다. 예를 들어, 내담자가 자신의 감정을 충분히 경험하는 것이 치료에 도움이 된다고 생각한다면, 그녀가 어떤 감정을 더 많이 느낄 필요가 있다고 정해진 순간에 생각하는 것이 솔깃한 생각이다. 내가 경험이 별로 없었을 때, 나는 여러 번 이런 함정에 빠졌다. 나는 내담자가 자신의 감정을 중단한다는 것을 알아차리고 그녀가 그 감정을 끝까지 극복하도록 "도와주고" 싶었다. 문제는 이런 일이 일어나기를 내담자보다 내가 더 원한다는 것이었다. 8장에서, 내담자가 스스로 멈추고자 할 때 어떻게 해야 하는지를 자세히 설명할 것이다.

이런 식의 모래상자 치료 접근에서 중요한 또 다른 치료사의 자질은 직관력을 가지는 것이다. 이장 서두에서 Rogers(1989)의 말을 인용하면서, 그는 "내가 내 자신의 내면의 직관적 자아에 가장 가까울 때"라는 경험을 설명하였다(p.137). Rogers는 자신의 이런 부분과 접촉할 때 가장 효과가 있었다고 말했다. 나는 치료사로서 Rogers가 말하는 수준에 이르러야 한다고 주장하는 것은 아니지만, 나도 같은 말을 하고자 한다. 즉, 내 자신의 직관적 일부에 접촉할 때, 그리고 내 자신의 그 부분을 치료에 활용할 수 있을 때, 가장 효과가 있다. 어떤 치료사들은 이것을 '당신의 직감을 믿는 것'이라고 하고, 또 어떤 치료사들은 순리에 따르는 것이라고 한다. 나는 인본주의 치료사들은 효과를 높이기 위해서 직관적인 그들 자신과 접촉할 필요가 있다고 강하게 믿는다(Kottler, & Brew, 2003). 우리는 직관을 무시하는 습관이 있기 때문에 이렇게 하는 법을 배우기는 어렵다. 어떤 사람들은 운 좋게도 직관이 발달하도록 도와주거나 지지해주는 가정에서 자란 사람들도 있고, 그것을 못하게 하는 가정에서 자란 사람들도 있다. 미국에서 성장하는 남성들은 여성들보다 자신의 이런 부분에 귀를 기울이고 신뢰하도록 격려 받지 못하는 것 같다.

자기자각과 자기이해는 유능한 모래상자 치료사의 중요한 자질이지만 치료사들은 자기수용이 없이는 이런 자질이 불안하게 만드는 것이라고 생각한다. 자기자각이라는 것이 당신이 내담자를 싫어한다는 것을 알아차리는 것처럼 항상 당신에게 있는 부정적인 것을 알아차리는 것과 관계되는 것은 아니다. 때로는 그 순간에 당신이 알아차리는 감정이나 욕구일 것이다. 그러나 당신의 개인적 문제가 상담에 어떤 영향을 미치는지를 자각하는 것은 보통 당신이 자신에 관해 좋아하지 않는 것을 자각하는 것이다. 자각이 높아지면 나오는 첫 반응이 주로 불안이다. 아마도 그러지 않았으면 좋겠다고 생각하는데 여전히 가지고 있는 습관이나, 바꾸려고 노력해온 편견을 의식하고 있을 것이다. 나는 supervision의 중요성을 언급했고, supervision이 이런 접근의 모래상자 치료에 필요한 자기인식의 수준을 높이는데 엄청나게 도움이 된다고 믿는다. 또한 훌륭한 지도교수는 경험들을 정상화하고 자기수용을 도와줄 것이다.

내가 **수련감독 지도를 가르칠 때**, 내 지도를 받는 박사과정 학생들은 이 문제를 두고 발버둥을 치는 때가 많다. 그들은 자신이 초보 교육감독으로서 모자라는 점을 알고 있지만 이 모자라는 점에 관해서 스스로 비판을 하고 참지 못한다. 나는 그들에게 약점을 아는 것이 중요하지만 자기수용의 태도를 가지는 것이 중요하다고 강조한다. 포부가 큰 인본주의 치료사에게도 마찬가지 접근이 적용된다. 당신이 자신에게 비판적이라면, 개인으로서의 성장과 전문가로서의 성장에 방해가 된다. 다시 한 번 말하겠다. 당신이 만약 스스로에게 비판적이라면, 그것은 개인으로서의 성장과 전문가로서의 성장에 방해가 된다. 자기자각과 자기비판은 함께 갈 필요는 없다.

Carson은 자신에 관하여 부정적인 것을 알아차린데 대한 최선의 반응은 단순히 그것을 알아차리는 것이다. 간단하게 들리겠지만 보기만큼 쉽지는 않다. 많은 사람들은 자기비판적이 아니고서는 자신에 관해 부정적인 것을 알아차릴 수가 없다. Carson (2003)은 좋은 영화에 집중하는 것처럼 자신에 관해 관찰하는 것을 단순히 알아차리거나 집중하라고 제안했다. "단순히 알아차리기는 아무리 말해도 과장이 아니다. 단순히 알아차리는 것은 미래를 예측하거나 과거를 없는 것으로 되돌리거나, 뭔가를 분석하거나 지적으로 이해하는 것과는 아무 관계가 없다"(p.7). 자신을 편견 없이 관찰하는 이런 능력은 현재에 충실한 상담을 하는 치료사가 가져야 할 유익한 기술이다. 치료사의 자각은 자기비판이나 비난으로 어지럽게 해서는 안 된다.

치료사의 발달에 있어서 도전과제

치료사로서 성장하는 것은 평탄한 과정이 아니다. 사실, 누구에게나 어떤 종류든 심리적 성장은 평탄한 과정이 아니다. 발달이라는 것은 익숙한 것에서 벗어나고 변화하는 것이다. 대체적으로, 우리는 이 두 가지 중 어느 것도 좋아하지 않는다. 대학원생들이 상담준비 과정을 끝내고 떠날 때는 그들이 부딪치게 될 도전과제와 난관이 많다. 치료사가 된다는 것은 감정적으로, 신체적으로 진 빠지는 일이다. 치료사들은 스스로 엄청난 양의 일을 해야 할뿐만 아니라 많은 치료사들이 업무 밖에서도 그들이 받는 것보다 더 많은 대인관계를 가진다. 대학원 과정은 다른 사람을 돌보는 방법을 훈련시키는 상담가들을 가르치지만 자신을 돌보는 일은 대부분의 과정에서 우선시하지 않는다. 유감스럽게도, 학생들이 준비 과정을 끝내더라도 그들은 앞으로 맞닥뜨릴 많은 도전에 대처할 준비가 되어 있지 않을 수도 있다(Skovholt, 2001).

치료사가 내담자와 맞닥뜨릴 어려움은 저항, 절망, 낙담, 적개심을 다루는 것이다. 뿐만 아니라, 많은 내담자들은 변화를 원하지만 변화할 준비가 되어있지 않다(Prochaska, DiClemente, & Norcross, 1992; Skovholt, 2001). 내담자 문제뿐만 아니라 치료사들은 서류업무와 관공서일도 처리해야 하고 의료 환경의 변화가 그들에게 어떤 영향을 미칠지 예측해야 한다(Kramen- Kahn and Hansen, 1998, p.130).

Kramen-Kahn and Hansen 은 이런 책임을 다루는 우여곡절을 급류타기에 비유했다. 즉 때로는 아주 신이 나기도 하고, 또 때로는 공포스럽기도 하며, 생존하려면 강에 대해서 잘 알고 적절히 대응해야 한다(p.130).

돌봄의 순환과정 감당하기

Skovholt(2001)는 치료사가 직면하는 문제들 중의 하나가 너무 많이 배려하고 돌보는 것이라고 주장했다. Skovholt는 많은 치료사들이 내담자의 괴로운 감정을 치료사가 내담자의 고통에 사로잡힐 정도로 느낀다고 말했다. 초보 상담가들은 특히 내담자의 어려움과 감정에 압도당하기 쉽다. Skovholt에 따르면, 치료사가 내담자와 최적의 애착관계를 형성하는 능력을 기르는 것이 중요하다. 치료사에게 있어서 최적의 애착수준은 자아의식을 유지하고 약간의 감정적 거리를 두면서 내담자와 관계를 맺는 것으로 설명된다. 내담자와 과도하게 관계를 맺는 것은 초보 치료사들이 특히 주목하고 감당해야 하는 것이다.

내담자와의 애착관계를 처리하는 것 외에도 치료사들은 Skovholt가 설명하는 돌봄의 순환과정 문제에 직면한다(2001). 이 순환과정에는 세 가지 과정이 포함된다. 즉, 공감적인 애착, 적극적 몰입, 그리고 분리이다. 각각의 내담자와 치료사들은 치료적 관계가 적극적 몰입의 수준으로 나아간다고 생각하면서 이 각각의 과정들을 해나간다. 치료사나 내담자가 종료에 들어가면 분리감과 상실감을 겪는다. 이 순환과정이 반복된다. Skovholt는 일부 치료사들은 애착과 몰입은 특히 잘 하지만, 순환과정의 분리와 상실 부분을 처리하는데 미숙하다고 말한다.

개인의 차원에서, 나는 때때로 내가 이 순환과정의 분리와 상실 부분에 고심을 하는 것을 알아차렸다. 만약 치료 과정에서 상당히 성장하고 변화한 내담자를 보면, 그 내담자에게 상당히 애착을 가지게 되는 경향이 있다. 치료가 끝나갈 때가 되면, 내담자와 나는 종료과정을 시작한다. 내담자도 나도 서로를 보내기가 힘이 들고 슬픔이 오래 남는 것을 알아차렸다. 지도감독을 할 때도 비슷한 경험을 하는 것을 알았다. 내가 수련생들에게 애착을 가질수록 분리과정은 더 어려웠다.

스트레스

치료사가 되는 것은 스트레스가 될 수 있다. 치료사의 개인적 문제에 관한 연구에서, Mahoney(1997)는 참가자들(45%)이 보고한 가장 흔한 문제가 감정적 피로와 소진이라는 것을 알았다. 다수의 참가자들(42%)이 수면과 관련한 문제도 보고하였다. 분리 연구에서 Skovholt는(2001) 초보 치료사들은 곤경을 유발하는 수많은 스트레스 요인을 겪는다는 것을 알았다. "실제 세계의 독특한 상황은 학생 때는 적절해 보였던 학문적 소품과는 다르다는 것을 깨닫고 나면, 초심자는 이 고통스러운 현실에 대한 해명을 찾는다(p.58)." Skovholt는 무능력감을 겪는 초보 심리치료사는 "교육 프로그램의 약점"에 초점을 맞추는 경향이 있다(p.58).

불안은 많은 심리치료사들이 겪는 관련 문제이다(Skovholt, 2001). 만약 치료사들이 평가를 하는 환경에서 일을 한다면 수행 불안이 높을 수도 있다. 낮은 정도에서 보통의 불안은 실행력을 높일 수 있지만 고도의 불안은 실행 능력을 떨어뜨릴 수도 있다. 많은 고도의 불안이 계속된다면 그 심리치료사는 성장과 발전을 하지 못할 것이다. 두려움은 성장을 차단해버리는 경향이 있다.

몇 년 동안 나는 많은 석박사 과정의 수련생들과 자격증이나 공인 놀이치료사 증명서를 얻고자 하는 치료사들을 가르치고 지도하였다. 내 수련생들 대부분이 스트레스 수준이 높고 매우 힘든 내담자들이었다. 그들이 개인지도를 받기 위해 올 때 나의 바램은 그들이 정직하고 솔직할 수 있다고 믿는 것이다. 10장(Supervision)에서 논의하겠지만, 치료사들은 지지와 격려가 필요하다. 또한 솔직한 피드백과 멘토링과 전문지식이 필요하다. 수련생들로부터의 피드백을 기초로 하여 그들은 교육지도가 자신들의 불만에 관하여 솔직히 터놓을 수 있고, 교육지도로부터 그들이 얻는 자기인식을 소중히 여기는 장소라고 생각했다.

만약 초보 심리치료사가 또래와 지도교육관으로부터 충분한 지지를 받지 못하면, 그들은 접하게 될 예측할 수 없고 스트레스가 되는 문제들에 대처하도록 도와줄 멘토를 찾는다(Skovholt, 2001). 윤리적, 법적 문제는 경험이 없는 심리치료사들에게 혼란을 줄 수 있는데, 이런 문제들에 집중하는 것은 심리치료사들의 기본적인 초점, 즉 타인을 돌보는 것과는 상당히 다르기 때문이다. 이런 갈등을 더욱 복잡하게 만드는 것은, 초보 심리치료사가 내담자 외에도 다른 사람들, 즉 내담자의 분노에 의한 잠재적 희생자의 행복을 고려해야 한다는 것이다. 윤리적, 법적 문제에서도 유능해야 한다는 것이 초보 심리치료사들이 감당해야 할 많은 어려움에 또 하나를 추가하는 것이다(Skovholt).

실제의 위험성

Skovholt(2001)는 치료사들이 내담자와 상담을 할 때 실제의 위험성 몇 가지를 밝혔다. Skovholt의 목록에는 다음과 같은 것이 포함된다.

- 다른 누군가에 의해 치료를 받으러 보내지는 것과 같은 동기갈등을 가지고 치료에 오는 내담자

- 내담자가 변화를 받아들일 준비와 치료사가 내담자가 변화되기를 바라는 것 사이에 일치하지 않음
- 치료사가 '아니오'라고 거절하지 못함
- 내담자의 스트레스 감정에 휩싸이는 것이 치료사에게 부정적으로 영향을 미칠 수 있다.
- 일방적인 돌봄. 치료사들은 대부분의 시간을 주는 역할이고 그들이 필요로 하는 것을 받지는 못한다.
- 내담자의 성공을 가늠하기가 어려움.

Skovholt의 목록은 치료사들이 직면하는 어려움들을 정신이 번쩍 들게 상기시키는 것이다. 일의 성격이 요구가 많고 힘들다는 점을 감안하면, 치료사들은 그들이 내담자에게 주는 것의 일부를 자신에게 주는 법을 배우지 않으면 극도의 피로의 위험에 처하게 된다.

소진(Burnout)

이 파트를 마무리하기 전에, 소진에 관하여 언급하고 싶었다. 토의하기에는 정신이 번쩍 들게 하는 주제이지만, 치료사는 자신을 돌보는 것보다는 타인을 돌보는 것을 더 잘하기 때문에 중요한 사항이다. Maslach and Leiter(1997)는 소진을 그 사람 자신과 그들이 해야 하는 것 사이에서 혼란을 겪는 표시라고 정의했다. 가치관, 위험, 정신, 의지의 붕괴, 즉 인간 영혼의 붕괴를 의미한다(p.17). 치료사들은 "일이 자신에게 줄 수 있는 것보다 더 많은 것

을 요구하고, 자신이 필요로 하는 것보다 덜 주는 불균형이 있을 때 소진의 위험에 처한다(Maslach & Leiter, p.17).

치료사에 대한 요구와 기대가 감정적, 재정적 보상보다 더 큰 업무 환경은 소진에 이르게 한다. 진전이 없는 까다롭고 저항적인 내담자와 상담하기, 보험회사와 법 제도를 상대하는 것, 비판적이고 비협조적인 동료와 지도교육관과 관계를 맺는 일은 실망과 환멸과 잠재적인 소진에 이르게 하는 환경요인들이다. 나는 성장해가는 치료사들이 겪는 어려움의 심각성과 치료사의 개인적 성장과 전문가로서의 발전을 지속하는 것의 중요성과 자기 돌봄의 중요성을 강조하기 위해서 이 장을 넣었다. 다행스럽게, 만약 당신이 이런 위험성을 인식하고 스스로에게 다음 장에서 설명할 긍정적인 삶의 경험을 제공할 수 있다면, 당신의 직면하게 될 어려움을 강당하고 소진을 피하는 법을 배울 수 있다. 이장의 남은 부분에서는 치료사가 성장과정을 지속할 수 있도록 도와준 개인으로서/전문가로서의 성장과 자기 돌봄 활동에 초점을 둘 것이다.

전문능력 지속 발전

소진 예방

열악한 업무 환경은 소진의 원인이 될 수 있다. Skovholt (2001)는 Maslach and Leiter(1997)이 제안한 소진 예방 공식을 수정하여 다음과 같은 표를 만들었다.

소진 발생	소진 예방
불공정함공동체 와해과중한 업무량	지속가능한 업무량
지배권 부족	선택권과 지배권을 가진 느낌
불충분한 보상	인정과 보상
공동체 와해	공동체 소속감
불공정함	공정, 존중, 정의
중요한 가치갈등	의미 있는, 가치를 인정받는 업무

Skovholt의 소품이 마음에 드는 한 가지 이유는 우리가 업무 환경에서 필요로 하는 것을 명확하게 제시하기 때문이다. 잠시 오른편에 있는 것을 살펴보자. 누군들 이와 같은 환경에서 일하고 싶지 않겠는가? 반대로 왼쪽 칸에 있는 것과 비슷한 환경에서 일하고 있다면, 치료사로서의 전문능력 발전과 성장은 어려울 것이다.

나는 왼쪽 칸의 두 세 항목을 포함하는 그런 환경에서 일하는 수많은 치료사들을 지도감독 하였다. 사실, 상급 수련생들이 만들어내는 모래상자 작품 장면들 대부분이 과중한 업무량과 통제의 결여와 같은 주제가 들어 있었다. 과중한 업무량은 내가 본 가장 흔한 항목이었지만 수련생들 중 몇몇은 불충분한 보상과 통제의 결여로 애를 먹고 있었다. 나는 학교 상담교사들을 지도 감독하는데, 때때로 그들의 교장 때문에 일을 견딜 수 없다고 한다. 이런 학생들과 성장과정의 치료사들은 계속 전문적으로 성장하고자 한다면 지지와 격려뿐만 아니라 업무환경의 변화가 있어야 한다.

당신이 현재 상담기관에서 치료사로 일을 하며 아이들과 어른들, 그리고 가족들을 본다고 상상해보자. 몇 년 동안 일을 해왔고, 모래상자 치료에 관심이 있지만 이 방법에 대해 훈련을 받은 적이 없다. 그 기관의 분위기가 오른쪽 칸의 환경과 비슷하다고 상상해 보자. 그런 경우라면 나로서는 당신이 치료사로서 일을 하면서 모래상자 치료를 효과적으로 활용하는 법을 배우기에 좋은 곳에 있다고 생각하기가 어렵지 않다. 그러나 왼쪽 칸의 업무환경과 비슷한 기관에서 일을 한다면, 당신이 모래상자 치료를 배우는데 얼마나 부정적인 영향을 줄지 상상하기도 어렵지 않다. 전문가로서, 개인으로서, 우리는 모두 지지와 인정과 존중을 원한다. 만약 당신의 업무 환경이 전문가로서의 성장과 발달에 도움이 되지 않는다면, 전략을 세워 변화를 주거나 가능하다면 개선할 계획을 준비할 것을 권한다. 우리에게는, 그런 변화를 일으키기가 어렵거나 불가능할 수도 있지만, 치료사로서 당신의 전문가 인생이 그것에 좌우될 수도 있다. 이장의 나머지 부분에서 다루게 될 대부분의 개념은 소진을 예방하지만, 유해한 업무환경이 성장을 촉진하는 전략을 차단시킬 수도 있다.

최적의 발달에 필요한 태도

Ronnestad and Skovholt(2003)는 상담사의 성장에 관한 연구에서, 최적의 발달을 촉진하는 태도를 규명하였다. 경력이 있는 치료사들을 면담하면서 성장을 촉진하는 태도와 전략에 관하여 설명하라고 요구하였을 때, 반성적 태도를 갖추는 것이 매우 중요하게 대두되었다. Ronnestad and Skovholt는 “반성은 자신과 타인에 관하여, 그리고 치료사들이 자신의 업무에서 겪는 과정과 현상에 관하여 포괄적이고 미묘한 차이를 고려하여 심도 있는 이해를 지속적으로 추구하는 것으로 이해된다(p.29).

함께 상담하는 많은 내담자들을 생각해보면 누가 이런 태도를 가진 치료사를 원치 않을 사람이 있겠는가. 누가 치료사 자신과 내담자인 나에 대해 깊은 이해에 전념하는 치료사를 원치 않겠는가? 이해받는다는 것은 내담자에게 매우 중요하고 인본주의 치료사에게도 매우 중요하다. 모래상자 치료에서 당신 자신을 더 많이 활용할수록 더 효과를 거둘 것이다 라는 말을 이 책에서 몇 번 언급할 것이다. 당신자신에 관한 깊은 이해가 있으면 치료의 질이 기하급수적으로 높아질 것이다. 반성적 태도는 인본주의 치료사의 전문가 성장에 대단히 중요하다.

Ronnestad and Skovholt(2003)는 반성과 성장 사이의 관계를 이렇게 설명했다.

> 모든 수준의 경험에서 최적의 학습과 전문가적 발전에는 끊임없는 반성이 전제조건이다. 일반적으로는 전문가적 경험과 특별히는 어려움과 도전에 대해 끊임없이 사색하는 능력과 의지가 최적의 발달에 전제조건이 되는 것으로 우리는 이해한다(p.38).

Ronnestad and Skovholt는 치료사들이 어려움과 도전을 해결해가는 방식이 그들의 전문가 성장에 큰 영향을 끼친다고 말했다. 전문능력이 정체되는 한 가지 원인은 어려움과 도전 해결을 피하고, 질질 끌게 하는 것이다. Ronnestad and Skovholt는 동료와 또래들과 의미 있는 관계를 맺으면 반성과 자기이해를 높이는 상호작용을 할 수 있다고 강조하기도 하였다.

Ronnestad and Skovholt(2003)에 따르면, 개방적 태도 또한 성장에 대단히 중요하다. 방어적인 태도를 취하는 치료사들은 피드백을 무시하는데, 이것은 발전을 저해한다. 학습하고 기꺼이 변하고자 하는 치료사들은 건설적인 피드백을 더 많이 수용하고, 직면하는 도전에서 더 많은 것을 배운다. Ronnestad and Skovholt는 학습에 집중하는 것이 성장을 가속화시킨다고 말했다. "학습에 전념하고 윤리적 한계 내에서 위험을 감수하고 새로운 배움에 참여하려는 의지는 전문 역량을 높이는 기본이다"(p.30). 나는 개방성에 대해 배움에 대한 전념과 윤리적 한계 내에서 위험을 감수하고자 하는 의지라는 표현을 좋아한다. 이런 헌신과 태도를 가진 인본주의 치료사는 그들의 잠재력을 최대한 활용하고 유능해질 가능성이 있다.

집단으로 모래상자 치료 훈련을 할 때, 나는 수련생들과 함께 현장시범을 하면서 그들에게 모래상자 치료를 하는 과정을 보여준다. 그들이 서로 짝을 이루어 "치료사" 역할을 연습하고 난 후에 교대로 집단 앞에서 치료사 역할을 한다. 대부분은 수련생들은 비록 경험이 있는 임상의라 할지라도 치료사 역할을 하는 것은 매우 무섭다. 다른 사람들 앞에서 뭔가 새로운 것을 배우는 것은 힘든 일이다. 실패의 위험을 감수하는 수련생들은 보고 있는 사람들보다 더 빨리 배운다. 놀이치료와 같은 모래상자 치료는 단지 보는 것으로 배울 수 있는 것이 아니다. 해보아야 한다.

성장을 지속시키고 고갈시키는 요인들

최적의 전문성 발달을 촉진하는 태도 외에도, Skovholt(2001)는 치료사의 전문가로서의 삶을 유지하는 활동을 규명하였다. Skovholt(2001)는 전문능력 성장을 유지시키고 고갈시키는 요인을 요약한 표를 제시하였다. Skovholt는 치료사들이 전문가로서 발전할 능력을 유지시키고 고갈시킨다고 말했던 요인들에서 그 목록을 가져왔다. 표 3.1은 Skovholt의 원래 목록에서 변형한 요인들이다.

표 3.1 전문능력의 발전과 행복을 유지시키고 고갈시키는 요인들

전문가의 삶을 유지시키는 요인	전문가의 삶을 고갈시키는 요인
*내담자에 대해 성공했다는 느낌	*내담자에 대해 성공하지 못했다는 느낌
*동료들과 지도감독관과의 의미 있는 관계	*동료들과 지도감독관의 지지 부족
*명확한 전문 영역한계	*과도한 기타의 돌봄과 불충분한 자기 돌봄
*실패에 대한 저항력	*실패를 받아들이지 못함
*전문능력의 발달에 초점을 둠	*장기적인 전문능력 발달에 집중력부족
*돌봄 순환과정을 다루는 능력	*내담자에게 종료를 제공하지 못함

1990년대에 전업 치료사였던 시절에 나는 이런 요인들을 많이 알지 못했다. 다른 치료사들과 함께 연결된 사무실을 쓰긴 했지만 그들을 거의 보지 못했고 상호 지지와 격려를 위한 정기적인 모임을

주도하지도 않았다. 되돌아보면, 나의 성장은 발전하는데 필요한 적절한 환경을 만들어내지 못해서 상당히 더디었다. 박사학위를 받기 위해 돌아갈 때까지, 나는 성장을 촉진해 줄 동료들과 멘토들과 관계를 맺지 못했고 전문가의 고립상태에 빠져있었다. 다행히도 박사과정은 나에게 성장을 촉진하는 새로운 원동력과 이해를 제공해 주었다. 1999년에 박사과정을 시작한 이후로 나는 내 자신을 돌보는 방법을 배웠고 그것이 개인적으로나 전문가로서 도움이 되었다. Skovholtsms(2001) 연구에서 치료사 개인의 삶은 자신의 전문가의 삶에 상당히 큰 영향을 준다는 것을 알았다.

자기 돌봄

Skovholt에 따르면, " 개인적 자아를 유지하는 일은 자신을 아낌없이 내주면서 하는 이 일이 그것이 없이는 성공적으로 해낼 수가 없기 때문에 중대한 의무이다". 만약 치료사가 내담자와 감정적으로 애착을 지속할 수 있고 그들에게 꼭 필요한 정서적 관계를 제공하고자 한다면, 치료사들은 자신의 정서적, 신체적 힘을 보충할 방법을 찾아야 한다. Skovholt는 일부 치료사들이 자신의 필요를 충족시키는 것에 대해 생각할 때 자신이 이기적이라고 생각할 수도 있다고 덧붙였다. 다른 사람의 요구를 들어주는 것에 너무 익숙해 있어서 자기 자신의 요구는 무시해버릴 수가 있다.

Skovholt의 말을 잠시 생각해보자. 치료사들은 자기 자신을 돌보지 않고서는 자신을 아낌없이 내줄 수가 없다. 이 생각은 여러가지 의미에서 간단하고 논리적이긴 하지만 치료사들이 무시하기가 쉽다. 뿐만 아니라 상담사 준비과정에서 자기 돌봄에 관한 이야기를 하더라도 그 주제를 강조하는 것을 본 적이 없다. 항상 나중에 드는 생각이다. 자기 돌봄의 필요성은 이해하기 어렵지 않지만 치료사들로서는 실천하기가 분명 어렵다.

Skovholt가 말하기를, 치료사들은 전문가로서 유능하게 능력발휘를 하기 위해서는 몸소 자신을 관리해야 한다고 했다. "우리의 '연못'이 정체되지 않으려면 끊임없는 개선이 필수적이다. 타인을 도와주는 치료사로서 전문적으로 계속 유지하려면 '샘'과 '시내'가 있어야 하는 것이 중요하다". Skovholt에 따르면 치료사들은 긍정적인 삶의 경험을 추구하고 찾아야 한다. 이 말은 개인적인 자기 돌봄이 열정, 평화, 행복감, 즐거움, 행복을 만들어내는데 초점을 두어야 한다는 것을 의미한다.

자기 치료

많은 치료사들에게 도움이 되었던 한 가지 긍정적인 삶의 경험은 자신의 치료이다. 476명의 심리학자들을 대상으로 한 연구에서 Pope and Tabachnick는 심리학자들에게 그들 자신의 개인 치료 경험을 기술하라고 하였다. Pope and Tabachnick는 86%가 그들의 개인치료가 매우 도움이 되었다고 보고했음을 알았다. 참가자들은 치료로부터 그들이 받은 첫 번째 도움은 자기이해와 자기자각이었다고 말했다.

Landreth는 자기이해를 높이는 수단으로서 포부가 큰 놀이치료사들을 위해 개별 치료나 집단치료를 권장하였다. 어떤 상담교육과정은 수련생이 자신의 개별치료에 참여할 것을 요구한다. 그 치료가 자각을 돕고, 자기 이해와 개인의 성장을 도와줄 것으로 기대된다. "치료를 제공할 사람들이 환자가 되는 것은 유익하기도 하고, 심지어 필요하기도 하다는 생각은 프로이드로 거슬러 간다". 모든 공인 상담교육과정은 수련생들이 집단의 일원이 되어 내담자의 입장을 경험하고 개인적으로 성장할 것을 요구한다.

인본주의 치료사들은 다른 치료사들보다 here-and-now로 진행을 하기 때문에 자기 개인의 치료는 더욱 더 중요하다. DVD에서 보여진 인본주의 접근과 비슷한 모래상자 치료에 대한 접근을 활용하고자 이 책을 읽는 사람에게는 자기치료를 아무리 권해도 모자람이 없다. 내담자와 의미 있는 심층적 상담에 이르고자 한다면, here-and-now 초점과 질 높은 관계를 통해서 내담자의 성장을 촉진하고자 하다면, 당신 자신을 유지시키고 가능한 한 많은 자기이해와 자기자각을 얻는 것이 중요하다. 뿐만 아니라 자기치료는 모든 치료사들이 자기 자신의 문제와 끝나지 않은 일을 해낼 수 있도록 해주고, 이것은 그들의 문제가 치료 관계의 질에 영향을 미치지 않도록 방지하는데 도움이 된다.

수련지도감독

수련지도감독은 치료사들에게 효과적인 자기 돌봄의 혜택을 제공하는 또 다른 긍정적인 삶의 경험이다. 1999년에 박사학위 과정을 하기 전에 나는 15년이 넘는 동안 유자격 전문 상담사 일을 하였다. 박사과정에서 2년 동안 수련지도감독을 받게 된다는 것을 알았을 때, 나의 첫 반응은 부정적이었다. 나의 경험뿐만 아니라 나는 게슈탈트 치료에서도 몇 년을 보내었기 때문에 치료사로서 자신이 있었다. 그러나 한 학기를 지난 후 나는 내가 완전히 잘못 생각했다는 것을 깨달았다. 수련지도감독은 내게는 오아시스가 되어 울분을 터뜨릴 수 있었고, 피드백을 받고, 나의 자기자각을 높이고 개인으로서 성장하며 새로운 전략과 중재를 배우고 나의 개념화 기술을 발전시킬 수 있었다.

"수련지도감독 관계의 질은 발달에 중심이 되는 요소이다". 수련지도감독 관계가 상호 신뢰관계라고 생각하면, 수련지도감독은 "실천가들이 정체의 길보다는 효과적으로 성장의 길을 갈 수 있게 도와준다". 수련지도감독이 평가를 덜 할수록, 수련생은 덜 방어적이 된다. 이 책 전반에서 강조하듯이, 두려움은 발달을 저해하고 평가받고 판단 받는 것의 두려움은 확실히 수련생의 발달을 저해한다.

치료사로서의 현 발달단계에 따라 다른 종류의 수련지도감독이 필요하다. 경력이 있는 임상의이지만 모래상자 치료에 비교적 경험이 없다면 좀 더 복잡한 수련지도감독이 필요하고 원할 것이다. 나는 초보 수련생들과 상급 실천가들을 수련지도감독 해왔고, 나의 접근을 수련생들의 요구를 들어주는 것으로 바꾸려고 노력한다.

재정적으로 자기 돌봄

치료사들이 간과하는 자기 돌봄 분야가 재정적인 자기 돌봄이다. Skovholt는 미국을 부유한 국가라고 표현했다. "부유한 국가란 대부분의 자동차에 단 한 사람만 타고 있는 곳이다". Skovholt는 미국인들이 버는 돈을 모두 다 써버리는 경향이 있다고 말했다. 다른 사람들의 삶과 다르다는 것에 엄청난 만족감을 얻지만 재정적인 소득에서는 그렇지 않다. Skovholt는 치료사들이 덜 소비하고 투자를 더 많이 할 것을 권장하지만 광고 공세가 많은 문화에서는 그렇게 하기가 힘들다. 치료사는 돈을 잘 다룰 줄 모르고 구매와 소비를 부추기는 문화적 메시지에 저항하지 못한다면 재정적 스트레스가 더해질 것이다.

유머와 여가활동

Skovholt는 유머감각은 스트레스가 있는 환경에서 일하는 사람 누구에게나 자산이라고 말했다. "왕성하게 웃고, 즐기고, 농담을 하고, 유머가 있는 것은 업무 환경이 심각한 인간문제로 가득한 사람들에게 매우 긍정적인 활동이다". 심리치료사의 대처기술에 관한 연구에서, Kramen-Kahn and Hansen은 참가자의 82%가 유머를 스트레스를 해결하는 효과적인 대처전략이라고 인정한 것을 알았다.

개인적 차원에서, 나는 Skovholt와 Kramen-Kahn and Hansen이 조사한 치료사들과 공감한다. 동료들과 농담하고 즐겁게 지내는 것은 나에겐 매우 유익한 활동이었다. 유머가 없는 업무환경을 일하기에 즐거운 곳이라고 생각하기는 힘들다. 동료를 신뢰하고 가까이 한다면 유머는 우리 관계의 일부이다. 지난 몇 년 동안 나는 수련지도감독에서 수련생들이 웃고 농담하는 것을 보아왔다. 나는 편안한 환경을 조성하려고 애쓰며 그런 종류의 분위기가 수련생들이 인정을 했고 도움이 된다고 나는 확신한다.

Kramen and Hansen 연구에서의 치료사들은 유머 외에도 여가활동이 그들에게 휴식과 회복을 준다는 것을 보였다. Skovholt는 이 연구결과에 동의하고 치료사들이 즐기고 노는 법을 배울 것을 권장하였다. 치료사들에게 회복과 돌봄을 제공하는 많은 활동들은 치료사들이 내담자들에게 권하는 활동과 같다. 치료사들은 같은 방식으로 자신을 돌보는 법을 배워야 한다.

스트레스 관리

많은 치료사들이 내담자에게 휴식과 스트레스 감소기법을 활용하도록 도와주기는 하지만 치료사들에게는 어려운 일이 될 수도 있다. Skovholt는 많은 치료사들이 휴식 훈련, 명상, 요가, 바이오피드백에 익숙하지만, 이런 방법들을 자기 자신의 스트레스와 과도한 각성을 줄이기 위해서는 사용하지 않는다. "투쟁 도주반응"이라고도 하는 과도한 각성은 내부적 원인과 외부적 원인 모두에서 오는 보통 스트레스로 인한 결과이다. 내면의 스트레스는 치료사 자신의 생각에서 생겨날 수도 있다.

하버드 대학의 의사이자 연구가인 Benson은 투쟁 도주 반응은 한 때는 인간이 생존하는데 도움이 되었다. 예측하지 못한 상황에 직면할 때, "불수의적 반응으로 혈압과 심박과 호흡수와 근육으로 가는 혈액의 흐름이 올라가고 신진대사가 늘어나 우리가 싸우거나 도망갈 준비를 하게한다. 그러나 Benson은 이 반응은 의도된 것이었기 때문에 이제는 사용되지 않는다고 주장하였다. 많은 사람들이 싸울 힘이나 도망갈 에너지가 필요로 하지 않을 때 과도한 각성을 경험하지만, 스트레스가 많은 상황에 마주칠 때 그것을 경험한다.

이런 불필요한 과도한 각성의 발생을 고려하여, Benson은 사람들이 과도한 각성에 대응하고 몸을 평형상태로 유지하는 반응이 필요하다고 주장했다. Benson은 이 반응을 "이완 반응"이라고 명명하였다. Benson은 환자들이 간단한 매일 10분 명상법을 이용하여 혈압을 낮출 수 있다는 것을 알았다. Benson의 명상기법에서, 사람들은 생각을 버리고 하나의 말에 집중하는 것을 배운다. 이 자기조절 실천은 사람들이 생각을 끊는 것을 도와준다. Skovholt는 "연습을 통해 스트레스 반응이나 과도한 각성을 줄이는 법을 배우면 심리치료사 개인의 삶과 전문가로서의 삶에 대단히 가치 있는 일이다.

중심잡기(Centering)에 관한 개인적 이야기

2001년 가을, UNT에서 박사과정 마지막 학기에, 나는 발표를 하기 위해 콜로라도 지역 상담학술회의에 갔다. 발표를 하기 전과 하는 도중에 나는 매우 불안해졌다. 그 결과, 내가 했던 발표의 질에 대해 만족을 하지 못했다. 그 발표에 참석했던 다른 사람들에게는 확실하지 않았을 수도 있지만, 나에게는 실망스럽고 참담했다.

댈러스로 돌아가서 나는 나의 불안 문제를 해결할 방법을 찾기로 결심하였다. 때때로 불안과 씨름을 했지만 일단 교수가 되면 전문가회의에서 발표를 하게 될 것을 알았고 발표를 할 때마다 매번 불안해지는 것과 계속 씨름하고 싶지는 않았다. 몇 년 동안 나 자신의 중심잡기에 관한 것을 배웠다. Benson의 책, 〈이완 반응〉을 읽고 도움이 된다고 생각하여 규칙적으로 그의 짤막한 명상기법을 연습하였다. 게슈탈트 치료사 훈련을 받을 때, Rick Carson이 나에게 자신이 이용하는 중심잡기 기법을 가르쳐 주어서 나도 규칙적으로 연습을 하였다. 그러나 내 생각과 기분을 조절하는 것에 관해서 좀 더 배워야 했다. 우연히 〈Open Mind Open Heart (Keating, 1991)〉이라는 책을 읽었는데, 주로 중심을 향한 기도(centering prayer)에 초점을 두고 있었다. 그 책은 흥미롭고 실용적이었다. Keating이 그 책에서 가르치고 있는 중심을 향한 기도방법은 20분-30분 훈련으로서 생각으로부터 분리되는 법을 배운다. 나는 하루에 두세 번 그 방법을 연습하기 시작했고 매일 하려고 노력했다.

그것은 거의 7년 전이었다. 현시점에서는, 비록 몇 주 동안 일주일에 두세 번 중심을 향한 기도를 할 뿐이지만, 그 동안 나는 이 중심잡기 방법을 1000번은 족히 넘게 연습하였다. 그것이 도움이 되었을까? 이제 나는 2001년에 그랬던 불안을 겪지 않고 학술회의에서 발표를 할 수 있을까?

지나치게 극적으로 들리지 않겠지만 내가 연습했던 중심을 향한 기도는 대체로 덜 불안해지게 도움이 되었고 발표를 할 때 훨씬 덜 불안했다. 나의 비과학적인 추정에 의하면, 예전보다 90% 불안이 줄어들었다. 내가 설명한 것과 비슷한 것을 하나도 해보지 않았다면, 얼마나 효과가 있을지 의아할 것이다. 너무 자세하게는 말고, 이 말을 하고자 한다. 과거에 불안을 야기하던 생각들에 대응하는 방법을 배웠다. 이런 종류의 생각이 들 때는, 만약 당신이 걱정이나 불안의 문제가 있다면 내가 말하는 종류의 생각을 아마 알 것이다, 이제 나는 그냥 그 생각이 지나가게 내버려 둘 수 있다. 예전에는 불안한 기분을 야기했던 생각들에 빠지지 않는다. 많은 사람들이 생각으로부터 벗어나거나 생각을 바꾸는 것에 문제가 있다. 나로서는, 이제는 그렇게 하는 것이 예전보다 훨씬 쉽다.

짐작하듯이, 나는 중심잡기를 열렬히 지지하는 사람이다. 그것은 나의 삶을 개선시켰고, 의외로 빨리 걱정 없이 대중 앞에서 연설을 할 수 있고 과거에는 불안하게 만들던 일들을 감당할 수 있는 조용한 자신감을 주었다. 많은 내담자들이 자기 조절 행동의 목록에 이런 종류의 습관을 추가해야 할 필요가 있다고 믿을 뿐만 아니라 많은 치료사들도 가능한 한 현존하고 자기자각을 하며 내담자와 집중을 할 수 있기 위해서는 생활 속에서 이런 중심잡기 방법이 필요하다고 생각한다. 중심잡기는 나와, 이 분야에서 내가 알고 있는 많은 치료사들에게 도움이 되었고, 우리의 능력을 높여 주었다. 또한 당신이 걱정이 많은 편이거나 멈추고 싶은 때도 생각을 멈추지 못하여 문제가 있다면, 중심잡기가 매우 유용하다.

요약

인본주의 치료사가 된다는 것은 개인으로서, 전문가로서의 성장과 발전 과정이 개입되는 길고 어려운 여정이다. 인본주의 치료사로서 능력을 갖추는데 필요한 많은 자질들이 고통과 상실과 다른 삶의 경험을 겪고 난 후에야 생겨난다. 초보 심리치료사들은 졸업 후 처하게 되는 예측할 수 없는 망망대해를 항해하면서 스트레스가 많은 시간을 보낸다. 전문가로서의 성장은 반성적이고 개방적인 태도와 학습에의 전념에 의해 촉진된다. 건강하고 힘을 주는 업무환경과, 동료들과 교육관들과의 의미 있는 관계와 개인의 자기 돌봄 전략이 전문가로서의 성장을 촉진하고 정체와 소진을 예방하는 요인들이다.

숙지 사항

실습생을 위한 숙고할 내용

- 당신 개인의 삶과 전문가로서의 삶에서 당신의 관계를 어떻게 특징지을 수 있는가?
- 당신은 받는 것보다 더 많은 것을 주는가? 그렇다면, 당신 삶의 이 부분에서 어떻게 더 많은 균형을 이룰 수 있는가?
- 당신의 업무환경을 어떻게 기술하겠는가?
- 당신은 피드백과 성장에 얼마나 열려 있는가? 전문가로서의 어려움과 도전에 관하여 당신은 얼마나 심사숙고하는가?
- 전문가로서의 도전과 어려움을 함께 처리할 수 있는 동료가 있는가?
- 당신 자신에 관하여 부정적인 면을 알게 되면 어떻게 반응하는가?

수련 지도 감독관/상담 교육자를 위한 숙고내용

- 초보 심리치료사가 부딪치게 되는 스트레스 요인들에 대처하도록 당신은 어떻게 도와주는가?
- 당신의 교육과정은 졸업이 가까운 학생들에게 본서에서 설명한 도전들을 얼마나 잘 대비해 주는가?
- 수련생들이 자기 돌봄을 실천하도록 어떻게 도와주는가?

4
발달수준 고려

모래상자치료와 발달

모래상자치료는 아동, 청소년, 성인들에게 활용할 수 있다. 그러나 어린 아동들은(9세 이하) 마치 모래통을 가지고 노는 것처럼, 즉 항상 하는 놀이 경험으로서 모래상자치료에 접근한다(Homeyer & Sweeney, 1998). 9세 이하의 아동들과 모래상자치료 활용에 관한 설명을 보려면 Homeyer and Sweeney의 저서가 훌륭한 자료이다. 나 자신은 대부분 8세 아동들과 하기에 더 좋은 것은 모래상자치료보다는 놀이치료일 것이다. 그 두 가지를 비교할 수 있는 방법은 치료사가 제공하는 구조의 양이다. 놀이치료에서는 아동이 이끌게 하는 것이 나의 방식이다. 첫 번째 세션에서 놀이방으로 들어가는 문으로 걸어가면서 내가 "이 방에서 온갖 장난감을 가지고 네 마음대로 놀아도 된다"라고 말한다. 그러면 아동은 무엇을 가지고 놀 것인지, 특정한 장난감을 가지고 어떻게 놀지를 선택한다. 연속되는 세션에서는 놀이방으로 들어갈 때, 시간을 구조화하지 않는다. 물론, 놀이방에서의 행동에는 제한이 있고 제한 환경을 사용하는 것은 놀이치료 경험을 구조화하는 것이지만 모래상자치료에서 제공하는 구조와는 다르다. 나는 모래상자치료를 구조화된 활동으로 접근한다. 10세 아동에게는, "네가 가족에 관한 장면을 만들어내면 좋겠어"라고 말할 것이다. 나의 지시가 경험을 구조화하고 제한한다.

구체적 조작단계의 아동

구체적 조작단계 아동들(대략 7-11세)은 추상적 사고를 할 수가 없다(Wadsworth, 1996). 그들은 논리적으로 사고할 수는 있지만 추상적으로는 하지 못한다. 치료사가 정말로 구체적 조작단계의 아동에게 가상적 예를 사용한다면, 혼란스러워하고 무관심한 표정이 나올 가능성이 가장 많다.

Greespan(1993) 은 이 단계를 가리켜 "the world is other kids"라고 하였다. 그는 이 연령의 아동들은 환상의 세계에서 나와 덜 상상적인 세계로 들어가기 시작한다. 이 연령의 많은 아동들은 그들이 이미 배운 기술을 습득하는 쪽으로 초점을 돌린다. 사회적으로, 이 연령집단의 아동들은 부모들이 그들을 대하는 방식에는 스스로를 덜 한정하고 자신들이 학교에서 또래집단과 어울리는 방식으로 더 스스로를 한정한다. 그들의 자아상은 전적으로 부모에 의해 한정되는 대신에, 집단에 의해, 즉 놀이터에서 지배적인 서열에 의해 규정되기 시작한다(p.9).

Greenspan and Shanker(2004)에 따르면 아동의 "자아의식은, 그러니까, 새로운 차원의 조직을 이루어가고, 진정한 사회적 자아(어릴 때는 가족에 의해 한정되는 자아와 비교하여)가 나타나

고 있다. 그러나 이렇게 새로 나타나는 자아의식은 상당히 융통성이 없고 양극화되어 있다." (p.77)

부모에게서 또래에게도 방향의 변화 외에도, 이 연령의 아동들은 "정서적으로 차별화되는 사고에 관여하는 능력이 발달하기 시작하여, 아동이 애매한 상황을 볼 수 있다. 애매한 영역의 사고는 아동들이 집단 속에서 자신의 역할을 이해하고 더욱 더 복잡한 사회체계에 대처할 수 있게 한다." (Greenspan & Shanker, 2004, p.76).

이 연령의 아동들은 감정에 집중하거나 강렬한 감정을 말로 표현하기를 주저하기도 한다. 이런 경험은 대부분의 구체적 조작단계의 아동들에게는 불편하고 위협적이다. 그러므로 나는 인지 발달의 이 단계 아동들과 모래상자치료를 할 때의 다음과 같은 권고사항을 만들어 냈다.

* 말만큼 행동에 초점을 맞춘다. 아동들이 청소년이나 성인들만큼 그들의 장면에 관하여 이야기를 할 수 없다는 점을 고려하면 아동들의 행동이 더욱 더 중요해 진다. 아동이 장면을 만들어낼 때 장면을 만들어 가는 과정, 소품의 선택, 비언어적 행동에 면밀한 주의를 기울인다. 예를 들어, 아동이 서둘러 장면을 만들어냈는가? 반대로 아동이 모든 소품을 자신이 원하는 방식 그대로 정렬되었는지를 확인하며 상당한 시간을 보냈는가?

* 아동이 사용하는 상징의 수를 제한한다. 어떤 아동들은 소품의 수를 제한하지 않고 사용하라고 허락하면 모래상자를 가득 채워 놓는다.

* 비유나 상징에 집중한다. 만약 아동이, "개가 여기 혼자 있어요"라고 말하면, 개에 관한 것을 말하며 대답한다. "개가 외로워 보이는구나"라고 말하기도 한다. 아동이 상징을 소유하거나 상징의 안전성을 유지하게 한다. 아동은 상징 중의 어느 것이 자신과 어떤 관련이 있는지 말할 필요가 없다. 상징에서 아동으로 서둘러 초점을 바꾸지 않는다.

* 무엇에 초점을 맞출지에 관해서 더 많은 선택을 할 수도 있다. 그러나 아동을 밀어붙이지는 않는다. "이것은 어떻게 된거지?"라고 묻기도 한다. 아동이 먼저 소품에 이름을 붙이지 않는다면, 소품의 이름을 붙이지 않는다. 이 반응(이름을 붙이지 않기)은 아동 중심의 놀이 치료에서 촉진반응과 비슷하다. 비록 이것이 구조화된 활동이고 아동이 전조작기 아동보다는 인지적으로 더 발달했지만, 아동이 자신의 상상력을 이용하도록 허락하는 것은 도움이 된다. 목적은 여전히 아동의 경험을 촉진하는 것이다. 해석을 하는 것이 아니라 탐구하거나, 문제해결에 시간을 사용한다.

* 내가 묻기도 하는 질문의 예를 제시하기는 했으나, 질문은 드물게 이용한다(Erdman & Lampe, 1996).

* 이 연령에서는 아동들이 주로 감정을 비언어적으로 표현하기 때문에 언어적 내용보다는 비언어적 신호가 훨씬 더 중요하다. 책의 전반에서 설명하듯이, 비언어적 신호를 읽을 수 있다는 것은 인본주의적 접근의 모래상자치료에서 아주 중요하다.

* 구체적 조작단계의 아동에 대해서는 처리과정의 시간이 훨씬 더 짧다. 치료사들은 심층적 처리 경험을 기대해서는 안 된다.

* 개인적 판단을 피하는 태도를 보여준다. 이것은 어느 연령에서도 중요하기는 하지만, 이 연령에서는 특히 중요하다고 생각한다. 아동들은 감정이나 문제를 탐구할 정도로 편안하게 느끼기 전에 안전함을 느낄 필요가 있다.

* 장면의 물리적 배치에 더 초점을 맞추고 특정 물건과 그것들의 위치와 다른 물건과의 관계에 관하여 말한다. "이것은 여기 혼자 있네."

구체적 조작단계 아동과의 모래상자치료는 효과는 있지만 청소년과 성인들과의 것과는 다른 의미이다. 보통, 구체적 조작단계의 아동과 함께 하는 모래상자치료의 효과적인 부분은 처리과정이 아니라 실제 모래상자 그 자체이다. 모래상자를 통해서, 아동은 깊은(엄청난) 의미와 이야기를 전달할 수 있다. 구체적 조작단계의 아동들 중에는 더 많은 감정을 느끼고 세션에서 감정을 말로 표현할 수 있는 아동도 있지만, 내 경험상 이런 아동들은 예외이다.

구체적 조작단계 아동과 내가 처음으로 모래상자치료 세션을 한 것은 UNT에서 박사과정 학생이었을 때이다. 그 아동은 8세였고 3개월 정도 일주일에 한 번 놀이치료를 하고 있었다. 세션 때마다 부모 상담을 위해서 잠깐씩 부모와 만나곤 했는데, 이런 상담에 불만이 생기기 시작했다. 특히 어머니는 내가 하는 말마다 "네, 하지만"이라고 말하곤 했다. 나는 부모-자녀 치료 수업을 듣고 있었기 때문에 그 아동과 어머니에게 모래상자치료 세션을 하기로 결정했다. 나는 그 경험이 그 어머니와 나에게 준 충격을 잊을 수가 없다.

나는 그 어머니와 아동에게 가족의 장면을 만들어보라고 했다. 그들 각자 큰 칸막이가 된 모래상자 안에 따로 장면을 만들었다. 아동은 개 세 마리를 함께 상자 한가운데 배열하였다. 그리고 나무 몇 그루와 몇 개의 다른 소품을 근처에 놓았다. 그리고 나서 모래상자를 파더니 개들에게서 약 10인치 정도 떨어져 4-5인치 폭의 강을 만들 때까지(상자의 바닥이 파란색이었다) 모든 모래를 덜어 냈다. 그 다음, 강둑의 반대편에 개 두 마리를 조심스럽게 놓았다. 아동이 자기 어머니와 나에게 개들의 위치의 의미에 관하여 말할 때까지 나는 이 모든 것이 무엇을 의미하는지 몰랐다. 아동은 함께 있는 세 마리의 개는 자신과 두 형제자매(오빠와 언니)라고 말했다. 그 다음, 다른 두 마리의 개는 엄마와 아빠라고 말했다. 그녀는 이 두 마리의 개는 바빠서 다른 개들에게서 떨어져서 함께 있다고 말했다.

나는 깜짝 놀랐다. 단 2분 만에 아동은 우리가 했던 모든 상담에서 부모와 하지 못했던 것을 해냈다. 즉, 엄마의 방어를 추월한 것이었다. 그 아동은 상자의 나머지 부분에 관하여 이야기를 마치고 잠시 후 어머니가 자신의 상자에 관하여 말을 하려는데, 아동이 불안해했다. 그래서 아동은 대기실에 가 있고, 나와 어머니는 딸이 만들어낸 장면에 관하여 이야기를 나누었다. 어머니와 내가 나눈 대화의 발췌문이다.

치료사: 쉴라의 장면에 관해서 무엇을 보았나요?

메 리: 딸은 아이들 모두와 함께 있는데, 우리는 완전히 그들에게서 떨어져 있는 것을 보았어요. 딸이 그들을 하나로 보고, 아빠와 나를 그들과는 따로 하나로 보는 것 같았어요.

치료사: 그 묘사에 관하여 어떻게 생각하세요?

메 리: 그대로에요. 특히 학기 중에는요. 딸이 왜 그런 식으로 생각하는지 알 수 있어요.

치료사: 쉴라가 상황을 그런 식으로 묘사하는 것을 처음 들었을 때 기분이 어땠나요?

메 리: 아차 싶었어요. 딸아이와 다른 두 애들을 위해서 더 많은 것을 해야한다고 느끼게 했어요.

치료사: 이 장면을 보면 지금도 아차 싶은 감정을 느끼세요?

메 리: 네

치료사: 그 감정을 설명해보세요. 어떤 것인가요?

메 리: 마음이 아파요. 딸아이가 나와 떨어져 있는 것처럼 느끼는 걸 원치 않아요.

(Armstrong & Simpson, 2002, p.7).

아이가 몇 마디 말을 사용할 필요도 없이 어머니에게 충격을 준 방식을 보자. 1-2분 만에, 이 아동은 놀라우리만치 효과적인 방식으로 그녀의 감정을 표현했다. 세 마리 개들은 그들끼리 혼자 있고 두 마리 개는 바쁘다는 말을 할 때, 어머니와 나는 그 장면에 못 박힌 듯 집중을 하며 앉아 있었다. 모래상자 장면과 아이의 간단한 설명의 결합은 매우 강렬하였다. 아동과 어머니와 이 세션을 한 후, 나는 모래상자치료가 효과적인 중재가 될 수 있겠다고 확신하였다. 나는 매개물이 가지는 힘과 간접적인 표현예술 활동이 가질 수 있는 영향력에 대해 놀랐다. 뿐만 아니라 어린 아동을 포함하는 가족치료에 활용할 수 있는 중재를 찾아내었다.

사춘기 이전 아동과 초기 사춘기 청소년

물론, 사춘기 이전 아동과 사춘기청소년과의 상담은 인지발달 외에 많은 도전을 제공할 수 있다. 사춘기 이전(대략 10-13세)은 독특한 발달 요구를 가진다. "그들은 추상적 사고가 발달하는 과정에 있고 감정과 사고를 언어적으로 쉽게 표현할 수 없을 수도 있다"(Flahive & Ray, 2007, p.364). 사춘기 이전 아동과 초기의 사춘기청소년(대략 12살-15살)은 "사회적 인정을 얻기 위해서 다른 모든 사람처럼 되기를 원하고 이상해 보이거나 다르게 보이는 것에 대해 불안해한다"(Vernon, 2002, p.7). 구체적 조작에서 형식적 조작사고로의 변화는 대략 11세에 시작하지만 그 과정은 점진적이며 15세가 되어서야 완성된다(Wadsworth, 1996).

이 연령집단의 아동과 관련된 또 다른 문제는 상담이 대부분 그들의 생각이 아니라는 것이다. Vernon(2002)이 말했듯이, 아동과 청소년들은 대부분 부모나 다른 성인에 의해 상담기관이나 개인 치료사에게 의뢰된다. 의뢰가 비자발적인 것이기 때문에 저항이 커지게 된다. Vernon은 치료사가 그것에 관한 이야기를 하면서 이 문제를 다루기를 권장한다. 내담자에게 상담을 하러 오는 것이 사춘기 이전 아동과 사춘기청소년의 생각이 아니라는 것을 인식시키고 간단히 그 문제에 관해 논의한다. 공감과 인내는 도움이 될 수 있지만 내담자가 그 곳에 있기를 원치 않는다는 것을 기분 나쁘게 받아들이지 않는 것이 중요하다.

모든 내담자는 저항적이다. 그러나 이 연령의 내담자는 개인적인 생각과 감정을 치료사와 나누는 것이 안전하다고 믿기가 더 어렵다. 이것은 분명 모래상자치료에 시사하는 점이 있다. 신뢰는 내담자와 하는 모든 것의 기본이다. 만약 내담자가 나를 신뢰한다면, 나로 하여금 그들을 골칫거리 감정과 문제로 이끌도록 허락할 것이다. 반면에 내담자가 경계를 한다면 치료에서 일어날 중요한 것이 별로 없다. 그러므로 11-15세 연령의 내담자와 모래상자치료를 할 때는 주의해서 진행하기를 권한다. 이 연령의 아동들은 보통 강렬한 감정을 겪어낼 인내심이 별로 없는데 모래상자는 끔찍한 감정을 불러일으킬 수도 있다.

긍정적 측면에서는, 예술적 표현활동의 이점 중의 하나는 아동들에게 비언어적 소통수단을 제공한다는 것이다(Bratton & Ferebee, 1999). 사춘기이전 청소년들이 아직 언어적 기술이 발달되고 있는 점을 고려하면 모래상자와 같은 표현예술 활동은 아동들에게 감정을 표현하기 위한 말 이외에 상징을 제공한다.

Bratton and Ferebee도 사춘기이전 아동들에게 활용할 수 있는 덜 위협적인 표현예술 활동을 권장하였다.

놀이치료는 모든 연령의 아동과 성인들에게 활용되어 왔지만, 사춘기이전 아동들은 자신들이 보통의 놀이방에서 볼 수 있는 장난감을 가지고 놀기에는 나이가 많다는 생각을 할 수도 있다. Flahive and Ray(2007)는 "사춘기이전 아동들은 모래상자치료를 전통적 형태의 놀이치료보다는 그 재료 때문에 더 쉽게 받아들인다"고 말했다(p.364). 사춘기이전 아동들은 모래상자에 사용되는 소품들을 장난감과는 다르게 인식한다.

사춘기이전 아동들과 초기 사춘기청소년들이 "대화요법"을 더 잘 할 수 있지만, 나는 이 연령과 구조화된 활동을 활용할 것을 적극 권한다. 또한 이 연령과 모래상자치료나 다른 표현예술 활동을 활용할 때, 내가 앞에서 나열했던 고려사항들이 중요하다. 모래상자치료에서, 내담자가 모래상자 장면과 관련된 감정을 표현하기 위해서 시간을 연장하는 것에 편안해 하는 것을 알 수 없다면 처리 시간을 제한한다.

집단 모래상자치료

이 연령(9-14)과의 상담과 치료에 가장 효과적인 접근 중의 하나는 집단치료이다(Draper, Ritter & Willingham, 2003; Lomonaco, Scheidlinger, & Aronson, 2000). "집단 모래상자 치료의 특징, 즉 언어적 소통과 비언어적 소통을 연결하는 방식, 집단의 형태, 활동방향이 사춘기이전 아동들의 발달요구에 맞다

(Flahive & Ray, 2007, p.365). 사춘기 이전 아동과 초기의 사춘기청소년과 집단을 이루어 모래상자치료를 활용하는 효과를 뒷받침하는 연구가 있다. Flahive and Ray(2007)와 Shen and Armstrong(2008)는 집단 모래상자치료에 관한 질적 연구를 각자 실시하였다. 이 연구들의 결과는 연구 챕터에서 자세히 논의할 것이다.

요약

어린 아동들은 보통 놀이방에서 장난감 놀이나 다른 활동을 하듯이 모래상자를 사용한다. 구체적 조작단계의 아동들은 모래상자에서 장면을 만들어낼 수는 있지만 이 연령집단의 발달 요구에 맞게 활동을 수정하는 것이 도움이 된다. 보통, 나이 든 내담자보다는 모래상자의 처리시간이 더 짧고, 비언어적이며 깊지도 않다. 구체적 조작단계의 아동과 상담을 하는 치료사들은 대부분의 감정이 비언어적으로 표현되기 때문에 비언어적 신호에 주의를 기울여야 한다. 구체적 조작단계의 아동들과 모래상자 치료를 응용하는 것이 가족치료이다. 가족치료에서 예술적 활동을 활용하면 치료사들은 그 과정에 어린 아동을 넣을 수 있다. 집단 모래상자 치료는 학교에서 사춘기이전 아동들과 효과적으로 활용되어 왔다.

숙지 사항

실습생을 위한 숙고할 내용

- 가족치료를 하고 있다면, 치료에 어린 아동을 포함시킨 적이 있는가? 있다면, 어떻게 했는가?
- 다양한 연령의 내담자에게 발달상으로 표준적인 것에 관하여 얼마나 많은 지식을 가지고 있는가?
- 다양한 연령의 내담자들과의 중재를 어떻게 수정하는가?

수련 지도 감독관/상담 교육자를 위한 숙고내용

- 수련생이나 학생들이 다양한 연령의 내담자에게 표준적인 것을 잘 이해하고 있는가?
- 발달수준을 기초로 하여 내담자와의 중재를 수정하는 것에 관하여 상담 수련생들에게 무엇을 가르치는가?
- 다양한 연령의 내담자와의 표현예술 활동을 이용하는데 있어서 상담사 수련생들은 얼마나 많은 훈련과 경험을 받는가?
- 당신의 프로그램에서 훈련을 받는 상담사들이 아동, 사춘기이전 아동, 청소년과 집단으로 상담을 하는 기회를 얼마나 많이 가지는가?

Part Ⅱ

과 정

5
모래상자 체험

모래

여러분이 정말 좋은 해변에 가 본 적이 있다면 모래가 얼마나 아름답고 마술적일 수 있는지 알 것이다. 아이들은 모래를 좋아한다. 그들은 모래로 형태를 만들고, 모래를 파고, 터널을 만들고, 그 속에서 전쟁놀이를 하고, 발가락 사이에서 으깨기를 좋아한다. 아이들은 달려드는 파도로부터 도망치고 젖은 모래에 발을 넣는 것을 좋아한다. 모래는 "이상적인 촉감과 감각 경험"을 만들어 낸다(Oaklander, 1988, p.167). 모래는 또한 "우리의 정체성의 정수를 표현하는 수단"이다(Homeyer and Sweeney, 1988, p.21).

아마도 내가 모래상자에 흰 모래를 쓰는 것을 선호하는 이유는 해변 때문일 것이다. 나는 파도 소리와 그 리듬을 좋아한다. 그것은 초면에 걸린 것 같다. 바다와 해수, 그리고 해변은 또한 야성적이고 예측할 수 없다. 여러 생물과 모험으로 가득하다. 내담자들이 모래에 장면을 구성하면 나는 그들이 모험을 경험하기를 바란다. 그들은 분명히 그들이 기대하지 않았던 그들에 대한 것들 것 발견할 것이다. 우리 모두는 친근한 것을 좋아하지만 우리는 또한 다른 것을 탐구하기를 좋아한다. 모래상자치료 자기 자신의 탐험이다.

모래는 자기 자신에 대한 경험의 일부이며, 자기 자신을 좀 더 깊이 있게 경험하게 해주는 창의 일부분이다.

소품(Miniature)

소품 또한 경험의 일부다. 마법사와 마녀, 마귀, 괴물, 초자연적 영웅, 뱀, 나비는 경험의 일부일 것이다. 내담자들은 어떤 소품을 꺼내고 때때로 왜 그랬는지 설명을 못하는 경우가 있다. 그들은 무섭거나 희망적이거나 적대적이거나 혹은 평화로운 상징물을 선택할지도 모른다. 높은 품질의 소품 세트가 없으면 내담자들은 그들의 경험, 느낌, 투쟁, 바램을 상징적으로 표현해주는 것을 찾을 수 없을 것이다. 내담자들이 자신을 충분히 표현할 수 있는 소품을 갖추는 것이 매우 중요하다.

지난 몇 년간 나는 많은 학생과 실습생 집단과 함께 실험적인 모래상자치료 훈련 수업을 실시해왔다. 아마 가장 큰 집단은 25명의 수련생 집단이었을 것이다. 그처럼 큰 집단을 위해 충분한 질 좋은 소품을 갖추는 일은 일종의 도전이었다. 훈련을 하려면 소품을 잘 선택하는 것뿐만 아니라 충분한 양의 소품을 갖추는 것 또한 중요하다.

최근 나는 다섯 명의 치료사들로 이루어진 작은 집단의 훈련 수업을 했다. 내가 실험적인 훈련 수업에서 자주 하는 것처럼 나는 그들 각자에게 놀이상자에 그들의 삶의 한 장면을 만들어보라고 요구했다. 각자가 자기의 모래상자를 가지고 내가 그들을 위해 전시한 내가 선택한 소품들에서 선택을 했다. 수업 끝에 수련생 중한 사람이 자신을 표현할 소품을 찾지 못했다고 말했다. 소품들 중에 아무 것도 그것에 적합한 것이 없었다. 그녀가 그렇게 말했을 때 수련생들과 내담자들이 표현하고자 하는 것을 표현해주는 소품을 찾을 수 있도록 선별한 소품을 충분히 갖추는 것이 내게는 매우 중요했기 때문에 그것은 나를 괴롭게 했다.

Homeyer와 Sweeney(1998)는 선별한 소품을 충분히 갖추는 것을 강조했다. (그리고 엄선된 소품 세트에 필요한 전체적인 품목을 제시했다.) 그들은 전문적인 보고서에서는 "심리치료 수업에서는 내담자가 사용하기 위해 적어도 300개의 소품이 있어야 한다고 제안한다"고 쓰고 있다(p.30). 위에 언급한 수련생의 말은 양보다는 질에 대한 것이지만 양자 모두가 중요하다. 나는 가능한 한 많은 소품을 선별해 갖추려 노력해 왔지만 나는 아직도 더 갖추고 싶다. 내담자와 수련생들은 가능한 한 많은 선택권을 가질 필요가 있다.

모래상자치료 수업

내담자가 나의 사무실에 들어오면 나는 그들이 안전한 천국에 들어오는 것처럼 느끼기를 원한다. 대기실에는 안락한 가구를 갖추고 간접 조명을 사용한다. 낮게 음악이 연주된다. 내담자가 성인 치료실로 들어오면 치료실은 나무로 둘러 싸여 있고 바닥에서 천장까지가 다 창문으로 되어있다. 나는 내담자가 신발을 벗고 그녀 자신이 될 수 있다고 느끼기를 바란다.

모래상자치료는 내담자에게 그들이 자신을 표현할 수 있도록 하는 또 다른 매체를 제공한다. 내가 언급했던 바와 같이 나를 꽤 깊이 신뢰하는 내담자들에게만 모래상자치료를 이용한다. 나는 내담자에게 아이디어를 판다는 생각이 불편하다. 만약 내담자가 모래상자치료를 내켜 하지 않으면 나는 놀이를 하지 않는다. 나중에 치료 과정에서 치료에 적당하다고 생각되면 나는 다시 한 번 그것을 시도할 수도 있다.

Homeyer와 Sweeney(1998)는 모래상자치료는 "확실한 치료 목표와 의도아래 이용해야 한다"고 언급했다(p.53). 그들은 치료사는 반드시 특정 내담자에게 모래상자치료를 사용하는 목적과 타이밍에 대해 명확한 인식이 있어야 한다고 강조했다. 발달수준에 대한 고려와 아울러 Homeyer와 Sweeney는 내담자에 대한 개입으로 모래상자치료를 사용하기에 좋은 시간을 선정했다. 한 가지는 모래상자치료를 속도를 바꾸어 내담자에게 치료 과정에 다시 힘을 북돋아 주거나 좀 더 깊은 수준으로 치료를 끌고 가는 것이다. 이 선정은 인본주의적인 모래상자치료 치료에서의 개념과 비슷하다. 모래상자치료는 내담자가 곤경에 빠져 있을 때 도움이 될 수 있다.

인본주의적인 관점에서 볼 때 곤경에 빠졌다는 것은 내담자가 모순에 빠졌다는 것이다(7장에서 자세하게 논의될 것이다). 예를 들어 내담자가 자신의 일을 싫어하지만 그 일에서 얻는 보상과 안정성 때문에 변화를 만들기는 두려워하는 것이다. 아마도 내담자는 가끔 이런 감정을 느꼈을 것이고 어떤 움직임도 만들 수 없을 것으로 보인다. 혹은 내담자가 결혼 생활에 만족하지 않지만 종교적 믿음 때문에 남편에게 계속 헌신해야 한다고 느낄 수도 있다.

모래상자치료는 아마도 내담자의 두 가지 상황에 모두 적절히 개입하는 수단일 것이다.

모래상자치료 방

몇 가지 환경에서는 모래상자치료 전용 룸이 있다. UNT의 아동과 가족 치료 센터에는 믿을 수 없을 정도로 많은 소품을 모아놓고 중간에 분리대를 설치한 두 면의 모래상자치료 상자가 있는 방이 있다. 이 방은 모래상자치료를 위해 만들어졌으며 수업 전에 따로 준비해야 할 것이 전혀 없다.

하지만 내 개인 사무실에는 "모래상자치료" 방이 없다. 우리는 성인 치료실을 모래상자치료 방으로 쓴다. 내가 언급한 것처럼 사무실에는 훌륭한 창문이 있고 나무로 둘러 싸여 있다. 하지만 이 사무실을 모래상자치료 공간으로 만들려면 잠시 시간이 걸린다. 수업 전에 나는 소품을 긴 테이블 위에 정비한다. 나는 Homeyer와 Sweeney(1998)의 권고대로 테이블 한쪽 끝에 긍정적인 소품을, 다른 한쪽 끝에 부정적인 소품을 배치하고 중간에 중립적인 소품을 배치한다. DVD에서 볼 수 있는 바와 같이 나는 작은 테이블 위에 모래상자를 차렸고 그 옆에 두 개의 의자를 놓았다.

테이블과 모래상자를 차려놓은 다음에 나는 내담자를 방으로 데려와 환경에 적응하도록 한다. 이전 수업에서 내담자에게 모든 것을 자세히 설명했기 때문에 내담자는 활동이나 방의 세팅에 불편해 하지 않는다. 대개 내담자는 소품을 잠시 보고 앉는다.

모래상자치료 장면 꾸미기

어떤 치료사들은 그들의 내담자에게 세계를 건설하라, 세계를 창조하라, 혹은 장면을 만들라고 요구한다. 나는 " 당신이 현재 당신의 삶의 한 장면을 만들어주기를 원합니다. 당신이 만드는 장면에는 과거와 미래의 요소가 들어갈 수도 있지만 나는 당신이 현재의 삶에 초점을 맞춰주기를 바랍니다."라고 말하기를 선호한다. 나는 또한 내담자에게 자신이 만들기를 원하는 장면을 만들기 위해 시간을 충분히 사용해도 좋다고 알려준다. 나는 모래상자치료 시간으로 대개 50분 보다는 한 시간 혹은 한 시간 반 정도를 채택한다.

융학파 모래놀이치료 치료사들은 모래놀이치료의 신성함을 설명하기 위해 "자유롭고 보호받는 공간"이란 표현을 쓴다.

Homeyer와 Sweeney(1998)는 "내담자가 자신의 (언어적 혹은 비언어적) 작업을 하는 치료 환경을 발전시키고 유지하는 일은 어떠한 심리치료 형태에서건 매우 중요하다'(p.62)고 말했다. 치료사에게는 내담자가 자신의 진정한 감정을 탐구하고 표현하기 위해서는 모래상자치료 방에서의 안전하고 자유로운 분위기를 만드는 것이 중요하다. "따라서 내담자가 모래상자치료에서 작품을 구성하고 있을 때 상담사는 계속 옆에 있어야 한다. 그는 반드시 귀 기울이고, 지켜보고, 철저하게 인식하며 참여함으로써 창조 행위를 공유해야만 한다"(p.62).

장면을 구성하는 동안 나는 가능한 한 함께 있으려 하지만 말은 하지 않는다. 내담자가 소품에 연결되고 선택하는 내적 경험을 갖는 것이 중요하다. 나는 그들의 내면의 과정을 방해하고 싶지는 않으나 그들이 장면을 구성하는 순간을 경험할 때 내가 그와 함께 하고 있음을 그가 알기를 원한다. 가능하다면 나는 이 과정이 진행되는 동안 낮은 배경음악을 깔아준다.

Homeyer와 Sweeney(1998)는 어떤 치료사들은 장면을 구성하는 동안 말없이 줄곧 같이 있는 것이 어렵다는 점을 발견한다고 말한다. 이러한 어려움은 우리가 이전에 '놀이 치료 훈련의 가치'에서 논한 문제로 되돌아가게 만든다. 놀이 치료사들은 아이들과 전 과정에 말없이 함께하도록 훈련 받는다. 놀이 치료를 받는 많은 아이들은 말 한마디 없이 전체 수업을 할 것이다. 놀이 치료 훈련 없이는 내담자와 말 한마디 소통 없이 좀 더 많은 시간을 함께하기가 이상할 수 있을 것이다.

각각의 내담자는 장면 구성 단계에서 독특한 접근을 보인다. 어떤 내담자는 충동적이고 공격적인 반면 다른 이들은 생각에 잠기고 내향적이다. 대개 대부분의 성인은 시간을 갖고 사려 깊게 소품을 살핀다. 모래상자치료에서 이 단계는 대개 성인의 경우 적어도 15분이 걸리는데 내담자에 따라 훨씬 더 걸릴 수 있다. 다른 사람은 그렇지 않은데 어떤 성인의 경우 모래에 소품을 배열하고 다시 배열하는데 상당한 시간을 소비한다. 어떤 내담자는 (대개 청소년 혹은 청소년기 이후의 사람들) 장면을 구성하면서 울기 시작한다.

Homeyer와 Sweeney(1998)는 그들이 장면 구성 후(post creation)단계라고 하는 것은 구성(creation)단계 후와 구성 진행(processing) 단계 이전 단계를 포함시켰다. 나는 바로 그런 식으로 해본 적은 없었으나 나는 구성 단계에서 진행단계로 가기 전전이되는 시기가 있을 것이라고 생각한다. 흥미롭게도 몇몇 모래상자 치료사들은 모래상자의 치료 치유 과정은 장면 구성으로만 된다고 믿는다. 따라서 이런 치료사들은 내담자들과 놀이상자를 진행하지 않는다(Boik & Goodwin, 2000). 다른 치료사들은 모래상자치료 장면을 언어적 교감을 위한 토대로 이용한다. 이 책에서 설명한 인본주의적 접근법은 장면 구성단계에서 일어난 치료과정을 이해하고 평가하고, 구성된 장면을 토대로 이용하기 위함이다. 모래상자치료를 언어로 진행하는 것은 장면을 구성하는 동안 시작된 내면적 작업을 늘이고 확장시킨다.

장면 구성 후(Post-creation) 단계 동안 Homeyer와 Sweeney(1998)는 치료사에게 모래상자치료 작품을 시각적, 감성적으로 관찰하기 위한 시간을 가지라고 권고한다. 이 관찰은 치료사가 내담자가 구성한 장면을 평가한다고 내담자와 의사소통을 하는 것이다.

치료사가 놀이 작품을 관찰함에 있어서 작품을 전체적으로 이 장면은 이 내담자에 대해 무엇을 이야기하는가? 그의 세계는 무엇인가? 보는 것이 중요하다.

Homeyer와 Sweeney(1998)는 또한 모래상자치료 작품 장면에서 관찰한 흔한 주제를 설명하면서 여섯 개의 범주로 그 장면을 분류했는데, 그것은 텅 빈 세계(empty worlds), 사람이 없는 세계(unpeopled worlds), 닫힌 세계/ 막힌세계(closed worlds), 딱딱한 세계(rigid worlds), 무질서한 세계(disorganized worlds) 그리고 적대적 세계(hostile worlds) 가 그것이다. 장면을 가공하기 이전에도 치료사와 내담자들은 중요한 숨어있는 문제들과 이전에는 한 번도 노출된 적 없는 내담자의 꿈에 접근할 수 있다.

모래상자 진행

이 장의 나머지에서 나는 모래상자치료의 진행 단계를 소개할 것이고 DVD 모래상자치료 수업에서 나온 몇 가지 상징과 문제들을 다룰 것이다. 그리고 다음 네 장에서는 인본주의적 모래상자치료 요법의 가공 단계의 다른 측면에 대해 논할 것이다. 모래상자치료 요법의 가공 단계 동안 내담자에 대한 나의 주요 목표는 *탐험, 표현, 자각, 발견을 촉진시키는 것이다.*

Homeyer와 Sweeney(1998)가 권고한 바와 같이 "내담자 보다는 모래상자와 그 내용이 토론의 초점이 된다. 내담자로부터 초점을 제거하면 내담자는 자신의 문제를 좀 더 자유롭게 표현할 수 있다"(p.74). 그러나 Homeyer와 Sweeney(1998)는 또한 "내담자가 구성된 모래상자치료 작품의 요소들과 자신의 상황을 연관짓기 시작할 때는 모래상자치료가 은유 하는 내에서 예외가 있다는 것은 머무르는 것이다"(p.75).

대부분의 성인 내담자들과 내가 함께 작업했던 수련감독자들은 작품 속의 요소와 그들의 삶의 상황을 연관시키는 일을 구성 단계의 초기에 시작했다. *초점은 대개 작품으로부터 내담자의 앞뒤로 움직이다가 다시 뒤로 이동한다.* DVD 모래상자치료 수업과 내가 진행한 다른 수업에서 수업의 초점은 작품에서 내담자로 그리고 다시 작품으로 썰물과 밀물처럼 밀려왔다 밀려간다.

나는 “당신이 만든 장면에 대해 이야기해봐라”는 말로 대개 진행 단계를 시작한다. 그러나 내담자가 장면 구성 단계에서 무엇인가를 느끼고 있는 경우, 나는 그가 어디에 있는 지에서부터 시작한다. 예를 들어 DVD에서 잠시 뜸을 들이다가 나는 “이 장면을 만드는 것은 어땠어요?”라고 물었다. 내담자는 “그 장면을 만드는 일은 내게는 마치 내가 그 장면 속에 그려지는 것 같은 느낌이었어요.”라고 말했다. 내담자가 그 순간 무엇인가를 느낀다면 나는 그 경험에 초점을 맞춘다.

Homeyer와 Sweeney(1998)가 주목한 바와 같이 모래상자치료에서 장면을 진행하는 일은 내담자와 치료사에게 격렬하고 강한 경험일 수 있다. DVD에서 우리가 진행 단계를 시작하기 전에 그 경험은 강렬했다. 내담자가 장면 구성 단계에서 자신의 감정을 경험할 수 있도록 자신을 허락했다면 그 장면을 구성하는 일이 어떤 강렬한 느낌을 촉발시킬 수도 있다. 장면 구성 단계는 치료 과정의 일부라는 점을 기억하라. 나는 그것을 아이들이 놀이 치료에서 갖는 경험과 비교해 본다. 아이들이 인형의 집에서 혹은 군인 소품으로 장면을 만들 때 그들은 아마도 분노 혹은 슬픔을 느낄 것이다. 놀이치료와 모래상자 치료에서 내담자는 자신의 감정을 상징과 장면에 투사한다.

몇 년 전에 나는 사십 대 성인 남성에게 모래상자 치료를 실시했었다. 그는 그 당시 어느 누구와도 관계를 갖고 있지 않았다. 모래상자치료는 발렌타인데이 며칠 후에 있었다.

그가 만든 장면의 일부에는 의자 하나와 테이블 하나 이외에는 아무 것도 없었다. 그가 그 빈 의자와 테이블을 바라보곤 할 때 그의 눈에서 눈물이 났는데 그것은 이 상징은 그가 발렌타인데이에 얼마나 외로웠는지를 상징해주기 때문이다. 장면을 구성하는 것은 내담자의 강렬한 감정을 촉발시킬 수 있다.

이 책에서 설명하고 있는 모래상자치료에의 인본적 접근법은 해석을 멀리하고 탐험에 초점을 맞추도록 이끌어 준다. 다음 몇 장에서 여러분이 본 것과 같이 이 탐험은 깊이 있는 경험이다. 진행 단계에서 내가 내담자와 하는 것의 대부분은 탐험과 자각의 과정을 촉진하는 것이다. 나는 내담자로 하여금 가장 강력하고 치유적인 반응은 자신들이 이전에 가졌던 수준의 자각 너머로 이동할 수 있게 해준다는 Rogers의 주장에 동의한다.

DVD 회기에서의 12부분

내가 이전에 언급한 바와 같이 진행 단계의 초점은 대개 작품에서 내담자로, 다시 작품으로 이동한다. DVD 세션 초기에 초점은 내담자의 경험에 있었고, 그 후 12부분에서 그는 작품으로 주목을 돌렸다. 그녀는 이 한 부분에서 그녀가 선택한 많은 상징물에 대해 자세히 설명했다. 이 부분은 매우 길고 이 부분에는 많은 중요한 문제와 이미지들이 담겨있다. 전체 세션을 제기된 문제들 실패, 희망, 삶의 양면성, 그리고 신과의 관계 같은 것에 할애하는 것이 수월할 것이다. 나타난 상징과 문제는 다음과 같다.

* Pollyanna(미국 작가 Eleanor Porter의 소설 여주인공 이름, 맹목적인 낙천가), 그녀의 아들에게 일어났던 일과 실패를 보

지 않은 것을 포함한다.
* 고무 밴드와 이해할 수 없는 소년, 자살하려는 소년을 구하는 것을 포함한다.
* 천상과 이승 사이의 배, 이승에 머물고자 하는 것과 이승을 떠나고자 하는 것의 모순을 상징한다.
* 등대, 희망을 상징한다.
* 어린 소년, 그 소년이 죽기에는 너무 어리다는 것을 보여준다.
* 나무 꼭대기의 독수리, 천국에서 행복한 노아(Noah)를 상징한다.
* 나비는 내담자가 가고 싶은 천국에 있는 다른 사람들이다.
* 마법사, 신을 상징한다.

Pollyanna

내담자가 구성된 장면을 설명할 때 등장하는 최초의 상징은 Pollyanna다. 내담자는 "나는 강에 있는 배에 있고 나는 일종의 Pollyanna다. 왜냐하면 나는 노아에게 어떤 일이 일어나고 있는지 적응하지 못했고 일을 놓치고 말았다. 그리고 난 부정인지 어떤 것인지 모르지만 지금 뒤돌아보면 나는 단지 실패자라는 느낌이다. 그래서 Pollyana는 그저 정말로 무슨 일이 일어난 것인지 접할 수 없는 것을 상징한다"라고 말했다.

여러분이 DVD를 보았다면 이 세션에서 죄의식은 중요한 주제라는 것을 알아차렸을 것이다. 이 내담자는 제대로 응하지 못하고, 무엇인가 놓쳐버렸고, 아들에게 어떤 일이 일어났는지 감 잡지도 보지도 못한 자신의 죄책감과 허물을 느낀다. 불행하게도 사실상 학대 문제가 있는 청소년을 가진 가정에서는 어떤 일이 일어나고 있는지 감을 잡고 아는 것은 매우 어려운 문제인데, 이는 청소년들이 부모에게 문제를 숨기는 데 익숙하고, 실질적인 학대 자체와 이와 연관된 문제에 대해 거짓말을 하기 때문이다. 어떤 문제가 있는지 인식하고 아는 것은 모든 사람에게 어렵지만 몇 가지 요인이 이 내담자에게는 문제를 더욱 복잡하게 만든다.

고무 밴드와 이해할 수 없는 소년

내담자가 구성한 장면에는 다음 문제를 포괄하는 상징물 집단이 있다. Pollyanna가 고무 밴드를 잡고 있고 소년은 고무 밴드를 목에 감고 물 위에 누워있다. 내담자가 말하기를,

> 내담자는 "고무 밴드는 나이고 노아를 구하려고 하고 있다. 나는 내가 아이를 구하려고 한 곳에서 꿈을 꾸고 있어요. 그리고 난 아이를 구하고 싶어요. 그리고 물론 그는 다리 밑에서 물에 빠져 있어요. 그리고 그 고무 밴드는 아이의 목에 감겨 있어요. 왜냐하면 그건 아이가 목이 졸려 죽는 것을 상징하기 때문이에요"라고 말했다.

이 세션 순간은 매우 고통스럽다. 비록 이 순간보다 몇 달 전 세션에서 그녀가 그녀의 아들의 자살에 관해 말하는 것을 들었지만 나는 그녀가 느낀 고통을 조금 느꼈고 나는 부분적으로 그 고통

을 덜어주고 싶었다. "나는 아이를 구하고 싶어요"라는 이 발췌문의 일부를 보면서 나는 내담자가 현재 시제를 쓰고 있는 점에 주목했다. 이는 그녀가 얼마나 아직도 아이를 구하고 싶어한다는 것을 보여주는 것이다.

천상과 이승 사이의 배

다음으로 내담자는 이승과 저승 사이에서의 그녀의 몸부림으로 전환했다.

> "내가 배에 탄 이유는 내가 두 곳 사이에 잡혀있기 때문입니다. 더 쉽고 고통이 없는 다음 세상에 가고 싶은 소망이지요. 그래서 이쪽은 천국이고 이쪽은 이승입니다."

이 DVD를 공개석에서 보여주었을 때 객석의 몇몇 치료사들은 내담자의 자살하려는 감정과 생각에 우려를 나타내는 말을 했다. 나는 이것이 문제라는 데 동의하지만 이 세션에서 내게 눈에 띄는 것은 그녀가 겪고 있는 고통이다. 그녀는 여기서 다음 세상에는 고통이 없다는 말을 한다. 고통은 그녀가 떠나고 싶은 경험이다. 물론 그녀의 마음 일부에는 아들과 함께 하고픈 생각이 있다. 그녀는 아들을 끔찍스럽게 그리워한다.

등대

내담자가 다음으로 초점을 맞춘 이미지는 등대로 이는 희망을 상징한다. 내담자는 "등대는 멀리 떨어져 있는 희망을 상징하는데 나는 지금 가끔씩 희망을 많이 느낄 수 없기 때문이다."라고 말했다. 그녀가 말한 대로 등대를 모래상자 작품의 다른 끝에 위치시킴으로써 그녀는 희망이 그녀에게서 얼마나 멀리 떨어져 있는지를 표현했다. 그녀는 지금 많은 희망을 느끼지 못한다고 말했다. 이러한 희망의 결여는 다음 세션에서 우리가 초점을 맞춰야 하는 문제이다. 내가 위에서 언급한 바와 같이 각각의 이 같은 상징은 매우 중요한 것으로 각각의 것은 전체 세션의 초점이 될 수 있다. 희망은 내담자에게, 특히 슬픔에 빠졌거나 우울한 내담자에게는 매우 중요한 문제이다. 이 문제는 아들의 죽음보다 우선하는 문제이기에 좀 더 복잡하다. 그녀의 희망은 아들의 죽음 이후 좀 더 절박한 문제가 되어 얼마 동안 동요되는 변화가 있었다.

어린 소년

다음으로 나타난 문제는 그녀의 아들이 너무 일찍 죽었다는 것이고 아직도 소년이라는 점이다. 그녀는 이 문제에 대해 말하면서 그녀의 아들을 잃기 이전의 문제를 상기시켰다.

> "노아는 어른이 아니라 어린 소년이에요. 16살이란 나이를 생각해보면 아직 어린아이지요. 그 아이가 비록 다 자란

> 남자처럼 보이긴 하지만 그 애는 아직 나에겐 어린아이지요. 16년은 함께하기에 충분한 기간은 아니지요. 그리고 나는 그를 아이였을 때 잃었어요."

나무 꼭대기의 독수리

그 다음 그녀는 놀이 작품의 맨 끝으로 옮겨갔는데, 그곳은 천당이다. 그녀의 아들 또한 맨 끝에 있다. 그리고 그녀는 아들의 상징으로 나무 꼭대기의 독수리를 선택했다.

> "그래서 천당에서 노아는 … 있잖아요, 그 아이는 자연을 사랑했어요. 캠핑과 나무 위의 집을. 그래서 노아는 독수리고 그 아이는 지금 높이 날고 있어요. 그리고 그의 나무에서 행복해요. 그건 제게 On Eagles wings라는 노래를 떠오르게 해요. 그 아이의 장례식에서 그 노래를 연주했지요. 신은 독수리 날개 위로 당신을 올려줄 겁니다. 그래서 그 아이는 지금 행복해요."

내가 다음 장에서 논한 바와 같이 천상에서 행복한 그녀의 아들의 이미지는 중요한 몇 가지 이유가 있다. 첫째로, 그녀는 아들과 함께 있고 싶어한다. 둘째, 내담자에게 천상은 고통이 없는 곳을 상징한다. 마지막으로, 그녀의 친구들 몇몇은 아들의 행복에 더 초점을 맞추라고 격려하고 그녀의 큰 슬픔에는 초점을 덜 맞추라고 한다.

나비

"그리고 다른 나비들은 아들과 천상의 삶을 즐기는 천상에 있는 다른 사람들을 표상한다. 그리고 나는 그곳에 가고 싶다. 그리고 나는 70살 혹은 몇 살이건 그 때까지 기다리고 싶지 않다. 아들과 함께 하기까지 기다리기에 그 세월은 너무 길다. 너무 긴 세월이라고 느껴진다."

어떤 면에서 이 상징은 이승과 저승 사이의 배와 비슷한데, 왜냐하면 그것은 천상에 있는 것을 표상하며 천상은 즐거운 곳이기 때문이다. 내담자는 아들이 있는 그곳에 가기를 원한다고 다시 말한다.

마법사

내담자는 신과 불공정함과 안전과 같은 신에 연관된 몇 가지 문제에 대해 장황하게 말했다.

"그리고 신, 나는 아직 신에게 일종의 분노가 있기 때문에, 신은 마법사예요. 왜냐하면 그건 일종의 제멋대로기 때문이지요. 내가 공격을 당한 건 불공평하다고 생각해요. 내가 말한 것처럼 좋은 기독교인으로 사는 동안 사악한 짓을 한 일이 없어요. 나는 해를 당하지 않을 것이라고 생각했어요. 그리고 그렇게 나는 이유 없이 공격받은 거예요. 그건 불공정해요. 그래서 난 신에게 되돌아갈 길을 찾아야 해요. 그리고 신을 믿어야 해요. 당신은 어떻게 신을 믿을 수 있지요?

성경에 신께서 당신을 안전하게 지켜주신다고 써 있지요. 그런데 이런 일이 일어난 후에 당신은 말해요 '거기서는 그가 당신을 지켜준다고 말하지요' 신은 우리를 지켜주지 않았어요."

명백하게 이 주제는 내담자가 신에게 배신당했다고 느끼기에 어려운 문제이다. 다행히도 내담자와 나는 긴 시간 동안 그녀와 신의 관계에 대해 토론했다. 그녀는 신에 대해 내게 말하는 것을 편안해 했고 우리가 이야기를 나누었을 때 이해 받고 지지 받았다고 느낀다. 물론 나는 그녀에게 믿음을 가져야 한다거나 갖지 말아야 한다고 말하자 않았다. 그녀의 아들이 자살을 했을 때 그녀 또한 신이 지켜주신다는 그녀의 믿음을 일부 잃어버렸다. 나는 이 문제를 슬픔을 다룬 장에서 좀 더 이야기 할 것이다.

나는 모래상자치료에서의 대부분의 상징에 대한 논의가 도움이 되었기를 바란다. 다음 장에서 나는 인식을 촉진하고 감정을 다루는 데 있어서의 인본적 접근법에 대해 초점을 맞출 것이다. 그리고 그 다음 장에서 모순, 저항, 슬픔에 대해 논할 것이다.

요 약

이 장에서의 나의 목표는 모래상자치료 치료 과정의 주요 논제를 소개하는 것이었다. 나는 장면 구성 단계에 대해 설명했는데, 이는 매우 중요하다. 마지막으로 나는 인간 중심적 모래상자치료의 진행에 대해 소개하고 DVD 세션에서의 내담자가 사용한 많은 상징에 대해 논했다. 인간 중심적 접근법의 진행 과정은 좀 더 즉각적인 것이고 놀이상자 작품에 덜 집중하며 내담자에게 더욱 초점을 맞춘다.

6
자각과 변화 촉진

당신은 당신 내부에서 "너는 그림을 그릴 수 없어" 라는 소리를 듣습니다, 그리고는 모든 수단을 다 해서, 그림을 그립니다. 그러면 그 소리는 잠잠해집니다.

반 고호

탐구의 과정

전 장에서 언급한 바와 같이 모래상자 치료의 진행 국면에서 내담자와 나의 주된 목표는 탐구, 표현, 인식 그리고 발견 과정을 용이하게 하는 것이다. 이번 장에서 나의 목적은 인식과 탐구에 관련된 몇 가지 생각(idea)을 검토하고 성장과 인식을 용이하게 하도록 설계된 전략들을 독자에게 설명하고 예시하는 것이다. 특히, 나는 감정과 같이 머물며, 감정을 묘사하고 내담자의 인식과 감정에 보다 깊이 들어갈 수 있는 전략을 검토할 것이다.

처리 국면(processing phase) 이전에 있어서도, 내담자들이 축소소품을 바라보고 그것과 자신의 연관성을 발견함에 따라서 창조 국면(creation phase)은 탐구와 발견을 위한 분위기를 조성한다. 어떤 내담자들은 그들이 원하는 방법 그대로 축소소품을 정돈하는 과정에 몰입한다. 창조 국면이 내담자들에게 의미 있는 경험이라면, 그리고 그들이 보통 주목하지 않는 그들 생활의 단면들에 관해서 바라보고 생각한다면, 내부적으로 처리국면은 이미 시작된 것이다. 내담자가 창조국면을 경험하도록 자신을 허용할 때 구두 처리국면으로 이동하는 것은 자연스러운 일이다. 이제 모래상자 치료의 처리국면에서 인식과 성장을 용이하게 하는 몇 가지 생각, 개념 그리고 전략에 주목해 보자.

변화의 이론

나는 변화의 이론을 제안하는 것으로 인식과 변화를 용이하게 하는 생각의 검토를 시작하고자 한다. *나는 내가 아닌 다른 무엇이 되려고 함으로써 변화하는 것이 아니라 내가 나를 완전히 앎으로써 변화하는 것이다*(Carson, 2003). 수많은 카운슬링 이론 중에 몇 가지 변화의 이론이 있지만 이 변화의 이론은 몇 가지 함축된 의미를 갖고 있다. 그 중 두 가지에 주목해 보자: 자기를 받아드리는 것과 자기를 인식하는 것. 내가 나 아닐 필요가 없다면 나는 나를 받아드릴 수 있다. 다른 말로 이 이론은 자기가 자기를 받아드리는 것을 용이하게 한다. 만약에 내가 정말로 나 자신의 핵심 깊은 곳에 나를 받아 드릴 수 있고 문제없다고 믿는다면 - 많은 사람들은 이것을 믿지 않는다 - 그러면 나 자신을 많이 인식하는 것이 좋은 일일 것이다. 그러나 내가 나의 참 모습을 받아 드릴 수 없다면, 자신을 인식하는 것이 좋은 일이 아닌 것이다. 사실 자신의 본 모습을 받아드릴 수 없다고 믿는다면 자신을 인식하지 않으려고 하는 것이 옳다.

그러나 이 변화의 이론에서 내가 - 나는 나 아닌 다른 것일 필요가 없으며 나를 완전히 알게 됨으로써 변화한다 - 고 믿게 된다면 자신을 인식하는 것은 대단히 중요하다. 만약 변화와 성장이 인식에 근거를 두는 것이라면 치료사들은 그것을 높이는데 매우 효율적이어야 한다. 만약 자신을 충분히 앎으로써 내가 변화하는 것이 사실이라면 인식은 변화 과정에서 핵심이 된다.

자각의 장애물

나는 우리들 중 많은 사람이 우리 자신에 대해 좀 알고 있다고 믿는다, 그러나 우리는 또한 거부하고, 회피하고 분석하는 경향이 있다. 특히 우리 문화권에서는 사람들이 사물에 대해 생각하지 않고 문제들을 회피하고 나름 편안하게 머무는 것에 익숙하다. 많은 사람들은 고통스러운 진실보다 편안한 거짓말을 선호한다 (Jones, 1989). 우리는 또 자신에 관한 거짓말을 믿는 경향이 있다. 우리 모두는 자신에 관해서 자신을 제한하는 개념을 삼켜버렸다 (Carson, 2003). 많은 사람들은 자신이 충분히 강하지 못하고 예쁘지 못하고, 영리하지 못하고 등으로 믿는다. 이 같은 거짓말들은 떨쳐 내기가 어렵다. 나는 다음과 같이 비슷하게 믿고 있는 사람을 몇 명 알고 있다. 만약 내가 진정 나라면 - 내가 다른 사람으로 하여금 나를 보게 하려는 좋게 꾸민 내가 아닌 - 다른 사람들이 나를 좋아하지 않을 것이다. 갖고 있기 얼마나 힘든 믿음인가! 이러한 믿음을 확인까지 해주는 경험을 하기는 쉽다. 거짓이 무엇이던 자기 인식은 내담자가 그것에 초연할 수 있도록 한다(get past it). 어떤 방법이든 그것이 쉽다고 말하고 싶지는 않으나 이와 같은 자기 패배적 거짓을 믿지 않는 것은 가능한 일이다.

사실 진실된 자신을 아는 것은 결코 쉽지 않다. 어느 정도 우리 모두는 자신에 관해 많은 것을 알지 못한 채 지낸다. 예를 들면, 내가 달라스에서 교통체증에 걸렸을 때 나는 다른 운전자들에 대해 화를 내는 경향이 있었으며 급한 경우에는 특히 그러하였다. 이 운전자는 너무 느리고, 다른 운전자는 거칠고 공세적이며, 등이었다. 인식을 방해하는 나의 습관 중 하나는 내가 이런 모드에 있을 때 나 자신보다는 다른 사람을 주목하는 경향이 있다는 것이다. 바꾸어 말하면, 교통체증 시 내가 어떻게 나를 화나게 하고 있지 라고 생각하지 않는다는 것이다. 대신 나는 다른 사람을 비난했다. 분명히 이런 습관은 무책임한 것이고 내가 나를 멈출 수 없다면 나의 화를 억제하거나(owning) 규제할 수 없게 될 것이다. 사실, 화는 정말로 문젯거리가 되지 않는다. 진짜로 문제가 되는 것은 두려움이다. 두려움이 보통 우리를 제한하고 방해하는 주된 문제점이다.

나 자신의 경험을 창작하는 것

자신의 경험을 규제한다는 것은 쉽지 않은 일이나 우리 대부분은 어느 정도 그렇게 하고 있다. 대부분 자신을 진정 시키기 위해서 자제(self-take)를 사용하나 일부 사람들은 분위기 조성의 방법으로 상상을 사용한다. 그러나 나는 우리가 우리 자신의 경험에 실제로 얼마나 통제력을 갖고 있는지 알고 있는 사람들을 별로 만나보지 못했다. 상당한 정도까지 나는 나의 경험을 만들어낸다 (Carson, 2003; Rohr, 1999). 상당한 정도까지 나는 나의 경험을 만들어 낸다. 당신 혹은 내가 기분이 좋지 않을 때, 우리가 신체적으로 아프지 않다면 상당 부분 그것은 기분을 나쁘게 한 무엇인가를 상상하고, 생각하고, 혹은 주목하였기 때문이다. 부정적 분위기는 우리 외부에서보다도 내부에서 돌아가는 일과 보다 더 관련이 있다. 우리는 바람에 나무 끼는 풀잎파리가 아니다. 이러한 생각(concept)은 자유롭게 해 주는 생각이다. 만약 내가 내 경험을 만들어 낸다면, 나는 또한 그것을 바꿀 수도 있고 규제하는 법을 배울 수도 있는 것이다.

분명히 자기 규제에 직접적 충격을 주는 외부 사건과 환경이 존재한다. 구타당하는 여성은 자기 규제에 익숙하지 않기 때문에 그렇게 하려고 하지를 않는다. 그들은 자신들의 목숨이 위험해 질 수도 있는 그런 참을 수 없는 환경에서 살아가고 있다. 아동 학대와 노인 학대는 분명히 자기 규제에 직접 충격을 주는 경험의 또 다른 예이다. 그러나 대부분의 외적 사건은 우리에게 간접 영향을 줄 뿐이다; 우리가 외적 사건을 어떻게 보는가 하는 것이 내적 경험의 성질에 상당한 영향을 미치는 것이다.

상담사/치료사 그리고 많은 사람들 사이에서, 외부 사건에 대한 개인의 느낌이 그 사건 자체보다도 더 그 사람에 대해 더 많은 영향을 준다는 것은 널리 알려진 생각이다(Mosak, 2005). 이와 관련하여 통용되는 생각은 과도한 근심은 스트레스 수준에 영향을 준다는 것이다. 이와 같은 생각들이 사실이라면 자기 규제는 대단히 중요한 것이다. 치료사로써 우리가 내담자의 자기 규제 능력을 향상 시킬 수 있다면 그 내담자는 자신의 기분과 스트레스 수준을 보다 잘 통제할 수 있을 것이다. 내담자가 많이 알면 알수록 그 내담자에게 자신의 내적 경험을 규제할 수 있는 기회가 많아 질 것임은 분명하다.

죄의식은 많은 내담자의 공통된 경험이고 그것은 흔히 자기 규제와 관련된다. 내담자들은 자신들에게 죄의식을 느끼게 하는 의무, 자신들의 역할, 그리고 자신들에 관한 일들을 옳다고 믿는다. 죄의식은 내담자들이 DVD에서 경험하는 중요한 문제 중의 하나이다. 나의 임상 경험을 통해 본 나는 죄의식이 부모, 특히 어머니에게 중요한 문제임을 알게 되었다. 당신이 부모라면 부모 문제에 관한 죄의식을 가졌을 지도 모른다. 당신이 당신 자녀와 보다 많은 시간을 보냈어야 했다고 생각 했을 수 있다. 혹은 당신이 어떤 문제꺼리나 상황을 다루는데 있어서 보다 엄격하거나 덜 완강했어야 하였다고 생각할 수도 있다. 부모 노릇 하기는 쉽지 않다. 우리 아이들에게 나쁜 일이 생기면 특히 아이들 중 하나가 심각한 문제에 빠지고 심한 좌절을 겪거나 중대한 실수를 하면 부모는 어떤 식으로든 죄의식을 느끼고 자책하는 것이 보통이고 자연스럽다. 부모로써 죄의식을 느끼게 되는 이런 맥락에서 당신이 당신 아이들에게 부정적 영향을 주는 어떤 행동을 하기 원하거나 하고 싶다고 느끼게 되어서 그런 행동을 하는 선택을 한다면 당신은 오랜 시간 동안 죄의식에 시달려야 할지도 모른다.

부모가 자살로 자기 아이를 잃게 되면 내가 아는 어떤 부모라도 아마도 수 년 동안은 큰 죄의식을 느끼게 될 것이다. DVD에 나오는 한 여성은 자신의 아이가 자살하기 전에도 죄의식을 느끼는 사람이다. 많은 부모들과 마찬가지로 잘못한 일도 없는데 그녀는 때때로 죄의식을 느끼곤 했다. 그래서 이런 경험을 하고 난 후 - 자살로 아이를 잃음- 그녀는 일부 어머니들보다도 더욱 죄의식에 사로잡히게 되었다.

내가 죄의식에 시달리는 성인 혹은 나이 든 청소년과 모래상자 치료기간 중에 있을 때 나는 다음과 같이 하곤 한다. 내담자가 상자 안에 묘사되어 있는 어떤 관계 문제에 관하여 죄의식을 나타내서 내가 " 당신이 그것에 대해 생각할 때 죄의식을 느낍니까?"라고 내가 물어 보았다고 하자. 그 내담자가 그렇다고 말하면 나는 "당신에게 그 죄의식은 어떠한 것인가요?"라고 묻는다. 내담자가 자신의 느낌을 설명한 다음에 나는 "지금 좀 더 죄의식을 느끼고 싶다면 어떻게 하시겠어요?"라고 묻는다. 내담자가 지금 농담하는 듯이 나를 바라보기도 하지만 - 실제로 그렇게 말하기도 함 - 그들은 나의 의도를 신뢰하기 때문에 대개 그대로 따라 준다. 나는 내담자들과 상당 기간 동안을 같이 작업을 해서 그들이 나를 상당히 깊이 신뢰하여야만 그들과 모래상자 치료를 한다는 사실에 유념하기 바란다.

내담자가 나에게 보다 더 죄의식을 느끼게 되는 방법을 설명하면 나는 보다 더 죄의식을 느껴보라고 말한다. 내담자는 지금 당장 그렇게 하라는 말이냐고 묻곤 한다. 그리고 내담자가 내가 자신에게 해 보라고 한 것이 자신의 머리 속에서 항상 해 오던 것이라는 것을 깨달으면 큰 소리로 "그래서는 안 되었어, 너무 이기적이야" 하고 큰 소리로 말한다. 내가 "자신에게 그렇게 하면 어떠하던가요?" 하고 물으면 많은 내담자들은 "아, 내가 항상 나 자신에게 하던 거였어요" 라고 비슷하게 답한다.

내가 제안한 변화의 이론을 기억하라: *나는 내가 아닌 다른 무엇이 되려고 함으로써 변화하는 것이 아니라 내가 나를 완전히 앎으로써 변화한다.* 내담자가 어떻게 자신이 자신을 보다 죄의식을 느끼게 하고, 화를 내게 하고, 걱정하게 만든다는 알게 된다면 그리고 자신이 가지고 있는 다른 선택 사항에 대해 배우게 된다면 자신이 그렇게 하지 않는 것을 선택할 수가 있다. 실제로 여러 차례 모래상자 치료기간 중 내담자에게 더 죄의식을 느끼게 한 후 나는 내담자에게 어떻게 하면 죄의식을 좀 덜 느끼게 할 수 있느냐고 물었다. 많은 내담자들은 자신이 혼잣말 하는 것을 통제하려고 하기 때문에 이렇게 하는 것에 문제는 없다. 그러나 내가 같이 작업을 하고 이런 종류의 자기 규제를 할 줄 아는 내담자 대부분은 규칙적으로 그런 규제를 실행하지 않는다. 우리들 대부분은 우리 자신을 기분 좋게 하는 것보다 나쁘게 하는 쪽으로 더 잘 만들어 진 것 같다.

감정을 소유하는 것

자기 규제와 관련된 또 다른 개념은 자신의 감정 내지 경험을 소유하는 것이다. 수 년 전 Carl Roger의 박사과정 제자였던 나의 친구 Jerry는 그들 둘 사이 주고받은 것을 말 해 주었는데 Roger가 Jerry에게 화가 났다는 이야기이다. Roger는 Jerry에게 왜 그가 화났는지를 말했고 Jerry는 Roger에게 사과했다. Jerry에 의하면 Roger는 "나는 네가 나에게 잘 못 했다고 말하지 않았다. 나는 단지 너에게 화가 났다고 말했다" 라고 말했다는 것이다.

나는 몇 가지 이유로 이 이야기를 좋아하지만 그 중 하나는 이 이야기가 감정을 소유한다는 개념을 예시하고 있다고 생각하기 때문이다. 우리 문화에서는 타인의 감정에 대해 책임을 진다는 것은 매우 드문 일이다. 사람들은 수많은 일들로 서로를 비난한다. "너는 나를 화나게 했어", "너만 없었으면, …" 우리 문화에서 남을 비난하는 것은 일상사인 반면 남의 감정에 책임을 진다는 것은 참으로 비상한 일로 여겨진다.

이제 잠시 인식으로 되돌아 가보자. 서문에서 나는 인식에 대한 첫 반응은 불안의 증대라고 말했다. 자아를 더 알게 됨에 따라 동요될 수 있다. DVD에서 당신은 내담자가 자신의 감정을 느끼는 것에서 들락날락 하는 것과 그 감정을 느끼게 되는 것을 두려워한다는 것을 보게 될 것이다. 당신이 치료사로써 그 내담자에게 현재의 인식 수준을 넘어서서 경험과 정서의 깊은 곳으로 뛰어 들라고 권한다면 당신은 그 내담자가 불안해하고 두려워 할 것이라고 예상할 수 있다. 그러므로 이런 방법을 사용할 때에는 인식을 용이하게 하는 것뿐만이 아니라 두려움과 방어에 대응하는 것에도 능숙해야 함이 중요하다. 나는 두려움과 방어에 어떻게 대응하는가에 대해서 깊이 있게 다루는 저항에 관해 별도의 장(chapter)을 마련하였다. 또한 DVD에서 내담자의 두려움에 어떻게 대응해야 하는가를 설명하였다.

우리가 앞서 검토한 대로 Rogers(1989)는 가장 강력한 공감 반응은 치료사가 내담자가 알고 있는 의미뿐만이 아니라 알고 있는 수준의 밑에 있는 의미를 명확하게 해줄 때라고 말하였다. 이번

장과 다음 장에서는 내담자가 현 인식 단계 너머로 혹은 인식단계 밑으로 갈 수 있도록 도와주는 방법에 집중할 것이다. 다음 부분에서는 감정과 내담자가 자신의 감정 깊숙이 들어 갈 수 있도록 어떻게 도와줄 것인가에 대해 특히 주목할 것이다.

불일치

3장에서 나는 치료사의 실제 중용성에 대해 이야기 했다. 내담자가 실제가 되도록 하는 것도 중요하다. 내가 내담자와 모래상자 치료를 할 때 그들은 자신을 그들의 감정으로부터 어떻게든 멀리 하려는 경향이 있었다. 그들은 경험을 불 소유하려고 하는데 추가하여 경험한 것과는 달리 말하는 경향이 있었다. 이와 같은 경향의 가장 일반적인 예는 그들이 화가 났거나, 다쳤거나 혹은 두려울 때에 웃는다는 것이다. 다른 사람들과 마찬가지로 내담자들도 통제 하에 있기를 바란다. 그들이 일상생활에서 화가 났을 때 웃는 것은 의도된 바이다(serve a purpose). 그러나 실제의 일부는 일치함이고(part of real is being congruent) 진료를 받아 좋은 점은 본래 진료실 밖에서 얻을 수 없는 종류의 피드백을 얻는다는 것이다.

내담자가 불일치를 보일 때마다 내가 전형적으로 하는 것은 그 불일치를 내담자의 관심분야로 끌어 들이는 것이어서 나는 내담자에게 "당신이 말하시면서 웃으셨지만 당신이 상처 받았다는 것을 알았습니다." 라고 말한다. 이것이 환자의 말과 행동을 일치시키기 위해 내가 할 수 있는 모든 것인 경우가 더러 있다. 그러나 어떤 내담자는 너무 오랫동안 불일치해 왔고 이와 같은 거리 두기 행태를 너무 자주 사용해서 그것을 없이 한다는 것이 그들에게 위협적인 것이 될 수 있다. 그 내담자가 나를 충분히 신뢰한다고 가정하면 "웃지 말고 그 말을 다시 해 보세요" 라고 말할 수 있다. 그 내담자가 나를 충분히 신뢰하면 보통 이와 같은 완곡한 촉구(push)가 그들에게 도움이 되어서 보다 더 완전하게 되고 일치하게 되도록 하는 시동이 될 수 있다.

감정 속으로 깊이 들어감

모래상자 치료기간의 처리 국면 중에 감정을 완전하게 경험한다는 것의 가치는 어떠한 것인가? 실제로 자신에게 감정을 완전히 경험하도록 허용하면 몇 가지 보상이 생긴다. 첫째, 자신의 피부로 느껴지는 안락감 문제이다. 나는 자신의 경험으로 얼마나 편안한가? 나는 그것을 혼자 집에 있는 것이라고 말하고 싶다. 자기 자신의 문제와 평화를 이루었다는 것은 매우 가치 있는 것이다. 자신의 어떤 경험과 벽을 쌓아야 하는가 혹은 그 속으로 들어가 배울 수 있는가? 둘 째, 그것은 내가 발견한 자연의 법칙과 관련된다. *경험 또는 감정을 통해서 움직이기 위해서는 그것을 완전하게 경험해야 한다.* Rogers(1989)는 일단 "떨리는 느낌이 온전하게 느껴지면 움직일 수 있다. 그것은 변화 과정에서 움직임의 중요 부분이다 (p.151).

내가 같이 작업하였던 내담자 대부분은 유쾌하지 않은 감정의 경우 그것을 경험하도록 허용 하여도 반만 경험하고자 한다. 이러한 경향은 미완성 사업(후에 자세히 설명)으로 귀결되는데 이는 우리 모두가 갖고 있는 것이다. 미완성 사업이란 완전하게 경험되지 않은 장차 다른 사람과의 관계에 영향을 미치는 감정을 말한다. 많은 사람들에 있어 감정을 완전히 경험한다는 것은 무서운 일이다. 그래서 많은 사람들은 감정을 중지시킨다. 예를 들면, 내가 수년 동안 개인영업을 하면서 보아왔던 대부분의 성인 내담자는 여성이다. 치료 중 그들이 울면 눈물이 볼을 따라 흐른다. 그들은 티슈로 눈꺼풀을 닦아 낸다. 소리를 내어 우는 적은 거의 없으며 고통의 흐름을 자제한다. 왜 이들 내담자들은 자신의 감정을 이처럼 중지 시키는가? 몇 가지 이유가 있다고 생각하지만 해이 되고 통제를 벗어나는 두려움이 그 중 주된 이유일 것이다. 자신의 감정을 대면하는 데는 용기가 필요하다. 그러나 우리가 우리의 감정을 직면하고 그것을 완전하게 경험하도록 허용한다면 우리는 그것을 통해서 움직일 수가 있는 것이다.

나는 비치볼을 수면 아래에 놓으려고 하는 비유를 하고 싶다. 그렇게 해 본적이 있다면 그것이 얼마나 어려운 일인지 알 것이다. 그러나 우리는 우리 감정을 가지고 같은 일을 하려고 하는 경향이 있다. 우리는 약간의 눈물이 흐르게 두고 가능한 한 평안을 유지하려 한다. 우리는 근육을 긴장시키고, 숨을 고르고 우리의 초점을 다른 장소나 생각으로 옮기려 할 지 모른다. 우리는 감정을 억누르거나 적어도 그것을 억제하려 한다. 왜냐하면 그것이 발산되면 나쁜 일이 일어날 것이라고 우리가 믿기 때문이다. 우리는 비치볼에서 공기를 조금 뺀 다음 다시 물 밑에 그것을 눌러 놓으려고 하는 것이다.

감정을 완전하게 경험하도록 하지 않을 경우 생기는 문제는 그것이 완전하게 경험되지 않으면 고통이나 두려움이 무한정 주위를 서성거린다는 것이다. 불굴의 결의로 수년 혹은 수 십 년 동안 투쟁해 온 누군가를 알 것이다. 나는 여생 동안 내내 악의를 품고 살아가는 사람을 만난 적이 있다. 대부분은 아닐 지라도 많은 사람에게 털어 낸다는 것은 어려운 일이고 우리 대부분은 어느 정도껏 그것을 피하려 한다. 아이러니 한 것은 사람들이 자신의 감정을 중지시킬 때 그들이 무언가 도움이 되는 일을 한다고 생각하는 것이다. 많은 내담자들이 어마어마한 양의 에너지를 통제 하에 머무르기 위해 그리고 통제를 잃는 것을 피하기 위해 소비한다는 것이다.

앞에서 언급한 바와 같이 모래상자 치료법은 모든 내담자, 모든 치료사를 위한 것이 아니다. 심한 트라우마, 학대, 혹은 부속문제(attachment issue)같은 초기 가정의 기원문제 때문에 모든 내담자가 자신들의 감정을 완전하게 경험해 볼 수 있는 것은 아니다. 어떤 내담자들은 자신의 감정에 너무 압도되어 그것을 경험하기에는 너무 겁에 질려있다. 어떤 내담자가 심한 정신적 외상이나 학대를 겪은 적이 있었다면 자신의 감정을 경험하도록 허용하는 것이 무척 힘들 것이다. 인격 장애가 있는 내담자는 감정을 완전하게 경험할 수 없을 것이다. 일반적으로 다른 사람들과 관계를 맺을 수 있고 일상생활에서 잘 기능할 수 있는 사람은 완전하게 감지할 능력이 있으나 정신적 외상이 있는 사람들을 다루는 치료사는 내담자에게 할 수 없는 일을 하라고 요청하는 일이 없도록 주의하여야 한다.

어떤 모래상자 치료사는 철학적 차이 때문에 내담자로 하여금 자신에게 보다 더 죄의식을 느끼게 하거나 자신의 호흡에 집중하라고 하려 하지 않는다. 모래상자 치료를 하는데 인간적으로 접근하는 방법은 단지 그것을 하는 방법 중의 하나임을 기억하라. 다른 방법들도 유효하고 치유에 도움이 된다. 나는 이 방법이 인식을 용이하게 하는데 최선의 방법이라고 믿지만 내가 편견을 갖고 있음도 인정한다.

깊은 수준의 감정을 품고 작업한다는 것은 어려운 일이다. 이런 종류의 작업은 예측이 불가하기 때문에 내담자에게나 치료사에게나 모두 어렵다. 책의 끝 부분에서 훈련에 대해서 말하면서 나는 치료사가 심도 있는 작업을 할 때 신뢰와 자신감을 키우는 것이 매우 중요하다고 강조하였다. 내가 내담자와 몇 명의 피 감독인 사이에서 발견한 것은 그들이 감정을 직면하는 것보다는 감정 주위에 맴도는 것을 매우 선호한다는 것이다. 고통이 없는 대안을 보통 선호하는 것이다. 어떤 사람들은 고통을 피하기 위해 믿기지 않는 곳까지 갈려고 할 것이다. 감정을 완전히 경험한 피 감독인에게 주어지는 추가보상은 그렇게 하는 것이 얼마나 어려운 일인지를 알게 되고 피 감독인 자신들이 자신들의 문제와 감정 때문에 자신들이 갈 수 있는 것보다 더 깊게 들어가라고 내담자들에게 하지 않게 된다는 것이다.

이제 내담자와 함께 어떻게 하면 보다 깊게 들어 갈 수 있을 것인가에 집중하고자 한다. 당신의 성인 내담자가 결혼생활에서 몸부림 치고 있다고 상상해 보라. 당신이 그 내담자에게 결혼생활에 관해서 모래상자의 장면을 만들어 보라고 요청하였다. 내담자는 자신이 만든 장면에서 상자의 한 쪽 끝에 남편을 다른 쪽 끝에는 자신을 나타내는 축소 소품을 배치하였다. 그 장면을 연출하면서 내담자는 "나는 더 이상 그를 사랑하지 않지만 그를 떠나는 것은 두렵다"고 말한다. 당신이 부부 또는 결혼 생활에 시달리는 내담자와 함께 작업을 해 보았다면 당신이 이와 비슷한 대사를 들어 보았으리라고 나는 확신한다. 이 치료법에서 이와 같은 대사를 양극성이라고 부른다. 사실 나는 이중성이라는 용어를 선호하지만 그 용어는 좀 오래 되었고, 그래서 이 책에서는 양극성이라는 용어를 사용한다(Korb, Correl, & Van De Riet, 1989). 양극성은 두 부분을 포함한다. (양극성에 대해 자세한 것은 다음 장에서) 이 내담자의 일부는 남편을 사랑하지 않고 생활로부터 보다 많은 것을 원한다. 그녀는 이런 사랑의 결핍을 깊은 고통과 외로움으로 경험하게 될지도 모른다. 그녀의 다른 부분은 두려움이다. 금전상의 이유로 두려워하는 건지도 모른다. 익숙한 것을 잃는 것을 두려워하는지도 모른다. 그녀 자신의 힘으로 살 수 없다는 것을 두려워하는지도 모른다. 우리가 익숙한 것과 갈라서는 것을 얼마나 꺼려하는지 주목해 본 적이 있는가? 그녀는 아이들이 있어서 그녀의 결심이 아이들에게 줄 충격을 두려워하는지도 모른다.

내담자의 이러한 진술에 대해 치료사의 대응 방법은 무수히 많다. 당신은 어떻게 대응 하겠는가? 만약 당신의 내담자가 인식의 깊은 곳으로 들어가길 원한다면 당신이 해서 안 되는 것은 내담자가 감정을 분석하게 하는 것이다. 내담자는 감정을 분석하고 동시에 그것을 경험할 수 없다. 다시 말한다. *내담자는 감정을 분석하고 동시에 그것을 경험 할 수 없다.* 우리 대부분은 왜 우리가 하고 있는 방식대로 느끼는지 알고 싶어 하고 우리 중 많은 사람들은 우리의 감정을 분석하는데 능숙하다. 그러나 당신이 왜 당신이 하고 있는 방식대로 느끼는지 알게 된다고 해도 아무것도 달라지지 않을지 모른다. 감정을 분석하는 것은 인지과정이다. Yalom (1995)이 지적한 대로 성찰과 분석은 경험 후에 도움이 되는 것이지 경험 도중에 도움이 되는 것이 아니다. 모래상자 치료법에서 성찰과 분석의 시간은 내담자가 문제 또는 경험과 함께 머무른다는 힘든 작업이 끝난 후에 주어지는 것이다.

남편을 사랑하지 않는 내담자에게 해 줄 응답 몇 가지 선택을 보기로 하자. 내담자의 말 가운데에서 양극성에 주목하는 것이 매우 중요하다. 치료사가 선택할 수 있는 것 중 하나는 어떤 부분을 지금보다 더 잘 알고 있느냐고 묻는 것이다. (부분 1 은 그를 사랑하지 않는다. 부분 2 는 그를 떠나는 것이 두렵다.) 내가 치료사라면 " 바로 지금 당신이 잘 알고 있는 부분은 그를 사랑하지 않는 부분1 인가 아니면 그를 떠나는 것이 두려운 부분2 인가?" 라고 물을 것이다. 그녀가 두려워하는 쪽의 부분을 더 잘 알고 있다고 답했다고 하자. 내가 질문한다." 당신은 지금 두려움을 느낍니까?" 그녀가 그렇다고 하면 나의 다음 질문은 "그 두려움은 어떤 것입니까? 나에게 설명해 보세요" 이다.

어떤 내담자들은 그들이 그들의 신체와 잘 연결되어 있거나 또는 그들의 신체를 잘 알지 못하기 때문에 느끼는 것이 매우 힘들다. *감정은 신체적인 것이다.* 나는 내담자들이 그들의 신체에서 어떻게 감정을 경험하는가를 그리고 어떻게 그것들을 중지시킬 수 있는가를 보다 잘 알 수 있게 하도록 도와주려고 노력해 왔다. 위의 내담자에게 "어디에서 두려움을 느낍니까?" 라고 물어볼 수도 있다. 많은 내담자들은 자신들이 감정을 경험하는 부분을 수축시키고 있다는 것을 알아채게 될 것이다. 복부와 가슴 수축이 가장 흔한 경우이다. 내담자가 눈물을 글썽이면 눈물이 흐르는 것을 중지시키기 위하여 자동적으로 목이나 턱이 뻣뻣해지는 것이 보통이다. 내담자들도 우리와 마찬가지로 통제를 좋아한다. 어떤 내담자들은 통제를 잃는 두려움이 압도적으로 큰 두려움이다. 다음 장에서 이 문제를 보다 자세히 다루겠다.

모래상자 치료사로 성공하기 위해서 당신이 이 모래상자 처리법을 사용하고자 한다면 당신이 발전시켜야 할 스킬 중 하나는 개념화 스킬 이다. 개념화 스킬에는 내담자가 자신들의 재료를 공개할 때에 어떻게 대응하여야 하는가가 포함되어 있다(Bernard, 1997). 우리는 양극성에 대해 이야기 해왔다 그러나 당신이 양극성에 대해 익숙하지 않을 때 그것을 알아채는 것이 쉽지 않다. 내가 줄 수 있는 힌트 하나는 내담자가 자신의 문장에서 그러나 라는 단어를 사용하면 흔히 양극성이 포함되어 있다. 한 예를 들면 "체중을 줄이고 싶다. 그러나 동기유발이 되지 않는 것 같다"라든지 "나는 누이를 싫어한다. 그러나 그녀는 나의 누이이다." 같은 경우다. 양극성을 알아차리기 위해서는 상당한 연습과 훈련이 필요하다.

감정과 함께 머무르기

내담자와의 인간적 접근법에 가정되어 있는 것 중 하나는 모래상자 치료사는 내담자가 감정 혹은 문제에 집중하는 상태로 있게 하기 위해 작업을 한다는 것이다. 모래상자의 한 가지 장점은 축소 소품과 모래 상자를 준비하는 행위가 내담자의 인식을 순화시키고 내담자 자신의 문제에 보다 집중할 수 있도록 해주는 경향이 있다는 것이다. 많은 내담자들은 자신들의 문제를 꺼내 놓고서는 그 문제와 관련된 감정을 경험하지 않으려고 발버둥 친다. 내담자들이 왜 이럴까? 이러한 경향을 설명하는 것 중 하나는 무엇보다도 내담자가 그 문제에 있어 양극화 되어 있다는 것이다. 그들은 문제를 꺼내 놓고 이를 해결하길 바란다. 그러나 그들은 그 문제와 관련된 다른 감정이나 두려움, 고통을 경험하고 싶어 하지 않는다. 많은 내담자들이 그들 각자의 문제에 빠져있다. 거기에서 빠져 나오기는 무척 어렵다.

다행히 모래상자 치료는 치료사가 이 양극화 문제를 다루는 데 도움이 된다. 내담자가 상자를 많이 바라보면 볼수록 내담자는 더 많은 문제들을 보게 된다. 바로 눈 앞에 있는 것을 피하기는 어려운 법이다. 숙달된 치료사는 내담자를 중요한 문제로 인도한다. 모래상자는 치료사를 위해 이 작업 중 일부를 해 주는 것이다.

감정 깊숙이 들어가는 기법

감정의 반영 나는 8년간 석사와 박사과정 학생을 지도해 왔고 이 기법을 사용해 넓은 범위에 그들이 숙달되는 것을 보았다. 비언어적 단서에 대응하기 위해 배우는 사람에게 감정의 반영은 내담자가 그들의 감정과 인식에 보다 깊게 들어가도록 도와주는 강력한 수단이다. 함축되어 있고 내담자가 모르고 있는 어떤 감정을 치료사가 끄집어 낼 수 있다면 감정의 반영은 특히 도움이 된다. 앞에서 말한 바와 같이 공감적 이해의 부분은 이러한 이해를 내담자에게 전달해 줄 수 있는 것이다. 정확한 감정의 반영은 내담자에게 공감을 전달해 주는 최선의 방법 중 하나이다.

양극성의 식별 이 기법은 어느 정도 검토하였고 다음 장에서 보다 깊이 다룰 것이다. 그러나 내담자가 그들의 감정 깊숙이 들어가게 하는데 이 기법은 매우 중요하다. 치료사가 양극성을 식별하고 그것과 같이 작업을 하면 내담자는 아마도 탐구된 적이 없었던 감정을 탐구할 수 있게 된다. 이러한 탐구는 새로운 인식으로 귀결되고 내담자가 현실적 선택을 하도록 도움이 된다.

양극성이 중요한 또 다른 이유는 이것이 치료사가 내담자와 내담자의 문제를 이해하는데 도움이 된다는 것이다. 양극성을 이해하는 것은 또한 치료사가 변화의 성질을 보다 잘 이해하는데 도움이 된다. 치료사가 "내담자가 정말로 원한다면" 체중을 줄일 수 있다고 생각한다면 그 치료사는 내담자가 된다는 것이 어떤 것인지 제대로 이해하지 못한 것이다. 체중 줄이기를 원하지만 그렇지 못한 내담자는 실재는 자신의 두 부분이 싸우고 있는 것이다: 변화하고자 하는 부분과 변화를 바라지 않는 부분. 내담자의 일부가 변화를 바라지 않는다는 것을 치료사가 이해할 수 있다면 치료사는 내담자에 대해 보다 참을성이 있게 될 것이고 그들의 거부감이나 두려움을 바로 잡을 수 있을 것이다.

순간의 경험을 설명하는 것 내가 지도했던 대부분의 치료사들은 감정 탐구방법을 제대로 알기 위해 노력했다. 모래상자 치료법에 있어서 감정 탐구방법을 아는 것은 훨씬 더 중요하다. 그것은 모래상자 경험이 좋은 생각을 떠올리게 하기 때문이다: 그것은 감정을 끄집어낸다. 모래상자 치료사는 감정과 작업을 할 기회가 많을 것이다. 왜냐하면 감정이 표면으로 떠오를 것이기 때문이다. 그러나 많은 치료사들은 실제로는 반대의 일: 감정을 떠나는 일을 하고 있으면서도 감정 탐구를 하고 있다고 생각한다.

치료사들이 감정 탐구를 하고 있다고 생각하는 많은 시간 실제로는 감정을 분석하고 있다. 숙련된 치료사들도 이런 실수를 한다. 치료사들이 "그 분노는 무엇에 관한 거야?" 같은 질문을 할 때 그들은 감정의 탐구라기보다는 감정의 분석을 용이하게 하고 있는 것이다. 감정의 분석과 그것의 경험을 동시에 할 수 없음을 기억하라. 치료사가 자주 사용하는 또 다른 용이하게 하는 대응은 " 그래서 왜 화가 났다고?"이다. 이 질문도 앞선 질문과 같은 효과가 있다: 그것은 감정을 떠나 내담자의 주안점을 자신의 인지 쪽으로 옮겨 놓는다.

대조적으로 "당신의 분노는 어떻습니까?" 같은 질문은 내담자가 자신의 감정에 주목하도록 한다. 앞서 언급한 바와 같이 일부 내담자들은 이런 질문에 어려움을 갖게 될 것이나 그 질문은 그들이 그들 경험의 원인보다도 그들의 경험에 집중하도록 도와준다. 치료사가 감정의 원인에 집중을 하면 내담자는 감정을 떠나 그들의 생각으로 옮겨갈 것이다. 다른 방법은 "저를 위해 감정을 묘사하시오"라는 말이다. 그리고 또 다른 가능한 말은 "당신이 분노를 느낄 때 신체에 어떤 변화가 일어나는지 알고 있는가?"이다. 내담자가 가슴이 답답했다고 답하면 나는"저를 위해 답답함을 묘사해 보시오"이다.

내가 제안한 모든 용이하게 하는 대응은 내담자가 자신의 경험에 주목하도록 도와준다. 당신의 내담자가 감정에 머무르기를 원한다면 - 많은 치료사들이 원하는 바이다 - 치료사로써 당신이 주목해야 할 것은 내담자의 경험이다. 내담자에게 경험을 설명하라고 하면 내담자는 자신의 머리 속으로 들어가지는 않을 것이다. 자신의 경험을 설명하려 애를 쓸지 모른다. 왜냐하면 이전에 해본 적이 없기 때문이다. 그러나 머리 속으로 들어가지는 않을 것이다. 내가 다른 단계에 있는 수련생들을 지도할 때, 그들은 왜 내담자가 머리 속으로 들어가는지 알지 못했지만 들어갔다는 것은 알고 있었다.

DVD 전체를 통해서 당신이 알아차릴 지도 모르는 것은 내가 내담자의 비언어적 행동에 관심을 두고 있고 그것에 대응하고 있다는 것이다. 내담자가 슬픈 소리를 낸다든지 슬퍼 보이면 혹은 고통스러워 보이면 나는 그 것에 대해서 말을 한다. "지금 그것을 느끼고 있는 것처럼 보입니다."라고 말할 수도 있다. 비 언어적 단서에 대응한다는 것은 모래상자 치료법에 긴요한 기법이다. 치료사는 그 순간 내담자가 있는 곳에 같이 있으려 한다. 내담자가 경험하고 있는 것을 아는 가장 좋은 방법 중 하나는 내담자의 비언어적 단서에 관심을 두는 것이다.

DVD에서 기간 시점에 나는 내담자에게 자기의 경험을 설명해 보라고 하였다. "이 장면을 창조한다는 것이 어떠한 것인가?" 라고 물었다. 나는 내담자에게 어떠하였는가 라고 묻는 실수를 할 뻔하였다. 그러나 나는 말을 뚝 끊었다. 나는 과거 보다는 현재에 집중하기로 하고 나는 내담자가 경험을 평가하기보다 경험에 집중하기를 바랐다. 그러자 내담자가 말했다.

> 그 장면을 만든다는 것은 나로 하여금 내가 그 장면 안에서 그림을 그리고 있는 것 같은 느낌을 주었습니다. 그것들에 관해서 아직 당신에게 말하지 않았음에도 나는 벌써 그것들을 느끼는 것 같습니다.나는 아직도 그 감동을 느끼는데 이는 아픕니다. 왜냐하면 그것들은 고통스러운 감동이기 때문입니다.

내담자의 이 문자형 반응만을 보고 있으면 내담자의 소리 색에 스며있는 고통을 놓치게 된다. 내담자는 기간의 창조 국면에 대해 이야기 하지만(수 분 전에 일어난) 그 순간 내담자는 고통을 느끼고 있었다.

DVD의 3부에서 나는 내담자가 슬퍼 보이는 것을 알았고 그래서 나는 내담자에게 "지금 무엇을 보았느냐" 고 물었다. 나는 내담자에게 경험을 묘사하라고 하지 않고 단지 그것을 보았느냐고 물었다. 이러한 나의 대응은 내담자가 무언가 느끼고 있다는 것을 내가 알아 차렸음을 내담자에게 보여주는 것이고 내담자가 지금 이 자리의 경험에만 집중하도록 도와주는 것이다. 내담자의 반응은 자신이 겪고 있는 양극성을 보여주었다. "내가 너무 슬퍼질까봐 두렵습니다. 아시다시피 저는 너무 많은 슬픔으로부터 멀리 하려고 하였습니다. 그래서 저는 이를테면 그것과 같이 가느냐 - 슬픔- 그것으로부터 멀리 있어야 하느냐 사이에서 균열되어 있습니다."

언어 내담자가 그들을 감정으로부터 떼어놓는 언어를 사용하는 것은 흔한 일이다. "멀리하는 언어"의 한 예는 내담자가 자신에 대해 이야기할 때 2인칭을 사용한다는 것이다. DVD에서 내담자는 내담자가 자신이나 자신의 경험에 대해 이야기 할 때 일 인칭을 사용한다. 그러나 많은 내담자는 일인칭을 사용하지 않는다. 치료사로써 당신이 당신의 모래상자 내담자가 경험하기를 바란다면 내담자가 1인칭을 사용하는 것이 도움이 된다. DVD 기간의 사본을 검토한 후 나는 내담자가 오직 한 부분에서만 나라는 단어 대신 당신이라는 단어를 사용했다는 것을 알게 되었다. 그 내담자는 자신의 아들을 구하고 싶다는 것에 대해서 이야기하고 있었고 "당신이 그렇게도 간절하게 그들을 구하려고 하는 꿈을 내가 꾸고 있는 것 같았어요. 당신은 그들을 거의 구해 냈는데 구하지 않았어요" 나는 그 내담자가 그 말을 더 경험하게 하고 싶어서 대답하였다. 나는 당신이 그 말을 다시하기를 바란다. 그러나 이번에는 당신이라는 말 대신 나라는 말을 사용해라. "나는 몹시 간절히 원했다." 라고 말해라.

내가 이 용이하게 하는 대응(facilitative response)을 사용할 때 나는 분별력 있게 사용하려 노력한다. 나는 내담자들이 내가 자신들을 고쳐주고 있다고 느끼지 않기를 바란다. 그러나 일부 내담자들은 자주 2인칭을 사용하는 경향이 있다. 그들이 의식을 하든 못하든 당신이라는 말을 사용하는 것은 그들을 경험으로부터 멀어지게 하는 것이다.

내담자들이 사용하는 다른 타입의 멀어지게 하는 언어는 현재 시제 대신 과거 시제를 사용하는 것이다. 기억하는지 모르겠지만 내가 어떤 내담자에게 내가 자신의 장면을 어떻게 만들기 원하는지 지침을 줄 때 나는 그 내담자에게 자신의 생활이 현재인 방식으로 장면을 만들라고 한다. 내담자가 그들의 장면을 만들고 우리가 상자의 처리를 시작한 후 내담자가 그들의 장면에 대해 나에게 말할 때 현재 시제를 피하는 것은 이상한 일이 아니다. 많은 내담자들이 현 순간에 대해 말하기를 원하지 않고 그것을 회피한다. 그들은 현재의 경험을 이야기 할 때도 과거 시제를 사용하는 경향이 있다. 내가 내담자에게 묻는다. "당신의 슬픈 경험은 어떠한 것인가요?" 내담자가 현재의 경험보다는 5분전의 슬픔에 대해 과거 시제로 말하는 것은 흔히 있는 일이다. 나는 내담자를 젊잖게 현재 시제로 인도한다.

내담자와의 이 두 가지 언어문제는 개념과 관련된다. 이 장 초반에 검토하였다: 당신의 감정 또는 경험을 소유하는 것. 경험을 소유하는 것과 관련된 내담자와의 또 다른 언어문제는 "할 수 없다"라는 말의 사용이다. 일부 내담자는 "할 수 없다"라는 말을 매우 좋아한다. 내담자가 어떤 것을 할 수 없다고 믿을 때 흔히 그들은 자기 예언을 실현한다. 예로써 어떤 내담자가 자기의 모래상자 치료를 진행하는 동안 "내가 아무리 노력해도 체중을 줄일 수 없어"라고 말한다. 이 때 나는 내담자에게 "할 수 없어"라는 말 대신에 "하지 않겠어"라는 말을 사용하라고 제안한다. 내담자는 이상하다고 생각하지만 시도해 보면 자기가 그것을 말할 때 경험에서 그 차이를 알게 된다. "하지 않겠어"는 선택이지만 "할 수 없어"는 선택이 아닌 것이다.

명백한 것을 강조하는 것 이 기법도 저항에 관한 장에서 다루고 있다. 그러나 여기에서 간단히 다루어 보겠다. 명백한 것을 강조하는 것은 어떤 방법으로 경험을 과장하는 것이다. 경험을 과장하는 한 예는 내가 한 내담자에게 자신을 보다 더 죄의식을 갖게 하라고 말한 경우다. 이 예에서 내담자의 경험을 과장함으로써 얻는 한 가지 이익은 그 내담자가 자신을 보다 나쁘게 또는 그렇지 않게 만들 수 있는 선택을 할 수 있다는 사실을 깨닫게 되는 것이다.

명백한 것을 강조하는 또 다른 예는 내담자로 하여금 자신이 한 말을 반복하도록 하는 것이다. 많은 내담자가 중요한 말을 하나 아무것도 느끼지 못한 채 급히 말을 하는 것이다. 앞에서 말 한 바와 같이 그들은 문제를 느끼지도 못한 채 문제에 대해서 말하려고 하는 지도 모른다. 남편을 사랑하지 않았던 내담자의 예로 돌아가서 그 내담자가 치료사에게 자기 남편을 사랑하지 않는다고 말은 하였지만 그 말을 하면서 자신은 아무것도 경험하지 않는 듯 보였다고 말 해보기로 하자. 그 내담자가 감정 없이 빠르게 말 했다면 나는 다시 말해보라고 했을지 모른다. Polster와 Polster (1973)는 이것을 존재하는 것의 강조라고 불렀다. 이런 종류의 반복은 내담자가 말 뒤에 있는 감정을 경험할 수 있도록 도와준다.

DVD의 30절에서 내담자는 "나는 네가 그립다 Noah" 라고 말한다. 그러자 나는 "다시 한 번 말해 봐" 라고 말한다. 내담자가 다시 "나는 네가 무척 그립다"라고 말한다. 물론 이런 반복의 가치는 DVD에서 훨씬 더 명백하다 왜냐하면 내담자에게 반복하라고 말 한 것이 정서적으로 어떻게 충격을 주는지 볼 수 있기 때문이다. DVD에서 내가 내담자에게 이 말을 반복하라고 했을 때 위의 예와는 다른 이유가 있었다. 내담자가 "나는 네가 그립다 Noah" 라고 말 했을 때 내담자는 그 말을 하면서 감정을 경험하고 있었다. 내가 내담자가 그 말을 되풀이하길 바란 것은 그 말의 중요성 때문이다. 나는 이 말이 기간 동안 우리가 한 작업의 핵심을 담고 있다고 생각했다.

신체의 자각 DVD를 보면서 당신은 내가 그녀에게 신체를 주시하라고 말한 것을 알아 차렸을 것이다. 그녀가 27 절에서 자신의 모래상자를 설명한 후 나는 자신의 신체에 주목하라고 말했다. (28 절) 나는 말했다. "일 분 동안만 신체에 주목하고 바로 지금 당신 신체에 대해 알게 된 바를 나에게 말해 주세요" 당신이 그녀의 반응을 주시했다면 그녀의 정서가 눈에 띄게 변했음을 알게 될 것이다. 이 뚜렷한 변화가 그녀로 하여금 자신의 감정을 더 잘 알게 해 주었다. 그녀는 울기 시작하였고 아들과의 문제 핵심에 도달한 듯 보였다. 이러한 이동 바로 다음에 (30 절) 그녀는 직접 아들에게 말을 걸었고 "나는 네가 그립다 Noah" 라고 말했다.

미국의 많은 사람들이 자신들 신체로부터 그리고 신체와의 접촉으로부터 단절된 것처럼 보인다(Rohr, 1999). 성취, 성공 그리고 목표달성을 강조하는 문화에서는 자신의 신체에 대해 아는 것이 특별히 도움이 되지는 않는다. 그러나 내담자가 감정에 대해 더 많이 알게 되고 감정을 통해 일 하려고 할 때 이와 같은 단순한 인식은 매우 값어치 있는 것이다. 감정은 신체적인 것이다. 우리는 우리의 신체에서 감정을 경험한다.

지금 여기에서 작업하는 것

내담자에게 자신의 신체에서 일어나는 일에 주목하라고 하는 것은 내담자가 지금 여기에 집중할 수 있게 도와주도록 설계된 대응의 편리한 한 가지 예이다. 이 책 전체를 통해서 지금 여기에 관해 내가 자주 이야기하는 것을 알게 될 것이다. "지금 여기"에 대해 인식한다는 것은 강력하다. Bugenthal(1999)은 이런 종류의 지금 여기 인식을 "순간 경험"이라고 불렀다. Bugenthal은 치료사와 내담자의 작업은 "있었던 것 혹은 있을 수 있는 것이 아닌 실제로 살아 있는 것을 중심으로" 해야 한다고 강조하였다(p.19~20).

Bugenthal 은 또한 내담자가 즉시 경험한 것이 " 치료사 관심과 행동의 주요 분야"라고 주장하였다(p.22). 나는 많은 놀이 치료사를 훈련시키고 지도하였는데 그들 중 많은 사람들이 아이들의 놀이 치료사로써 "지금 여기"를 아주 잘 하는데 성인들과는 아주 애를 먹고 있는 것을 보고 의아했었다. 왜 그런지 언어 소통으로 상담 회기의 주안점이 되었을 때 많은 놀이 치료사들은 현재 순간을 떠나서 성인을 상담 할 때 과거에 대해 이야기 하였다.

많은 치료사가 "지금 여기"의 중요성을 강조한다. Rogers 가 전형적으로 같은 용어를 사용하지는 않았지만 - 그는 그것을 현재라고 했다 - 그의 주안점은 내담자와의 순간 경험이었다. 그는 분명히 지금 여기의 경험인 현재를 말하였다. 나는 뛰어난 치료사로써

Berg, Carson 그리고 Yalom을 언급하였는데 모두가 지금 여기에서 내담자와 작업하는 것을 강조하였다. 치료사들이 지금 여기가 과거를 말하는 것보다 낫다고 믿고는 있지만 내담자와 지금 여기에 머무는 것은 여전히 어려운(challenging) 일이다.

DVD에서 나는 가능한 한 많이 지금 여기에 주안점을 두려고 하였다. 왜냐하면 그것이 가장 치유효과가 있다고 믿었기 때문이다. 3절에서 언급한 바와 같이 나는 말했다. "나는 당신이 바로 지금 이것 일부를 느끼고 있다는 것을 알아 차렸는데 당신은 지금 무엇을 알아 차렸나요?" 8절에서 내가 말했다. "그래서 당신은 지금 고통을 좀 느끼고 있습니다." 18절 끝 부분에서 내담자는 "저는 아직도 '아들네가 어떻게 나한테 이럴 수 있어' 같은 상황에 있습니다. 근간에 저는 그를 위해 행복한 쪽에 도달할 것입니다. 그리고 저는 그와 함께 있어서 항상 행복할 것입니다. 그러나 지금 당장, 저는 그곳에 없습니다." 나는 다음과 같이 말하는 것으로 대응하였다. "지금 당장, 당신이 어떠하다고요?" 그러자 그녀가 답했습니다. "저는 보다 행복한 어느 곳에 있고 싶다는 고통에 빠져 있습니다. 그리고 안전이 걱정됩니다." 이와 같은 예에서 나는 지금 여기에 주안점을 두려고 하였다. 그것은 쉽지 않다. 그러나 나는 이 내담자는 거기에서 혜택을 받았고 내담자 일반도 거기에서 혜택을 받는다고 믿는다.

윤리적 고려

앞서 언급한 바와 같이 내담자와 DVD로 하는 것 같은 심도 있는 작업은 모든 내담자나 모든 치료사 들을 위한 것이 아니다. 경험이 있는 현역이라면 특정 내담자가 이 모래상자 치료법으로부터 혜택을 받을 수 있을 것인지 당신이 결정을 내릴 때 당신을 도와줄 전문적 판단을 아마도 내릴 수 있을 것이다. 대학원 학생이거나 초보 전문인이라면 지도하에서만 이런 종류의 작업을 할 것을 권고한다.

전형적인 인간적 모래상자 치료 기간 중에 내담자는 그림 6.1의 U자형 곡선 정점에서 기간(session)을 시작한다. 곡선의 정점은 (왼쪽에서 오른쪽으로) 기간의 시작을 나타내고 곡선의 바닥은 내담자가 자신의 감정을 완전하게 경험하는 기간의 작업부분을 나타낸다. 일부 내담자들은 바닥까지 내려가지 않는다. 왜냐하면 그들이 자신의 감정을 완전히 경험하는 것을 중지하기 때문이다. 내담자가 DVD의 내담자가 경험한 것과 같이 감정을 완전히 경험하였다고 가정하면 그 내담자는 전형적으로 바닥이나 바닥 근처에 약 20분 정도 머무를 것이다. 내가 같이 작업하였던 내담자들 대부분은 20분 이상 그런 정도의 집중력을 유지할 수 없었다.

DVD 회기에서 일단 우리가 생각하고 느끼는 양극성에 집중을 시작하면 내담자는 곡선을 따라 오른쪽 정점으로 돌아오기 시작한다는 것을 알게 될 것이다. 이는 내담자의 전형적인 것이고 내 편에서는 의도적인 것이다. 깊은 감정으로 작업을 하면 곡선의 바닥에서 내담자를 떠나보내기를 원치 않는다. 만약 그렇게 한다면 내담자는 잠재적으로 해를 입을 수 있는 상태에서 회기를 마치게 되는 것이다. 우리는 결코 내담자에게 해가 될 무엇도 하지 않을 것이다.

Figure 6.1

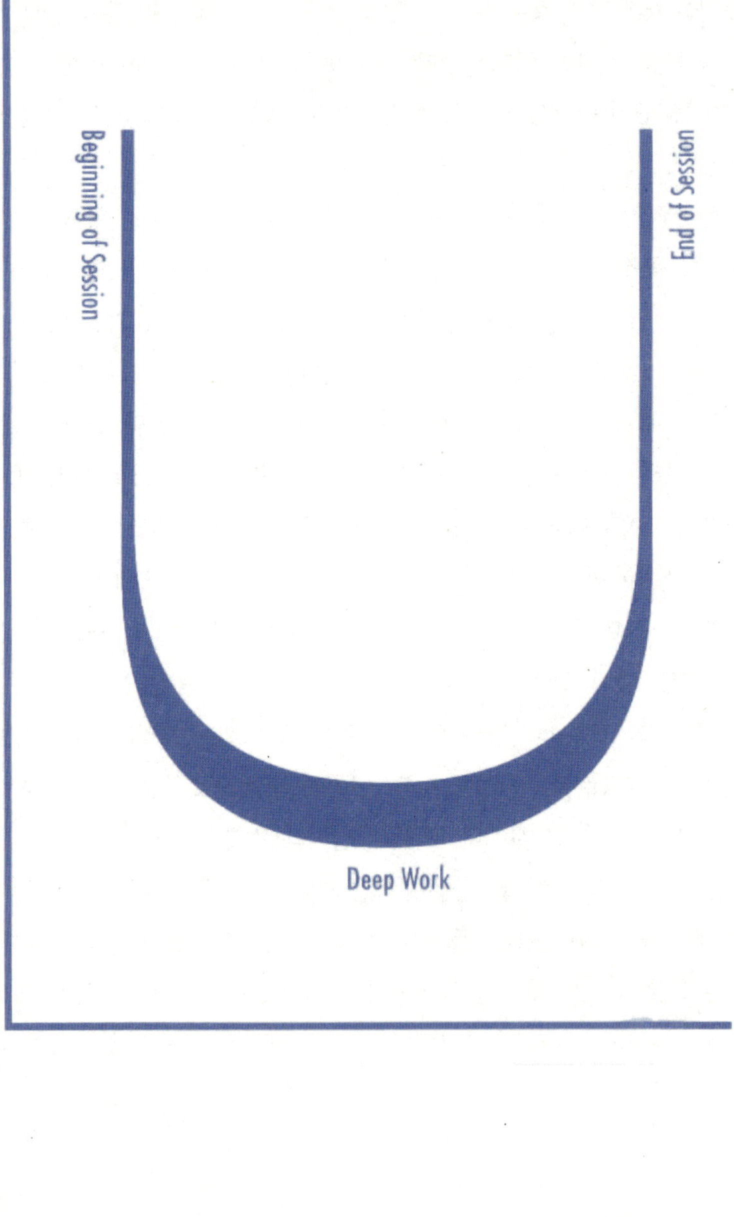

다음 장에서는 양극성에 집중한다. 당신이 알게 되는 바와 같이 대부분의 내담자 모래상자는 장면에 양극성을 갖고 있다. 전형적으로 내담자들은 그들이 연출하는 상이한 역할이나 자신들의 상이한 측면 같은 양극성이 있는 장면들을 만들어 낸다. 양극성과 작업하는 것을 배우는 것은 인간적 모래상자 치료에 있어 중요한 기법이다.

요약

이 장에서 나의 목적은 어떻게 인간적 모래상자 치료사가 감정과 작업을 하는지 설명하는 것이다. 많은 치료사들이 실제로는 감정의 분석을 용이하게 하면서 감정의 탐구를 향상시키고 있다고 생각한다. 감정은 동시에 분석되고 경험될 수 없다. 치료사는 내담자가 자신의 감정을 소유하고 상당부분 자신의 경험을 창조한다는 것을 이해하고 지금 여기에 머물 수 있도록 도와줌으로써 인식을 용이하게 할 수 있는 것이다. 내담자는 통제 안에 있기 위하여 그들의 감정 경험을 제한하려는 경향이 있으나 감정을 중지 시키는 이런 습관이 성장을 방해한다. 내담자는 또한 지금 여기의 감정을 피하려는 경향이 있고 현재의 감정과 경험을 에둘러서 말하는 경향이 있다. 끝으로 나는 U자 곡선의 윤리적, 치유적 중요성을 검토하고 기간이 끝나기 전에 내담자를 전투 모드로 되돌려 놓았다.

숙지 사항

실습생을 위한 숙고할 내용

- 자신에 관해서 자기를 제한하는 어떠한 생각을 갖고 있습니까?
- 내담자와 어떻게 감정 안에 머무릅니까?
- 슬픔, 고통, 분노 그리고 두려움에 대해 습관적으로 어떻게 합니까?
- 어떻게 당신 자신의 무드를 만듭니까? 어떤 무드를 만드는 경향이 있습니까?

수련 지도 감독관/상담 교육자를 위한 숙고내용

- 당신의 프로그램이 상담사 수련생에 제공한 자기인식 훈련경험에 얼마나 만족하십니까?
- 당신의 수련생들은 지금 여기서 내담자와 작업을 하는데 얼마나 기교를 갖추고 있습니까?

7
양극성

이 주제에 관해 몇 번 토의했지만 이 절에서 좀 더 심층적으로 들어가고자 한다. 내담자와 모래상자놀이 작품을 진행하고 있을 때, 양극성에 관한 인식과 그들과 어떻게 협력할 것인지에 대한 지식을 갖추는 것이 본서에서 얻게 될 가장 유용한 도구일 것이다. 내담자와 함께한 내 자신의 경험과 많은 수의 상담 수련생과 유자격 상담사를 관찰한 바에 의하면, 양극성에 대한 인식이 부족하면 치료사와 내담자에게 상당한 불만이 될 수도 있다. 치료사는 진전이 안 되어 불만이 생기고, 내담자는 제대로 이해받지 못한다고 느낄 수 있다.

모래상자놀이 작품은 거의 항상 양극성, 즉 두 개의 반대되는 성향, 역할, 욕구를 그려낸다. 사실, 나는 양극성을 띠지 않는 모래상자놀이를 본 적이 있는지 모르겠다. 보통, 모래상자놀이 작품에는 상자의 선택된 모퉁이나 부분에 세심하게 배열해 놓은 소품들이 있다. 내담자가 그들의 작품에서 울타리나 벽을 이용할 때마다, 대개 하나의 양극성이 존재한다. 대학원생들은 보통 그들의 작품을 지리적 구역, 즉, 가정 작품, 대학 작품, 졸업 또는 미래 작품으로 나눈다. 작품들에서 장애물이 되는 것은 양극성을 시각적으로 그려내는 것이다. 내가 보았던 수많은 대학원생들의 모래상자놀이에서, 나는 싸움이나 역경이라는 두드러진 주제를 보았는데, 물론 이것은 하나의 양극성이다. 학생들의 일부는 공격받고, 차단당하고, 도전을 받는다고 느끼고, 일부는 단호하고, 집중적이거나 끈질기다.

모래상자놀이 치료에서 내담자에게서 양극성을 발견하고 그들과 상담하는 것이 왜 유익한가? 그들과 상담을 하기 위한 최선의 방법은 무엇인가? 이 절에서는, 이 질문들에 대한 답을 하고 양극성에 관하여 말할 때 무엇을 의미하는지를 명확히 밝히고자 한다. 게슈탈트 치료는 치료적 상담에서 양극성의 중요성을 강조하는 주요 치료기법인 편이다(Korb, Gorrell,&Van De Riet, 1989; Polster&Polster, 1973).

내담자에게서 양극성을 알아내는 가장 쉬운 방법은 "하지만(그러나)"이라는 단어의 사용이다. 내담자가 자신에 관해 말하는 문장에서 "하지만"이라는 단어를 사용할 때, 대개 양극성이 존재한다. 내담자가 보이는 양극성의 예가 몇 가지 있다.

* 살을 빼고 싶어요, 하지만 의욕이 안 생겨요.
* 난 몹시 불행해요, 하지만 그와 헤어지는 것이 두려워요.
* 내가 _____을 해야 한다는 것을 알아요, 하지만 그러고 싶지 않아요.
* 나는 _____해야 해요, 하지만 시간을 내기가 정말 힘들어요.

바라건대, 이런 예들이 양극성이 무엇인가의 개념을 이해하는데 도움이 되었으면 한다. 내담자에게 모래상자에서 작품을 만들어내라고 요구하면, 대부분의 작품들은 그 속에 적어도 하나의 양극성을 가진다. 때때로 내담자는 소품을 무리 지어 놓는데, 이것은 편하지 않거나 매우 힘든 현재 삶의 상황을 의미한다. 그리고 나서 내담자는 그녀가 원하는 상황을 상징하는 별도의 분리된 무리를 만들어 낸다. 내담자가 이런 방식으로 소품을 정렬할 때, 그 작품은 기본적으로 양극성이다. : 즉 내가 처한 상황과 내가 원하는 상황의 대비가 그러하다.

모래상자놀이 작품에서 또 하나 흔한 양극성은 스트레스가 많은 소품 무리와 평화로운 소품 무리가 있다. 나는 대학원생들이 만들어낸 모래상자 작품을 수십 번 보았는데, 그 작품에 이런 양극성이 있는 경우가 많았다. 가끔, 스트레스 양극성과 평화로운 양극성은 관계와 관련이 있다. 어떤 관계는 긴장되고 힘든 반면에 위안을 주고 집 같이 편하게 느껴지는 관계도 있다. 박사과정의 수련생들과 함께 모래상자놀이를 할 때, 그들의 작품에서 전형적인 양극성은 현재와 미래이다. 현재는 종종 고통의 작품으로 그려지고 미래는 훨씬 더 바람직한 장소로 그려진다. 박사과정 학생들이 대표적으로 만들어내는 또 다른 흔한 주제는 대학에서의 책무와 가정에서의 책무에 관한 작품이다. 보통, 학생들은 박사과정의 연구 활동에 너무 많은 시간과 에너지를 쓰는 것에 관하여 죄책감을 느낀다.

왜 양극성이 중요한가

모래놀이 작품에서 묘사되는 양극성은 치료사가 내담자의 양극성을 알아채고 대응하는데 도움을 준다. 언급하였듯이, 모래상자 자체는 양극성을 보여주고, 서로 다른 부분들은 보통 상자 안에서 서로 구분된다. 당신이 모래상자놀이 치료사로서 양극성을 연구하고자 하지만 작품 속에서 쉽게 보이지 않는다면 찾아야 한다. 소품의 간격이 작품의 서로 다른 부분들과 어떻게 구분되는지를 보고 내담자가 당신에게 작품에 관하여 말할 때 대조를 찾아 듣는다.

바라건대, 여러분은 이미 양극성이 왜 중요한지를 알기 시작한 것이다. 치료사로서 이 질문에 더 많은 대답하기 어려운 것 중 예를 하나 들어보자.

몇 년 전에, 나는 남편에게서 감정적으로, 신체적으로 학대를 당했던 여성 내담자와 상담을 하고 있었다. 그녀는 남편을 두려워했고, 남편을 떠나고 싶어하는 것이 분명했다. 그녀도 그것을 알고 있었고 나도 알고 있었다. 그녀는 남편이 변하리라는 희망을 잃어버렸다. 한 동안, 나는 그녀가 떠날 수 있는 시점에 이르도록 "도와주느라" 엄청나게 많은 에너지를 소비했다. 비록 깨닫는데 정말이지 오랜 시간이 걸렸지만, 나는 마침내 그녀가 떠나는 것에 대해 그녀보다 더 많은 신경을 썼다는 것을 깨달았다. 지금 생각해보면, 분명해 보이지만, 그 당시 나는 초보 치료사였던 것이다.

그 당시에 내가 양극성에 대해 알았더라면, 도움이 되었을 것이다. 그녀의 일부는 떠나고 싶어 했지만, 또 다른 일부는 떠나기를 두려워했다. 세션에서 나도 그 남편을 보았는데, 예측할 수 없고,

불안정하며, 기분이 두드러지게 변하는 영리한 남자인 그를 겪었다. 그가 태어난 가정이 매우 역기능(문제) 가정이었고 과거로부터 많은 분노를 안고 있었다. 때때로 그와 함께 있을 때, 그의 반응을 예측하기가 어려워서 나는 그를 신뢰하지 않았다.

유감스럽게도, 두려움은 우리 삶의 대부분에서 큰 영향력을 가지기 때문에, 그녀 속에 분명이 두려움이 있었다. 이 여성(결국은 남편과 헤어졌다)으로부터 배운 것이 있었다. 그녀는 나에게 나의 문제를 포기하도록(lose my agenda) 가르쳐 준 최초의 내담자 중의 한 사람이었다. 만약 경험 많은 인본주의 치료사나 인간 중심의 치료사에게 내담자와 치료사의 문제(agenda) 중에 어느 것이 중요한지 물으면, 아마도 그들 모두 내담자의 문제가 가장 중요하다고 대답할 것이다. 그러나 실제로는 내담자와 관계를 맺고 내담자가 겪고 있는 고통을 덜어주고자 한다면 당신 자신의 문제를 내담자와 함께 가지고 가는 것은 매우 쉽다. 나는 이 내담자가 남편과 헤어지는 것만이 안전하고 행복해질 수 있는 길이라고 생각했기 때문에 그녀가 남편과 헤어지게 하는데 노력을 쏟았다. 결국 그녀는 준비 시점에 이르렀고 헤어질 수 있었지만, 남편에게 폭력을 당하는 많은 여성들이 남편과 헤어지지 않는다. 치료사들은 내담자를 앞서 가서 그들이 가야할 곳으로 가게 하는 것은 매우 쉽다.

그래서 나의 예가 보여주듯이, 내담자가 겪고 있는 것이라면 양극성은 중요하다. 양면 가치는 대부분의 내담자가 흔히 겪는 것이다. 내담자들은 종종 관계, 일(직업), 선택에 관해 전반적으로 양면 감정을 가지고 있다. 만약 내담자가 뚱뚱한 것이 지긋지긋해서 체중을 줄이고 싶다고 말한다면, 치료사와 내담자는 그녀의 일부는 살을 빼고 싶고, 일부는 늘 해왔던 것처럼 그대로 하고 싶어 하는 것을 알아차리는 것이 중요하다. 만약 치료사가 자신이 할 일은 내담자가 살을 빼는데 필요한 사항에 관해 내담자와 상담을 하는 것이라고 생각한다면, 치료사도 내담자도 아마 불만을 가지게 될 것이다.

나의 수련생들과 학생들은 "그녀는 별로 살을 빼고 싶지 않은 것 같아요. 만약 정말로 살을 빼고 싶다면 그렇게 할 거에요."라고 말했다. 학생들이 말한 이런 흑백진술에 여러분은 어떻게 반응할지 잘 모르겠지만, 나는 그렇게 단순한 것이 아니라고 말한다. 변화는 그렇게 쉽지 않고, 과식과 같은 행동패턴은 쉽게 이해하거나 바꿀 수 있는 것이 아니다. 만약 내가 뚱뚱해서 누군가가 나에게 (hopefully not a therapist) "정말 살을 빼고 싶다면, 살이 빠질 겁니다"라고 말한다면, 나는 상처받고, 이해 받지 못한다고 느낄 것이다. 내담자는 많은 문제들은 복잡하고 변화는 쉽지 않다는 것을 이해하는 치료사를 원한다.

양극성에 관한 세 번째 질문으로 주제를 바꾸기 전에, 양극성에 관해 두 가지 정도 더 중요한 것을 논의하고자 한다. 많은 치료사들은 내담자들이 자신을 인정하기를 바란다. 자기수용은 치료의 이론적 접근 중에 중요한 목표이다. 그러나 내담자들은 자신이 알지 못하는 것은 받아들일 수가 없다. 만약 살을 빼고자 노력을 했던 내담자가 치료사에게, "정말로 살을 빼고 싶은데 왜 안 되는지 모르겠어요"라고 말한다면, 그 말은 자신의 일부가 자신의 노력을 방해하고 있다는 것을 알지 못한다는 것을 암시한다. 그러므로 양극성을 가진 이런 유형의 상담 중요성은 내담자가 자신의 일부를 알아차려서 이 부분을 수용할 수 있도록 도와주는 것이다. 비록 내담자가 살 빼는 노력을 방해하는 자신의 일부가 자신의 부정적인 부분이라고 생각하더라도, 이 부분은 실제로는 부정적이지 않다.

많은 사람들은 평안과 위로와 안정과 즐거움을 원하지만 문제를 키우지 않는 방식으로 그런 것들을 더 잘 찾아내는 사람들도 있다. 10살 이상 되는 아이들을 볼 때, 나는 그들에게 내 직업은 그들이 원하는 것을 얻을 수 있는 좋은 방법을 찾도록 도와주는 것이라고 말한다. 이 내담자도 마찬가지로 과식을 하는 것을 알고 있다. 내가 하는 일은 그녀가 원하는 것을 얻을 수 있는 좋은 방법을 찾도록 도와주는 것이다. 그녀는 아마도 위에서 말한 것들을 원하고 거기에 사랑을 추가할 것이다. 음식은 그녀의 욕구를 충족시키지 못하지만 위안과 평안을 준다. 이 문제를 보는 또 다른 방법은 그녀의 일부가 즐거움을 원한다는 것이다. 먹는다는 것은 즐거움을 줄 수 있지만 많은 사람들은 삶에서 그다지 즐거움이 많지 않다.

양극성을 어떻게 다루느냐에 관한 다음 절로 넘어가기 전에 초점을 맞추고자 하는 두 번째 개념은 내담자와 치료사가 "부정적인" 일부를 어떻게 보느냐이다. 위의 예로 보여주고자 한 것은 양극성의 양면에는 좋은 점들이 있다는 것이다. 이것은 중요한 개념이고 다음 절에서 그 중요성을 설명할 것이다.

양극성을 다루기

첫 번째 두 질문에 관해 논의를 했으니까 이제 양극성을 어떻게 다루느냐에 초점을 맞추어 보자. 양극성을 다룰 때에는, 방금 말했던 개념을 기억하는 것이 도움이 된다. 즉, 양극성의 양면에 관해서는 좋은 점들이 많다. 내담자는 실제로 자신의 두 부분으로부터 여러 가지를 필요로 한다. "양극성을 해결하는 임무는 각각의 부분이 최대한 발휘되면서도 동시에 반대의 것과 접촉하도록 돕는 것이다"(Polster&Polster, 1973). 앞에서, 당신의 문제를 포기하는 것의 중요성에 관해 말했고, 이것이 치료사들이 하기에 쉽지는 않다. 한 가지 이유는 두 면의 가치에 대해 치우치기 쉽다는 것이다. 남편에게서 폭력을 당하는 여성 내담자에게로 돌아가자면, 치료사가 "남편과 헤어지는" 부분이 좋은 부분이고 "헤어지지 못하는" 부분이 나쁜 부분이라고 생각하는 것이 당연하다. 두 개의 부분을 보는 이런 방식은 너무 단순화한 것이고 부정확하지만 표면상으로는 옳은 것 같다.

다음은 양극성을 다룰 때 유념해야 할 개념을 보자.

1. 양극성을 인정하고, 찾아내고, 이름을 붙인다.
2. 그 두 부분을 분리하고 한 번에 하나씩 탐구한다.
3. 내담자가 그 두 부분을 받아들이도록 도와준다.
4. 그 두 부분을 하나의 전체로 통합한다.

양극성을 인정하고 찾아내고 이름 붙이기

우리는 이미 과식을 하는 예와 매맞는 여성의 예로 이 첫 번째 개념에 관하여 논의하였다. 내담자가 두 부분을 의식하도록 도와주고 두 부분에 맞는 이름을 찾는 것이 첫 번째 단계이다. 나는 대부분의 내담자가 두 부분을 의식하고 그것은 상충되는 부분이 있는 것이 정상이라는 것을 알게 되면 안도감을 느낀다고 생각한다.

앞에서 언급하였듯이, 때때로 "해야 한다"와 감정 사이에 양극성을 가진 내담자가 있다. DVD 속의 세션에서, 내담자의 비통해 하기를 "원하는" 부분이 실제로는 그녀의 몇 마디 말 속에서 "해야 한다"인 것처럼 보이는 것을 알아챘을 것이다. 예를 들어 segment 6에서, 그녀가 "좋아지기 위해 느껴야 하는 것을 느끼려고 노력합니다." 라고 말한다. 내담자가 노력한다, 할 필요가 있다. 라고 말할 때, 그것은 대체로 그들이 뭔가를 해야 한다고 생각한다는 것을 의미한다. "해야한다"는 내담자들에게서 자주 나오는 말이고 양극성의 가장 흔한 부분 중의 하나이다. 나는 학생들에게 내 자신에 관하여 "해야한다"를 하지 않기로 노력하며 내담자가 그들 자신에 관해서도 "해야한다"를 하지 않도록 도와주려고 한다고 말하기를 좋아한다. 내가 그런 "edgy(초조해하는)" 말을 쓰면 학생들은 웃는다.

부분에 대한 탐색과 분리

DVD 세션에서, 내가 이런 말을 쓰는 적이 몇 번 있다. 그 중 하나를 예로 들어보자. 세션 앞부분에서(segment 4), 내담자가 말하기를 "그러니까, 내가 계속 슬퍼하는 것과 슬픔에서 벗어나려고 노력하는 것 사이에 괴로워하고 있다는 말이죠." 내가 답한다. "어느 쪽을 해도 괜찮습니다. 그러니, 바로 지금, 슬픔에서 벗어나려고 하는 것이 의식이 됩니까?" 이 대답에서, 나는 양극성이라고 이름을 붙이지 않았는데, 왜냐하면 그녀가 그 두 측면을 모두 표현을 했고, 자신이 그 두 개 사이에서 괴롭다는 말을 했기 때문이었다. 그래서 나는 그녀가 "슬픔에서 벗어나려고 애쓰는" 그녀의 일부에 초점을 맞추었다. 만약 이 양극성이 세션의 초반에서 나타나지 않았다면, 나는 그것을 더 깊이 탐구해야 했을 것이다. 세션의 이 지점에서 그녀가 그 순간 그 양극성으로 하고 있는 것에 초점을 맞추고 싶었다.

타이밍이 중요하다. 일찍 모래상자놀이 세션에서 너무 멀리 가기를 원치 않아서 그 양극성이 세션의 후반에 다시 나올 것으로 생각했다. 성인들과 상담을 하다보면 편한 것 중의 하나가 모래놀이 치료사가 자주 일 회의 세션에서 하나의 문제를 다룰 수 있는 기회가 한 번 이상 있다는 것이다. 사실, 치료사는 내담자에게 세션 초반에 언급한 특정 문제로 다시 돌아가라고 요구할 수도 있다. 놀이 치료사들은 이런 편의가 없다.

세션이 끝나갈 무렵, 생각과 감정의 양극성이 한참동안 우리의 주제가 되었다. 이 예는 분리와 탐색의 개념을 명확하게 보여준다. 세션 초반에 위에서 언급한 첫 번째 양극성이 서로 다른 몇 가지 방식으로 반복되었다. 감정을 느끼거나 느낌을 멈추는 방식. 내담자는 세션 내내 이것으로 애를 먹었다. 그러나 segment 39에서 생각/감정 양극성에 이르렀을 때, 그 양극성은 감정을 느끼는 것/느낌을 멈추는 수준을 넘었다. 이 양극성은 그녀의 일상생활의 일부가 되었고, 각각의 일부가 한참동안 지속된다고 보고하였다. 여러분이 이 비디오를 봤다고 가정하면, 양극성이 무엇인지를 알려고 내가 애를 쓰는 모습을 보았을 것이다. 양극성을 찾아내는 과정은 확실히 순간적인 발견이다. segment 39에서, 양극성을 설명하려고 안정, 침착 같은 단어를 사용하였다. 그리고 나서 내담자와 내가 실제로는 그것이 편안한 방식이라기보다는 생각의 방식에 더 가깝다고 함께 알게 되기까지 한참의 시간이 걸렸다.

때때로 양극성을 찾아내어 이름을 붙이는 것은 세션의 이 부분에서 한 것처럼 흘러간다. 특히 자기인식이 낮은 사람과 함께 양극성을 찾고 이름을 붙이기는 쉽지 않다. 이 내담자는 자기 인식의 수준이 상당히 좋고 자신의 일부를 부정하지도 않아서, 양극성 찾기의 과정이 더 쉽다. 그러나 여러분도 보았듯이, 그렇게 쉽지는 않았다. 내 관점에서, 그 부분은 평화로워보였지만, 내담자는 그것을 이성적이고 냉철하며, 감정이 없는 상태로 경험하였다.

앞에서 논의하였듯이, 그녀의 생각 방식이 좋다. 그녀는 그것을 필요로 한다. 세션에서 보였듯이, 내담자가 생각 모드에 있을 때 더 억제를 느낀다고 인정하긴 했지만 나는 그 방식을 회피나 억제라고 보지 않았다. 이 내담자와는, 조명 스위치가 있어서 이 방식으로, 또는 다른 방식으로 들어가기 위해 그 스위치를 사용하는 것 같다. 유감스럽게도 이 시점에서, 그녀는 feeling mode에 두려움을 느끼고 생각 모드에서 안정을 느낀다. 나는 그녀의 감정도 그녀의 좋은 일부이지만 이번에는 그녀가 조절하기 매우 힘들어해서 유감스럽다고 말한다.

그 일부에 이름을 붙이자, 우리는 그것과 함께 머물며 탐색을 한다. segment 43에서, 내담자는 말했다. "그러니까, 내가 멈추고 다시 생각을 하기 시작하면 그다지 많이 느끼지 않아요", 나에게는 이것이 그녀에게 "해야한다"로 다가왔다. 그 함축의미는 "내 감정을 느껴야 한다"였다.

그녀로서는, 이것이 좋은 아이디어가 아니었는데 왜냐하면 이 시점에서 그녀가 감정을 조절하기가 너무 힘들고, 너무 많은 강렬한 감정을 처리하려고 하기 때문이다. 그래서 그녀는 안정감을 찾고 자신의 삶을 살 수 있게 해주는 이런 다른 방식을 필요로 하는 것이다.

치료사가 양극성의 한 부분을 찾을 수 있는 한 가지 방법은 빈 의자를 사용하는 것이다. 모래상자놀이로는, 자주 모래상자를 사용하지 않는다면 이것은 좋은 아이디어가 아닐지도 모른다. 생각/감정 양극성에 이르렀을 때 이 내담자와는 그것을 할 수 있었을 것이다. 시간의 제약이 있어서 그 방향으로는 가지 않기로 하였다. 그러나 빈 의자 방법을 선택하였더라면 그녀를 한 의자에 앉히고 생각모드와 접촉을 했을 것이다. 그러면, 나는 다른 쪽 의자에 그녀 자신의 자신을 놓고 감정모드로 그녀를 그려내게 했을 것이다. 그리고 나서, 생각모드로부터 그녀의 감정부분에게 말을 하게 시켰을 것이다. 이 중재방법은 부분들을 분리시키고 한 번에 하나의 부분과 상담을 해나가는데 매우 유용한 방법이다.

모래상자놀이를 이용해 본 치료사라면, 빈 의자 같은 중재가 모래상자놀이와 무슨 관계가 있는지 의아해 할 것이다. 일부 모래상자놀이 치료사들은 세션 내내 상자에 초점을 둔다. 나는 그런 방식으로 접근하지 않는다. 이 DVD 세션에서 했던 방식이 나의 모래상자놀이 세션에서 대부분 하는 방식이다. 초점은 밀물과 썰물처럼 왔다 갔다 한다. 내담자와 나는 모래상자에 초점을 두다가 잠시 접고 모래상자가 유발한 어떤 문제에 몰두한다. 그러다가 내담자나 내가 다시 모래상자로 돌아온다. 물론, 아동과 함께라면, 모래상자놀이를 이런 식으로 접근하지 않는다. 아동은 집중력 시간이 길지 않고 자아강도도 약하여 오랫동안 모래상자를 떠나서 작품을 심층적으로 처리하지 못한다. 이런 들어왔다 나갔다하는 과정이 DVD 세션에서는 몇 번이나 있다. segment 35에서, 모래상자에서 초점을 바꾸고 난 후에, 내담자는 상자 안의 자신의 아들을 쳐다보고 말했다. "저 물 속에 있는 아들을 보는 것조차 싫어요. 그를 보기만 해도 생각이 나요."

이런 들어가고 나가고의 과정이 모래상자놀이의 힘을 보여준다. 내담자는 나에게 아무 말도 하지 않고, 물속의 아들을 보며 그 모습과 연관되는 감정과 다시 접촉한다. 그녀로서는 아들의 자살을 이겨내는데 오랜 시간이 걸릴 것이고, 그냥 아들을 다시 보기만 해도 강렬한 고통이나 죄책감이나 기타 감정의 파도가 밀려온다.

두 개의 일부를 받아들이기

이 마지막 두 개념은 DVD 세션을 넘어서는 것이다. 내담자와 내가 그녀가 가지고 있는 양극성의 여러 부분을 그녀가 받아들이는데 진전이 있었겠지만, 여러분은 분명 그녀가 가야할 길이 멀다고 생각할 것이다. 우리 자신의 여러 가지 부분을 받아들이는 것이 상당히 어려울 수도 있고, 그 두 부분을 다 인정하려고 해도 오랜 시간이 걸릴 것이다. 많은 사람들이 이렇게 하려고 하지 않기 때문에 우리는 두 부분을 모두 인정하려고 한다 해도라고 말하는 것이다. 많은 사람들은 자신의 여러 일부를 굉장히 부끄럽게 여긴다. 성적인 문제는 특히 인정하기가 어려울 수도 있다. 만약 어떤 사람의 성적 감정이 적절하다거나 허용할 만하다거나, "정상적"이라고 여겨지지 않으면, 그 부분을 인정하기는 훨씬 더 어렵다. 우리는 부끄럽게 여겨지는 일부를 숨기는 경향이 있다.

예전에 중년의 남성 내담자가 있었는데, 그는 이성 연애를 하면서도 동성연애의 생각과 감정을 겪는 사람이었다. 몇 년 동안, 그는 이런 생각과 감정을 부끄럽게 여겼지만 아무하고도 그 얘기를 하지 않았다. 그가 나에게 이런 생각과 감정을 털어 놓았을 때, 그는 너무나 부끄러워하면서 눈도 마주치지 못했다. 심지어 어떤 부분에서는 눈을 감기도 하였다. 세션이 끝나갈 무렵, 그는 한층 좋아졌지만, 20분 동안은 무서워 죽을 것처럼 보였다. 자기수용은 오랫동안 자신의 일부를 인정하지 않았던 사람에게는 매우 어려울 수도 있다.

DVD 세션의 내담자에게는, 죄책감과 후회가 부끄러움보다 더 큰 문제이다. 그녀의 죄책감은 너무나 커서 자신을 용서하는데 많은 시간이 걸릴 것이다. 그러나 우리가 모래상자놀이 세션에서 함께 했던 것이 자신을 더 많이 받아들이고 자신을 용서하도록 하는데 도움이 될 것이다. 세션의 결과로서 바뀔 것 같았던 그녀의 일부는 그녀와 가족을 안전하게 해주는 하나님의 문제와 관련이 있었다. segment 12와 13에서, 다음과 같은 변화가 있었다. 첫째, 내가 말했다. "그러니까, Noah가 죽기 전에, 당신은 그가 당신을 안전하게 해주고 있다는 느낌이 있었군요. 그런데, Noah가 죽고 난 후, 내가 그것을 몰랐구나, 내가 잘못된 길을 가고 있었구나, 당신이 우리를 안전하게 지켜줄 것으로 생각했는데, 아니었나 싶은 생각이 들었군요?", 그러자 내담자는 이렇게 대답했다. "내가 너무 순진했다는 것을 깨달았어요. 어느 누구의 안전이 아니고, 착한 사람이라는 것이 나쁜 일이 일어나지 않을 것이라는 의미도 아니에요. 나는 진실이라고 생각했던 땅에서 살고 있었어요. 그 때는 그 세계를 더 좋아했지만, 지금은 과거보다 더 걱정이 많아요."

DVD에서 발췌한 이 말은 어려운 패턴을 보여준다. 즉 인정한다는 것이 어려울 수도 있고 항상 즐거운 일은 아니라는 것이다. 이 내담자는 자신이 순진했다는 것을 깨달았고, 세션의 이 시점에서 "아하!"하는 순간이 있었다. 순진했었던 그 일부가 세션에서 다소 바뀌었고 현실 그대로인 것을 받아들이게 되었다. 그러나 받아들이게 되는 이런 과정이 그녀에게는 불안하게 만드는 것이었다. 순진했을 때는 그 세계가 더 좋았는데, 지금은 과거보다 걱정이 더 많다고 말했다. 환상은 편안할 수 있으므로 그것을 놓아버린다는 것이 두려울 수도 있다. 성장은 쉽지도 않고 평탄한 과정도 아니다.

영화, '보통 사람들'(Ordinary People)에서, 사춘기 내담자(티모시 휴턴역)는 정신과 의사에게(Judd Hirsch 역), "나는 좋아지겠죠, 그렇죠?"라고 물었다. 의사는 "반드시 그렇지는 않아"라고 말했다. 어느 내담자도 그런 대답을 듣고 싶어 하지는 않지만, 진실이 때로 상처가 되기도 한다. 우리는 충격적이고 불안하게 만드는 문제와 현실들을 회피하고 부정하는데 엄청나게 많은 에너지를 써왔다. 그것을 직시하는 것이 항상 우리를 더 편하게 만들지는 않는다.

부분들을 통합하기

DVD세션의 내담자는 자신의 이런 여러 가지 부분들을 하나의 전체로 통합하려면 가야할 길이 멀지만 그 과정을 시작한 것이다. 그녀는 자신의 감정을 부정하지도 않고 자신에게 상충되는 면이 있다는 것을 인정한다. 자신의 양극성들을 탐구하려고 하고 강렬한 감정을 느낄 때는 두려움을 경험하기는 하지만 그 과정에 가능한 한 마음을 열고 있다. 세션 중에 그 과정이 그녀에게는 불안하게 만드는 것이었지만, 그녀는 착한 사람들에게 일어나는 나쁜 일들에 관한 사실을 직시했다. 그녀가 뛰어 넘으려고 하는 이 모든 난관들은 용기가 필요하고 그녀는 아마 자신이 깨닫는 것보다 더 많은 용기를 가지고 있을 것이다. 통합을 향해 가고 있지만 도착하려면 오래 걸릴 것이다.

내가 모래상자놀이를 이용했던 내담자 일부는 그들의 양극성을 통합하는 과정에 가고 있다. 몇몇 내담자들은 자신들의 일부를 부정하고 있었다는 사실을 깨닫고 상당히 빨리 통합으로 전진할 수 있다. 어떤 사람들은 몇 개월 걸리기도 하지만 내가 본 대부분의 내담자들은 더 오래 걸릴 것이다.

DVD 세션에서는 세션의 처음부터 내담자에게 많은 양극성이 있었다. 이 장의 다음 절에서는 몇 가지 양극성들에 초점을 맞추고 그런 것들을 어떻게 해결했는지에 관해 이야기 하고자 한다. 언급했듯이 타이밍이 중요하다. 세션 초반에, 여러분도 이미 알겠지만, 한 가지 중요한 양극성이 등장했다. 다음 절에서 보겠지만, DVD

세션 후반에 있었더라면 나는 이 양극성에 다르게 대응했을 것이다.

DVD 세션에서의 양극성

DVD 세션에서의 초반에서 내담자가 아들의 자살과 관련한 감정을 경험하는 것에 관하여 뒤섞인 감정을 가졌던 것이 명백하다. 내담자가 "그것에 관해 인식을 하려고 노력하고 있습니다"라고 말할 때(segment 2), 그녀는 양극성을 겪고 있었다. 고통을 느꼈고 "인식"을 함으로써 그것을 억제하거나 해결하려고 애썼다. 그녀가 느끼는 고통에 대한 이 양가감정은 세션 내내 여러 가지 형태와 여러 가지 방식으로 지속되었다. 이 양극성을 설명할 수 있는 또 다른 방법은 서로 대립되는 감정의 두 가지의 이름을 붙이는 것이다. 고통이나 슬픔, 그리고 고통에 대한 두려움이다. 그녀의 일부는 두려워하고, 일부는 감정을 느끼는 것이 도움이 되고 그것을 이겨낼 수 있다고 믿는다.

어느 일부가 더 강하다고 생각하는가? 두려워하는 쪽이라고 나는 장담한다. 사실, 여러분은 슬퍼하기를 "원하는" 일부가 그녀의 말 속에서는 "해야한다"인 것처럼 보인다는 것을 알아챘을 것이다. 예를 들어, segment 6에서 그녀는 말한다. "나는 좋아지기 위해서 느껴야 하는 것을 느끼려고 노력하고 있어요. 내담자가 노력한다, 할 필요가 있다 같은 말을 할 때, 그것은 대체로 그들이 뭔가를 해야한다고 생각한다는 의미이다. 오래 전에 나는 "할 필요가 있다 "와 같은 말의 의미를 바꾸는 것에 관한 기술을 배웠다. 어디에선가 이런 말을 들었다, "해야 한다는 말은 하지 않을 것이다를 의미한다". 그래서 내담자가 뭔가를 해야 한다는 말을 들으면, 나는 그녀가 아마도 그것을 하지 않을 것임을 안다. 그녀는 좋아지기 위해서 감정을 느껴야 한다고 생각한다. 물론, 어느 정도 이것은 사실이지만 그렇게 해야한다는 생각을 하고 두려움, 죄책감, 고통이라는 믿을 수 없는 바다를 헤쳐갈 수 있다는 것은 매우 어렵다. 그녀는 슬픔이 끝나지 않는다는 것을 알고 있고, 그녀로서는 고통을 표출하는 것이 도움이 된다는 것을 알지만, 그 고통이 매우 강렬하고 불편하다는 것도 안다. 일반적으로, "해야한다"는 두려움을 이겨낼 수 있을 정도로 강한 동기요인은 아니다. 두려움과 해야한다가 서로 맞설 때, 나는 두려움이 이긴다고 장담한다.

이 책에서 내가 반복해서 말하지만, 두려움은 우리 모두가 몸소 맞서야 하는 중요한 도전이며, 치료사인 우리에게 큰 도전이다. 내담자는(우리도) 변화를 두려워하고, 우리가 하는 일이 내담자가 변화하고 성장하도록 돕는 일이다.

그들은 통제력을 잃는 것, 편안한 영역에서 빠져나오는 것, 낯설고 미지의 것을 경험하는 것, 강렬한 감정과 수많은 다른 것들을 두려워한다. 그래서 나는 두려움을 양극성에서 제일 먼저 대응해야 할 부분으로 선택한다. 그 내담자가 "감정과 공존하는 것과 감정을 멀리하는 것 사이에서 괴롭다"고 말했을 때, 나는 "어느 것을 하더라도 괜찮습니다. 바로 지금, 당신은 감정을 멀리하고 있다는 것을 의식하고 있지 않습니까?"라고 말했다. 이 질문은 양극성의 두려움 측면에 초점을 둔 것이었다. 내 질문에 대한 대답으로, 내담자는 segment 5에서 불안하다고 인정했고 그리고 나서 그 양극성을 여러 가지 방식으로 표현하였다. "(상자의 작품에 집중하는 것)은 고통의 여러 요인을 표현하도록 도와준다는 점에서는 좋지만 그 고통을 증가시키기 때문에 좋지 않다."

양극성이 세션에서 그렇게 일찍 나타나지 않았다면, 나는 아마도 이 양극성과 머물며 다음과 같이 했을 것이다. 내담자에게 신체의 어느 부분에서 불안을 느끼느냐고 물었을 것이다(신체적 문제에서 더 다룬다). 그 다음, 안전하다고 느끼기 위해서 무엇을 해야 하느냐고 물었을 것이다. 요점은 그녀가 두려워하는데도 슬픔을 더 깊이 느끼라고 하는 것은 아마도 좋지 않은 조언이라는 것이다. 대부분의 경험 많은 치료사들은 안전하다고 느끼는 것이 모든 연령의 내담자에게 너무나 중요하다는 것을 알고 있다. 놀이 치료사들은 안전한 분위기를 조성하기 위해 정말로 노력하고, 모든 연령의 사람들이 안전하다고 느낄 때 잘 해내는 것 같다. 이 내담자에게 작품의 좋은 부분은 천국이었고(그녀의 아들이 있는 곳), 작품의 나쁜 부분은 이 세상, 즉, 악마를 포함한 무서운 이미지들로 가득 찬 세상이었다.

그녀의 작품에서 진전된 또 다른 양극성은 segment 15-17에서 많은 사람들이 그녀에게 자신의 슬픔보다는 아들의 행복에 대해서 생각하라고 조언을 했다고 털어놓는 작품에 있었다. 그러니까 그 양극성은 같은 주제의 다른 형태인 것이다. 즉, 느끼거나 느끼지 않거나, 하지만 "느끼지 않는다" 메시지의 근원은 외인적인 것이다. segment 17에서, 이런 "해야 한다"가 다른 사람들로부터 나오는 것임을 인정하고 난 후 나는, "그럼, 그런 충고를 듣는 것은 어떤 건가요?" 라고 묻는다.

DVD 세션이 끝나갈 무렵, 중요한 양극성이 등장했다. 처음에 나는 그것을 무엇이라고 불러야 할지 몰랐다. 나는 내담자가 더 침착해 보이고 평정을 잃지 않는 듯이 보이는 자신의 일부를 경험하게 될 것을 알았기 때문에 그렇게 말했다. 그녀는 평온하지 않다고 말을 해서 우리는 이 다른 경험에 대해 더 이야기를 했고, 마침내 그것의 이름을 붙일 수 있었다. 우리가 생각해 낸 것은 생각모드와 감정모드였다. 단순하게 들리지만, 그 당시에는 정말 뭐라고 불러야 할지 몰랐다. 내담자가 더 평온해지고 평정을 잃지 않는 것처럼 보이는 모드로 바뀔 것이라는 것을 알았다.

세션의 이 부분을 보면, 세션에서 내가 그렇게 부르듯이, 그녀가 더욱 "평온해졌다"는 것이 여러분에게 명백해질 것이라는 생각이 든다. 그녀의 목소리가 눈에 띄게 달라졌다. 울음을 멈추고 꽤 담담해졌다. 우리가 이름을 붙일 수 있는 또 하나의 명칭은 대처(coping) 모드 이다. 우울하거나 불안해하는 내담자와 상담을 해 보았다면, 내가 무엇을 의미하는지 여러분은 알 것이다. 쉽게 우울해지는 내담자와 상담을 하고 있을 때, 세션에서 나의 초점은 내담자가 어떻게 수행을 하느냐에 달려 있다. 만약 내담자가 잠자리에서 일어나기, 회사에 출근하기, 기본적인 책임을 다하기 등과 같은 기본적인 기능에 애를 먹고 있다면, 내담자를 내가 대처모드라고 부르는 것에 더 이르게 하기 위해 행동문제에 초점을 둔다. 되풀이해서 말하자면, 만약 내담자가 대처를 잘 하지 못한다면, 핵심적인 문제를 두고 노력할 준비가 되어 있지 않은 것이다.

세션 동안에, 내담자는 대처모드와 생각모드를 왔다 갔다 한다. 이런 모드는 그녀가 대처를 하고 그 주에 해야 할 일을 하도록 도와준다. 기능을 수행하기 위해 이런 모드가 필요하다. 그것은 유용하고 도움이 된다. 그러나 아들의 자살에 관한 감정을 이겨내는 문제에 있어서는, 그것을 제쳐두고 감정 모드로 바뀌어야 한다. 자신이 죄책감, 고통, 후회, 분노의 감정을 경험하도록 허락하면서, 균형을 잃은 감정을 경험한다. 많은 내담자에게 있어서, 이 일시적인 통제 상실은 매우 불안하게 만드는 것이다. 우리 모두는 통제를 좋아한다. 많은 내담자들이 자기 자신이 감정을 깊은 수준까지 느끼게 하기는 매우 어렵다. 왜냐하면 그렇게 할수록 통제력이 더 없어진다고 느끼기 때문이다.

내담자의 대처모드 대 감정모드, 또는 생각모드 대 감정모드로 돌아가서, 전체 세션을 보는 한 가지 방식은 그녀가 순간순간 어느 모드로 들어가느냐를 아는 것이다. 세션 초반에 내가 내담자에게 좋은 감정에 들어가기를 원치 않느냐고 말했던 것을 기억할 것이다. 이 양극성은 세션 전반에 밀려왔다 밀려갔다 한다. 즉 느끼거나 느끼지 않거나 한다. 그녀가 자신의 감정을 느끼는 것이 두렵고 그렇게 하는 것에 관해 뒤섞인 감정을 가지고 있다. 그녀는 고통을 헤쳐가기를 원하지만 그것을 느끼기를 너무나 두려워한다.

요약

이 장에서 목적을 두고 있는 것은 내담자에게 있는 양극성의 중요성에 중점을 두고 여러분이 DVD 세션에서 그것을 더 잘 인식하게 돕고자 하는 것이고, 여러분 자신의 내담자와의 상담에서도 그렇게 하기를 바란다. 양극성을 인식하면 내담자가 진전을 하지 못할 때 너무나 많은 불만을 피할 수 있고, 내담자가 이해받고 있다고 느끼게 도와준다. 두려움은 양극성의 한가운데 있는 경향이 있다. 그러므로 변화의 두려움과 같은, 두려움을 인식하는 것은 실천가로서의 여러분에게도, 내담자를 위한 치료에도 도움이 된다. 내담자에게 성장에 방해가 되는 어떤 것이 있다면, 그 문제를 찾아내고 그것을 해결하는 것이 매우 중요하다. 양극성의 양면에 있는 좋은 점을 찾아서 입증하면 자기수용의 과정을 촉진하고 궁극적으로 통합을 촉진한다.

숙지 사항

실습생을 위한 숙고할 내용

- 당신과 장시간 일하는 사람들과 함께 내담자를 생각하세요.
- 내담자가 힘들어 하고 있는 양극성 또는 다른 것을 알아보세요.
- 당신이 양극성을 연구할 때 두려움은 하나의 과제입니다.
- 그 내담자가 두려워하는 것 중 변화의 두려움, 생소한 두려움, 안전한 곳을 떠나는 두려움 중 그녀와 논의 되지 않는 것이 있나요?
- 양극성을 확인하는 또 다른 방법은 내담자가 "그러나"라는 단어를 사용할 때입니다.
- 당신이 상담시 내담자와 함께 있을 때 양극성이 일어날 때 그것을 알아차릴 수 있도록 노력하세요.

수련 지도 감독관/상담 교육자를 위한 숙고내용

- 당신의 프로그램에서 훈련 받는 실습상담자들은 양극성에 대해 잘 인지하고 있나요?
- 그들은 이론과 기법에 대한 수업을 받았나요? 실습생들이 양극성에 대해 많이 알고 있나요?
- 이것은 어떻게 임상문제 기법과 임상 경과를 가르치는 강사들에게 도입 될 수 있을까요?

- 당신이 학사 교과과정을 가지고 있다면, 임상 과정에서 양극성을 인턴에게 가르치고 있습니까? 만약 그렇지 않다면 어떻게 그것을 변경할 수 있을까요?

8
저항

흐름 따라가기

여러분과 나누고자 하는 저항에 관한 가장 중요한 원칙이 다음의 말 속에 담겨있다. 즉, 내담자가 하고 싶어 하지 않는 일을 결코 시키지 말라. 저항에 맞서기 보다는 저항과 함께 가라. 그냥 이 간단한 것을 하면 머리 아플 일도 좌절할 일도 없다. 물론, 많은 것들처럼 이 원칙은 내담자와 상담을 하는 것보다 이해하기는 더 쉽다. 이 장에서는 저항에 맞서기 보다는 저항과 함께 가는 몇 가지 방법을 설명하고자 한다. DVD에서, 저항에 대처하는 법을 보여준다.

여러분 중에 인간중심 치료를 하는 사람들에게는, 내담자가 원하지 않은 것은 아무 것도 시키지 않으려고 노력한다는 생각이 의미 있어 보이지 않을 수도 있다. 그러나 수년 동안 청소년이나 어른들과 이 분야에서 일을 해오고 있다면, 이론과 상관없이 아마도 교묘하게 이끌어줌으로써 내담자를 "돕고" 싶은 유혹을 느꼈을 것이다. 예를 들어, 당신이 매맞는 여성과 상담을 하고 있다고 해보자. 그녀의 배우자가 오랫동안 그녀를 때렸고, 당신의 내담자는 세 번이나 병원에 간 적이 있다고 생각하자. 그 내담자는 모래상자에서 때리는 사람을 괴물로 그려내고 자신을 미약하고 무력한 인물로 그려낸다.

이런 상황에 처한 내담자와 모래상자치료를 하는 많은 치료사들은 내담자에게 대안이 될 거처 등을 알아보게 도와줌으로써 그녀를 "돕고" 싶은 유혹을 느낄 것이다. 내담자를 보호하는 것은 아마도 많은 치료사들에게 다른 무엇보다 가장 중요할 것이다. 그러나 매 맞는 여성과 광범위하게 상담을 해온 치료사들은 당신에게 많은 사람들이 그 관계를 끝내거나 그 집에서 나갈 준비가 되어 있지 않다고 말해줄 것이다. 이와 같은 사람과 상담을 할 때, 편견을 가지지 않고 당신 자신의 의제를 가지기가 어렵다. 그녀가 폭행을 가하는 사람으로부터 가능한 한 멀리 있어야 할 필요가 있다는 것이 우리에게는 명백하다. 그러나 그 내담자는 아마 그럴 준비가 되어 있지 않다. 치료사가 그녀에게 가해자로부터 벗어나라고 설득하면 할수록 그 내담자는 더욱 그 관계 속에 머물러 있는다.

왜 내담자는 저항하는가

이런 가정폭력 상황은 나에게 모든 내담자들의 중요한 문제를 상기시킨다. 왜 내담자들은 (그리고 우리 모두는) 그토록 변화에 어려움을 겪는가? 변화가 일어나야 하는 것이 분명하고, 내담자가 분명히 불행하고, 관계나 일이 불만스럽거나, 건전하지 않거나, 심지어 학대 상황인데도, 왜 내담자들은 그렇게 변화하기가 어려운가? 대체로, 앞에서 이야기 했듯이, 이유는 두려움이다. 우리 모두 어느 정도는 변화를 두려워하고, 익숙한 것을 더 좋아한다. 안전은 우리 모두에게 중요한 것이다. 두려움은 나쁜 것이 아니다. 사실, 어떤 상황에서는, 특히 생존과 관계되는 상황에서는 매우 유용하다. 심지어 어떤 불안은 유용한 인간 조건의 일부이지만 어떤 불안은 골치 아프게 만들고, 자연 발생적이다.

이런 질문들을 읽으면서 아마도 우리가 양극성 절에서 이야기했던 것들이 생각날 것이다. 저항은 거의 항상 내담자에게는 극성이 외면적으로 나타난 것이다. 즉, 내담자는 변화를 원하지만 변화를 두려워한다. 초보 치료사들은 변화를 원하지 않는 내담자의 일부를 잘 알아차리지 못하고 내담자가 애쓰는 것보다 더 내담자의 변화에 관해 애를 쓰는 덫에 사로잡힐 수가 있다(Skovholt, 2001). 능숙한 치료사라 하더라도 내담자가 변화하도록 도와주는 것에 너무 중점을 두어서 치료사가 변화를 원치 않는 내담자의 일부에 대한 존중감을 잃어버리기 쉽다. 나는 내담자가 두려워하는 변화를 가져오는데 너무 몰두하면서 엄청난 에너지를 낭비하였고 엄청난 좌절을 겪었다. 치료사가 내담자보다 더 많이 내담자의 변화에 대해 신경을 쓰면 치료사가 문제에 빠지기 쉽다. 대부분의 능숙한 치료사들은 알고 있지만, 타이밍이 가장 중요하다. 내담자의 변화의 시간표가 중요한 것이다.

두려움은 우리의 삶에서 큰 영향력을 가진 힘이고, 치료사로서 우리는 두려움이 어떻게 내담자를 계속 건강하지 못하고 불행한 패턴과 관계 속에 빠져 있게 하는지를 잘 알아야 한다. 만약 내담자가 변화하고 싶다고 말하면서 변화에 저항하면, 고통스러운 것을 끝내기를 주저하면, 그녀가 두려워하고 있을지도 모르는 것을 찾아내고 그 두려움에 대해 상담을 한다. 이 장에서는 두려움을 대상으로 하는 몇 가지 방법에 관해 이야기 할 것이다.

이제, 매 맞는 여성으로 돌아가 보자. 만약 그녀가 떠나려고 하지 않는 이유가 두려움이라면, 그녀를 계속 그 관계 속에 있게 하는 두려움은 무엇일까? 만약 이런 사람들과 상담을 해보았다면 아마도 알 것이다. 그녀는 자신의 목숨을 두려워할지도 모른다. 많은 폭행가해자들은 희생자들을 위협하고 떠나면 죽여 버리겠다고 말한다. 그 여자가 가지고 있을지도 모르는 또 다른 흔한 두려움은 스스로 살아나갈 수 없을 것이라는 두려움이다. 폭행가해자에게 경제적으로 의존상태일 수도 있고, 가정 밖에서 일을 해보지 않았을지도 모르고, 돈을 관리할 줄 모를 수도 있다.

그녀 자신 스스로 살아가는 것의 두려움을 어떻게 처리해 나갈 것인가? 여러분에게 내가 어떻게 하는지를 보여주면 여러분이 자신의 방법을 개발할 수 있기를 바란다. 먼저, 앞 장에서 이미 말한 것을 할 것이다. 두려움을 강조할 것이다. 내담자가 모래상자를 쳐다보면서 그녀가 배우자를 떠나고 싶어 하는 일부와 떠나기를 두려워하는 일부를 인정하는 것을 상상해보자. 나는 그녀에게 어떤 부분이 현재 가장 두려워하는지를 물어볼 것이다. 이런 종류의 과정을 진행할 때, here-and-now가 초점이라는 것을 명심하자. 내담자는 그 순간에 감정을 느끼기보다는 감정에 관하여 말하는 경향이 있다(Bugenthal, 1999). "현재의 순간에 우리자신을 더 많이 의식한다는 것은 자기주도의 효과가 높아지고 삶의 만족이 높아진다는 것을 의미한다"(Bugenthal, P.24).

우리가 하고자 하는 일은 내담자가 과거의 감정에 관하여 말하기보다는 그 순간에 느끼고 있는 실제 감정을 의식하도록 도와주는 것이다. 그 내담자로 돌아가서, 그녀가 떠나는 것을 두려워하고 있음을 더 의식한다고 해보자. 양극성 파트에서 설명했듯이, 나는 그녀에게 떠나기를 두려워하는 일부에 초점을 맞추라고 할 것이다. "당신의 두려움에 관해 말해보세요."라고 말할 것이다. 그다음 물론, 이 시점부터는 상황이 예측이 잘 안 된다. 내담자가 그 질문에 답할 수 있는 길은 수없이 많다.

그녀가 "내 스스로 살아갈 수 있을 것 같지 않아요"라고 말한다고 가정해보자. 이 말을 강조하는 방식은 그것을 약간 바꾸어 그녀가 그 말을 반복하게 하는 것이다. "다시 한 번 말해보세요. 나는 스스로 살아갈 수가 없다." 그 말을 바꾸는 이유는 두려움을 두드러지게 하여 그녀가 말한 것보다 더 강하게 만드는 것이다. 그녀는 머뭇거렸고, 나는 그녀가 두려움을 직시할 수 있도록 그것을 더 많이 느끼기를 원한다. 그녀가 그 말을 반복하고 난 후에, 나의 반응은 그녀의 표현에 따라 달라진다. 그녀가 눈물을 흘리면, 속도를 늦추고 그녀가 다시 말할 때까지 잠시 말없이 있는다. 그녀의 호흡이 얕아지는 것을 알아채면, 그것에 초점을 맞추고 그녀의 호흡에 관하여 무엇을 의식하는지 물어볼 것이다. 기억하자. 대부분의 내담자들은 감정을 자제하는 것이지 감정을 충분히 표현하지 않는다.

사실, 내가 함께 상담한 대부분의 내담자들은(그리고 대체로 사람들은) 감정이 느껴지도록 하지를 않기 때문에 두려움이 어떻게 느껴지는지를 잘 모른다. 우리들 대부분은 두렵거나 화가 날 때 긴장을 한다. 두려움은 실제로 우리 자신이 그것을 느끼도록 허락할 때 슬픔과 같은 느낌이다. 두려워하는 어린 아이를 보라. 울음을 터뜨린다. 우리는 두려움을 멈추게 하고, 신체를 긴장시키며, 호흡을 억제한다. 그래서 결코 실제로 두려움을 경험하지 않는다. 대신에 긴장과 스트레스를 겪는 것이다. 아이러니컬하게도 실제 두려움은 우리 신체에 그다지 해롭지 않다.

바라건대, 여러분이 저항을 다루는 최선의 방법은 그것과 함께 가는 것이라는 생각을 이해하게 되기를 바란다. 앞의 예에서, 당신은 내담자가 두려움을 지나치게 드러내려고 애쓰지 않을 것이다. 오히려 그녀와 함께 두려움 속으로 들어가서 거기서 그녀와 상담하려고 할 것이다. 내담자가 있는 곳, 내담자가 몸부림 치고, 고통받고, 상처받는 곳에 있어라. 그녀가 A라는 지점에서 B지점으로 가도록 도와주고 싶은 욕구를 참아라. 그녀가 준비가 되면, 당신이 모든 것을 다 하지 않아도 된다. 모든 치료사들이 어느 정도는 이 생각을 믿는다고 생각하지만, 괴로움과 고통을 덜어주려는 우리의 의도가 우리를 이런 접근으로부터 멀어지게 할 수도 있다.

자제 하는 내담자들

위에서 말했듯이, 대부분의 내담자들은 이런 저런 방법으로 감정을 자제한다. 나는 내담자들이 브레이크를 밟은 채 운전을 하는 경향이 있다고 말하기를 좋아한다. 한 발은 가속페달을 밟고 한 발은 브레이크를 밟고 있는 것이다. 그들은 어느 정도는 감정을 느끼면서 동시에 그 감정을 자제하려고 애쓴다. 세션에서 분별력을 잃을까봐 걱정하는 내담자들을 많이 보았지만 대부분 그들은 너무나 자제를 잘해서 분별력을 잃을 위험이 없기 때문에 걱정할 것이 아무 것도 없다. 대부분의 내담자들은 아주 자제를 잘 한다. 어떤 사람들은 치료 세션에 앞서 울지 않겠다고 맹세를 하기도 한다. 물론 많은 가족들이 그들의 가정에서 "울지마"라는 규칙을 가지고 있어서 내담자들이 이런 맹세를 하는 것이 놀랍지 않다.

게슈탈트 기법을 이용하는 치료사들이 감정을 자제하는 내담자들과 어떻게 상담하는지를 알 것이다. 다른 유형의 저항과 원칙은 똑같다. *내담자가 원하지 않은 일을 강요하지 말라. 방어에 맞서지 말고 그것과 함께 가라.* 휴식 훈련은 비슷한 접근을 이용한다. 만약 체계적인 휴식 테이프를 들어보면, 근육을 이완시키기 전에 근육을 긴장시키라고 말할 것이다. 우리가 얼마나 흥분되어 있는지 긴장된 근육을 이완하지 못하는 것이 있다. 그것을 해보면 무슨 말인지 알 것이다. 이완하기 전에 긴장한다는 이 원칙은 방어에도 역시 통한다.

만약 내담자가 감정을 자제하면, 이런 종류의 심리적 방어나 차단을 다루는데 활용할 수 있는 게슈탈트 기법들이 수없이 많다. 앞에서 말했듯이, 내가 가장 많이 활용하는 기법은 *명확한 것을 강조하는 것*이며(Carson, 2003), 이 상황에서는 이완하기에 긴장하기 개념과 기본적으로 동일하다. 예를 들어, 감정을 느끼고 있는 내담자를 예로 들어보자. 얼굴과 목이 빨갛게 변하고 목소리가 위축되고 호흡이 멈추었다가 시작되거나 얕아지고, 천장을 쳐다볼지도 모른다. 내담자들은 감정을 억제하려고 무엇이든 하며 고통을 완전히 느끼기를 회피한다.

이 내담자에게 명백한 것을 강조하는 방법을 말하자면, 첫째, 그녀가 어떻게 자제를 하는지의 문제를 꺼낸다(Polster & Polster, 1973). 이렇게 말한다. "슬픔을 자제하려고 애쓰는 것 같군요." 내담자가 그렇다고 인정하면, "슬픔을 어떻게 자제하고 있나요?" 라고 묻는다. 변화의 이론으로 돌아가서, *나 자신이 아닌 다른 무엇이 되려고 노력함으로써가 변하는 것이 아니라 난 그런 사람임을 충분히 의식함으로써 변한다*. 이 질문은 내담자가 슬픔을 "어떻게" 자제하는지에 초점을 맞춤으로써 인식을 가능하게 한다.

종종 내담자들은 자신이 감정을 어떻게 자제하는지를 모른다고 대답할 것이다. 내담자가 이렇게 말하면, 나는 내담자에게 자신의 호흡에 집중을 하고 무엇을 알아차리는지 말해 달라고 한다. 만약 호흡이 얕다고 말하면 호흡을 더 얕게 하라고 제안한다. "호흡이 더 위축되도록 가슴을 누르세요." 라고 말하거나 "손을 목에 대고 목구멍을 조르세요." 라고 하기도 한다. 그리고 나서 그 경험을 말해보라고 한다. 보통 내담자들은 불편하다는 말로 대답할 것이다. 내담자에게 긴장을 풀라고 말하면 내담자는 대부분 안도를 한다.

끝까지 방어를 해내고 그 감정을 느끼려고 노력하는 내담자를 걱정한다면 이런 사건의 연속은 결과가 상당히 다르게 나올 것이다. *이 원칙은 모순이다: 저항하는 내담자를 감정을 느끼게 하면 할수록 내담자는 더 많이 저항할 것이다.* 다시 말하지만, 이것은 이완하기 전에 긴장하기 개념의 또 다른 응용이다.

만약 내담자가 목구멍이나 가슴이나 배 근육을 긴장시키고 몇 분간 조르고 있다면 정원의 호스에서 나오는 물의 흐름을 약하게 하기 위해 호스를 구부리는 것처럼 통제하고자 하는 감정을 억제할 가능성이 있다. 그러나 내담자가 불편한 지점까지 긴장을 높인다면, 마치 이완운동을 하고 있을 때 하는 것처럼 편안해지고 싶어질 것이다.

예전에 성인 내담자와 모래상자치료를 할 때, 그녀는 강렬한 감정의 파도를 느꼈다. 나는 그녀가 감정을 자제하기 위해 대단히 애를 쓰는 것을 알아차렸다. 비록 얼굴과 목은 붉어졌지만 눈물은 뺨을 타고 흘러내리지 않았다. 나는 그녀에게 목구멍에 손을 대고 약간 졸라보라고 말했다. 약 5초 후에 그녀는 울음을 터뜨리며 소리내어 울기 시작했다. 세션 말미에 울음을 그치면서, 자신의 고통을 풀어낼 수 있도록 도와주어서 감사하다고 했다. 그녀는 평소에 울고 싶어도 울 수가 없었고, 다른 사람과 함께 있을 때는 더더욱 그러했기 때문에 내가 기적의 치료사라고 말했다.

이러 사건의 연속은 내담자에게 항상 일어나는 것은 아니다. 앞에서 말한 내담자는 분명 자신의 고통을 풀어낼 준비가 되어 있었다. 준비가 안 되는 내담자도 있다. 풀어내는 것에 대한 두려움은 두려움을 지나치려는 욕구보다 더 강하다. 어떤 내담자와는 이 과정에 매우 참을성을 가져야 한다. 상실감을 슬퍼할 필요가 있거나 해결되지 않은 감정을 끝까지 해결해야 할 필요가 있는 내담자들은 이 내담자보다는 훨씬 더 느리게 진행할지도 모른다.

물리적 차단을 다루는 교육을 받은 적이 없는 여러분에게, 내담자에게 가슴을 누르라고 요구하는 것은(혹은 유사한 어떤 것) 불편하거나 이상하게 보일 것이다.

또한 어떻게 해야 할지를 모르거나 단지 너무 이상해서 그렇게 하고 싶지 않다고 생각할지도 모른다. 석사과정 학생들이나 박사과정 학생들을 이 기법으로 훈련을 시키고 나서, 나는 이 기법들이 감정과 내용을 반영하는 것이나 개방형 질문을 하는 것과 얼마나 다른지 알았다. 훈련과정에 있는 상담사들은 이 기법의 가치를 인정했지만 그것을 실천에 옮기기가 얼마나 어려운지에 관해서도 솔직했다.

실제로, 그것은 새로운 것을 배우는 것이나 같다. 즉 처음에는 이상하게 느껴진다. 여러분은 대부분 아마도 실습 전이나 실습에서 내담자에게 반사 반응을 하는 법을 배웠을 것이다. 반사방법을 배우기는 매우 어려우며 대부분의 학생들은 어색해한다. 이 책을 읽고 난 후 훈련을 받기까지, 또는 받지 않으면 신체중심의 기법을 사용하고 싶지 않을지도 모른다. 책 후반에서 훈련에 관하여 좀 길게 말하겠다. 신체중심의 기법은 정말 도움이 되고 확실히 효과 있지만 효과적으로 활용하기 위해서는 훈련과 연습이 필요하다. 감정은 신체적인 것이고 내담자는 몸으로 그것을 느낀다. 내담자가 세션에서 우는 것을 보면, 설명했던 여러 가지 방식으로 때로는 자제하기도 한다. 신체적 방어를 다루는 법을 배우면 효과가 높아질 수 있다.

꼼짝 못했던 내담자들

이제, 앞에서 설명했던 저항의 유형인 극성의 중간에 갇힌 내담자로 돌아가 보자. 내담자가 변화를 원하지만 하지 못하는 것 같은 경우를 생각해보자. 당신이 심리치료사라면, 이런 내담자를 많이 보았을 것이다. 살을 빼고 싶지만 그러지 못하는 사람일 수도 있고, 불만족스러운 관계나 일에서 빠져나오는데 어려움을 겪는 사람일 수도 있다. 앞에서 이야기했던 비슷한 상황, 즉 매 맞는 여성으로 돌아가 보자. 이 내담자가 폭행가해자와 헤어지도록 도와주고 싶은 유혹에 관하여 어떤 이야기를 했는지 기억하는가? 여러 가지 면에서 살을 뺀다든가 관계나 일에서 빠져나오는 등의 이런 대표적인 상황들은 매우 유사하다. 이 모든 상황들은 공통점이 있는데, 모두 양극성과 관계가 있다.

살을 빼지 못하는 내담자는 과식으로부터 뭔가를 얻고 있다. 위안이거나 즐거움일지도 모른다. 불행한 관계에 놓여 있는 사람은 그 상황으로부터 무엇인가를 얻고 있다. 안도감이나 경제적 안정이나 익숙함의 안도일 수도 있다. 큰 변화를 두려워하는 것이다. 변화는 무섭고 어렵다. 치료사로서는 진정한 변화가 얼마나 어려운지를 명심하는 것이 정말로 중요하다. 유감스럽게도 매 맞는 여성들은 자신이 맞을만하다고 생각하는 식으로 자신을 대하고 있을지도 모른다. 매 맞는 여성들은 대체로 존중감이 낮고 참지 말아야 할 것을 참아내는 경향이 있다.

우리는 이미 극성을 다루는 몇 가지 방법에 대해 논의했다. 그 전략이 잘 기억이 나지 않는다면, 극성을 다루는 절을 다시 읽어보아도 좋겠다. 여기서 다시 말하고자 하는 한 가지는 *양쪽 모두 좋은 점이 있다*는 것이다. 치료사로서 당신은 항상 양쪽에서 좋거나 유익하거나 타당한 것을 발견할 수 있어야 한다. 살 빼는 문제를 가진 사람은 과식에서 얻는 위안과 편안함을 아쉬워할 것이다. 위안과 편안함에 무슨 문제가 있을까? 아무 것도 없다. 과식을 중단한다면, 음식에서 얻던 위안과 편안함을 어디에서 찾을까? 많은 사람들에게 있어 위안과 편안함은 항상 모자란다. 정말로 사랑과 지지와 사람들과의 진정한 접촉을 필요로 할지도 모른다. 분명한 것은 길거리에서는 그런 것을 찾을 수 없다.

내담자에게 다른 대체할 것에 대한 희망도 없이 뭔가를(음식 같은 것) 포기하기를 요구하거나 기대하는 것은 효과가 없다. 삶에서 공허를 느낄 때, 매우 불안해진다. 만약 일상이 편안한 소파에 앉아 좋아하는 음식을 먹으면서 TV로 재미있는 것을 보는 것이라면, 이런 패턴을 바꾸기는 어렵다. 분명, 그 사람은 이 일상에서 많은 것을 얻는다. 우리 모두는 풀어져 있거나 편안한 것을 좋아한다. 이런 욕구를 충족시킬 대안적 방법을 찾는 것이 중요하다. 이런 사람에게 또 다른 문제는 그 행동의 자기파멸적인 측면이다. 삶이 도전이 되는 이유는 우리가 원하는 것을 얻는 좋은 방법을 찾아야 하기 때문이다. 위안과 편안함을 원해서 그것을 얻는 방법을 찾았지만 그 방법이 건강하지 못한 것이다. 자신이 원하는 것을 얻는 자기파멸적이 아닌 방법을 선택한다는 점에서 우리보다 더 운 좋아 보이는 아동이나 청소년, 어른들도 있다. 그러나 대부분의 우리는 자기파멸적인 행동과 패턴을 피하기가 매우 어렵다.

이 절을 시작하면서 꺼낸 생각으로 다시 돌아가 보자. 내담자가 원치 않는 것은 아무 것도 시키지 마라. 고백할 것이 있다. 때때로, 나는 내담자가 원치 않는 것을 하게 하려고 한다. 아마, 내 생각에는 집중을 해야 할 것 같은 문제에 내담자가 집중하기를 원치 않는다. 우리는 꽤 오랫동안 함께 상담을 해왔고, 내 생각에는 준비가 된 것 같은데, 내담자가 주저한다. 이런 상황을 고려하여, 때때로 내담자가 뭔가를 하도록 점잖게 밀어붙인다. 그러나 이렇게 하는 습관에 빠지지 않도록 여러분에게 경고하려고 한다. 보통, 점잖게 밀어붙이는 것은 필요로 하지 않는 내담자에게 가장 효과가 있다. 다시 말해서, 점잖게 밀어붙이는 것은 내담자가 관계에서 많은 책임을 지는 전력이 있는 경우에 가장 효과가 좋다. 자신이 하고자 하는 것보다 당신에게 더 많은 것을 하게 하는 경향이 있는 내담자와는 그들을 밀어붙이고 싶은 유혹을 뿌리칠 것이다. 당신이 하려고 하는 것에 그들이 저항하기 때문에 당신은 답답해질 것이다. 내담자가 변할 준비가 되어 있지 않으면 그들은 변하지 않을 것이다.

DVD 세션에서의 저항

DVD 세션에서, 저항의 문제는 일찌감치 표면에 떠오른다. 파트 1에서, 내담자가 "난 아직도 벌써 그 감정이 느껴져요, 너무 고통스러운 감정이라 아파요."라고 말했다. "그럼, 벌써 그 고통이 느껴지는군요."라고 대답하자, 그렇다는 말을 하지는 않았다. 대신에, "당신도 알죠, 난 그것을 인지하려고 애쓰는 중이에요."라고 말했다. 이것이 저항하는 반응이다. 이미 고통을 느끼는 극성과 고통을 억제하는 극성을 느끼고 있는 것이다.

첫 몇 분간, 내담자는 이 극성을 알아차리고 얼마나 깊이 들어갈지에 관해 뒤섞인 감정이 있는 것도 알아차린다. 얼마간 치료를 받고 있었으므로 감정을 탐색하는 중요성을 알기는 하지만 아들의 죽음에 관해 느끼는 고통을 두려워한다. 내가 비록 이 내담자를 잘 알지만, 아들의 자살에 관한 이 고통이 얼마나 아픈 것인지를 정말로 알지는 못한다. 만약 내 아이가 자살을 한다면 얼마나 아플지, 그리고 내가 이 내담자보다 더 자아 강함을 가지고 있을지는 상상할 수 없다.

DVD 세션의 시작부분으로 돌아가 보자. 내담자는 "너무 슬퍼질 것 같아서 두려워요. 너무 슬픈 건 멀리 하고 싶어요. 슬픔과 함께 있는 것과 슬픔을 멀리 하려는 사이에서 갈피를 못 잡겠어요."라고 말한다. 물론, 여기서 그녀의 반응은 꽤 높은 수준의 자기인식을 하고 있음을 보여준다. 갈피를 못 잡겠다는 말 속에서 극성을 포착한다. 자신의 감정을 표현할 줄 알고 정신 내부의 싸움을 기술할 줄 안다. 그녀의 일부는 표출하기를 원하고 일부는 그렇게 하려면 필요한 것을 견디기를 두려워한다. 말했듯이, 우리 대부분은 브레이크를 밟은 채 운전을 한다. 앞으로 나가고 싶지만 필사적으로 감정과 문제를 붙들고 있다. 두려움은 우리가 하는 일의 대부분을 제한하고 방해하며 고통은 두렵다.

다시 이 내담자의 고투로 돌아가서, 내 대답은 "어느 것을 하더라도 괜찮습니다. 지금은, 슬픔에서 벗어나 있다고 느껴집니까?", 잠시 후에 내가 말했다. "이리로 가려고 하는데, (고통)에서 벗어나고 싶으면 그것도 괜찮고, 그 속으로 가고 싶으면, 그것도 괜찮아요." 그 대답은 그녀가 안전하다고 느낄 필요가 있기 때문에, 그녀의 방어를 이용해도 된다는 허락을 주는 것이다. 만약 세션에서 일찍이 그렇게 하지 않았더라면 나는 극성을 탐색해야 했을 것이다. 하나의 일부에 집중을 하라고 요구하고 한 동안 그것과 씨름을 했을 것이다. 그러나 세션에서 일찍, 하고 싶은 대로 감정을 피하든지 감정을 느끼든지 그녀에게 허락을 해주고 싶었다. 본질적으로, 이것이 내가 저항에 접근하는 방법이다. 긴장을 풀고, 내담자를 밀어 붙이지 않고, 방어를 하게 하는 것. 그녀에게 느끼든지 말든지 선택을 할 수 있게 해주고 싶었다.

DVD의 이 부분에서 이 무서운 고통의 감정에 다가가든지, 피하든지 허락을 해주려고 하는 것을 여러분이 엿볼 수 있기 바란다. 내담자에게 고통을 느끼라고 부추겼다면 아마 더 저항했을 것이다. 그녀가 "고통과 함께 할지, 고통으로부터 멀어져야 할지 갈피를 잡을 수가 없어요"라고 말했을 때, 고통과 함께 하라고 제안한다면 그녀는 스스로 애를 쓴다 하더라도 그렇게 하기는 힘들 것이다. 내담자에게 두려움은 너무나 강력한 요인이기 때문에 두려움에 기댄다는 것은 너무나 어렵다.

비디오를 잘 보면, 내담자가 얼마나 불안한지 눈치 챌 것이다. 앞의 대화에서, 그녀의 얼굴을 잘 보면, 입술을 깨물고 힘들게 호흡하고 있는 것을 볼 수 있다. 내담자가 이런 엄청난 고통에 직면할 때, 매우 두려워한다. 나는 내 직업을 할 수 있는 한 그들이 있는 곳에 함께 있어주는 것이라고 생각한다. 초보 치료사들로서는 이런 일을 하기 매우 어렵다. 가능한 한 빨리 그 고통을 덜어주려는 유혹을 느낀다. 따라서 초보 치료사가 이런 강도의 고통에 마주하면, 도움이 되는 것의 정반대, 즉 안심을 시키고 위로를 해주는 등의 일을 하는 경향이 있다. 나는 그 반대로 하기를 원한다. 즉, 어떤 식으로든 그들을 그 경험에서 꺼내지 않고 그들이 혼자가 아니라는 느낌을 주려고 노력한다.

세션 후반부에서, 가장 중요한 극성이 등장했다. 즉, 내담자의 생각부분과 감정부분이다. 그녀에게 감정무드에 계속 있게 하려고 노력했든지, 그 생각부분을 깎아 내리는 말을 했다면, 해로웠을 것이라고 생각한다. 앞에서, 극성의 양 쪽에 좋은 점이 있다고 말했다. 이 극성, 즉 생각과 감정은 DVD 세션에서 이 개념의 가장 좋은 예이다. 생각 모드는 좋다. 그것이 필요하다. 그녀가 명확하게 기능을 하고 생각을 하도록 도와준다. 감정모드에 있을 때는 상당히 약해지고, 때로는 절망도 느낀다. 극성부분에서 말했듯이, 목적은 그 두 부분을 통합하는 것이다. 짐작하겠지만, 이런 통합의 과정은 쉽지도 않고, 평탄한 과정도 아니다.

요약

이 장에서는 치료사들이 저항을 인식하고 대응하는 효과적인 방법에 관해서 설명하고자 했다. 저항에 맞서기 보다는 저항과 함께 가는 것에 대해 이야기했다. 또 하나 논의된 것은 이완하기 전에 긴장하는 원칙이었다. “이완하기 전에 긴장하라”는 원칙은 저항을 다룰 때 두루두루 효과가 있다. 가끔, 저항이라고 하는 것은 실제로는 준비의 문제이다. 내담자가 변화의 준비가 되어 있지 않다는 것이다. 변화는 어렵고 두렵다. 치료사로서 우리는 스스로 이것을 상기하고 내담자가 오랫동안 해오던 자기파멸적인 행동을 포기하는 것이 얼마나 불안한 것인지 스스로 상기할 필요가 있다.

숙지 사항

실습생을 위한 숙고할 내용

- 당신은 저항에 어떻게 대처하는가?
- 저항에 대처하는 기술 중에서 목록에 추가할 필요가 있는 기술이 있는가?
- 저항한다고 표현할 내담자를 생각해보자. 그 내담자의 저항에 더 효과적으로 대처하게 도움이 되는 것이 이 장에 있는가?
- 신체적 방어에 대처하는 것에 대해 어떻게 생각하는가? 신체적 방어로 감정을 억제하는 내담자를 얼마나 자주 보는가? 이런 종류의 저항에 어떻게 대응하는가?

수련 지도 감독관/상담 교육자를 위한 숙고내용

- 상담 수련생이 저항에 효과적으로 대처하는 법을 배우고 있는가?
- 임상 강사가 이런 기술과 개념을 가르치는 방법을 알고 있는가?
- 상담 수련생이 저항하는 내담자의 행동에 더 효과적으로 대처하도록 도와줄 수 있도록 당신이나 동료들이 활용할만한 내용이 이 글 속에 있는가?

9
슬픔

모래상자치료와 슬픔

모래상자치료는 슬픔을 대상으로 할 때 완벽한 중재이며 표현적 예술양식이다. 슬픔은 종종 과거의(때로는 아주 최근의 과거) 기억과 관련이 있고 모래상자치료는 내담자가 상실감의 이미지와 상징을 포함하는 장면을 만들어낼 때 내담자에게 시각적이고 운동감각적인 경험을 제공한다. 슬픔은 현재의 감정을 느끼는 것과도 관련이 있다.

DVD에서 내담자가 장면을 만들어내면서 슬픔의 감정을 느끼기 시작했다. 아들을 의미하는 소품을 잡고 있는 것이 고통스러운 상실감과 슬픔을 촉발시켰다. 모래상자치료의 운동감각 특성은 내담자에게 슬픔을 느끼는 효과적인 비언어적 수단을 제공한다. 소품, 모래, 소품을 의미 있는 형상으로 늘어놓은 배열은 모두 내담자가 한 마디 말없이 슬픔의 감정을 경험하도록 해준다. 또한, 모래상자의 시각적 측면이 내담자에게 의미 있는 상징을 효과적으로 외적으로 묘사하게 해준다. 내담자가 선택을 할 때마다 상자 속의 상징과 상징무리를 볼 수 있다.

앞에서 말했듯이, 내담자는 더 깊은 감정을 느낄 때 극성을 경험하며, 분명, 상실감은 내담자가 느끼는 가장 깊은 감정에 속한다. 따라서 모래상자놀이 치료사로서, 여러분은 내담자가 일부는 상실을 슬퍼하고 싶어 하며, 그럴 필요가 있다 하더라도 슬픔과 상실감을 표현하기를 주저할 것으로 예상해야 한다. 극성은 고통을 표출하고 느끼는 두려움과 상실감을 느끼는 것이 극을 이루는 것이다. 무엇을 예상할지를 알기만 해도 슬퍼하는 내담자와의 상담에서 답답함을 덜어줄 것이다.

죽음의 부정

이 나라에서 유럽계 미국인으로 성장하면서 나는 죽음과 상실에 관해서 나의 문화적 배경의 사람들이 가지는 경향을 보았다. 여러 해 동안, 다른 문화권의 사람들에 비해서, 유럽계 미국인들이 가능한 한 덜 슬퍼하고 죽음을 부인하며 슬픔의 과정을 피하는 경향이 있다는 것이 나를 불안하게 만들고 염려스러웠다. 여러 번 장례식에 가봤지만, 배우자를 잃은 사람들이 슬퍼하지 않는다고 해서 칭찬을 들었다. 그들은 슬퍼하지 않는다고 칭찬을 받는다. 장례식이 끝난 후, 사람들이 “그녀는 정말 잘 견디더군.” 이라고 말하는 소리를 들었다. 이런 현상은 언제나 나를 당황스럽고 혼란스럽게 했다. 왜 사람들은 슬퍼하지 않는다고 칭찬을 받을까? 죽은 사람에 대해서 정말로 마음을 쓰는 사람들이라면 고통을 느끼지 않을까? 왜 나의 문화는 죽음과 죽는 것에 대해 내가 가짜라고 여기는 태도를 취한 것일까?

내가 생각해 낼 수 있는 유일한 대답은 죽음을 두려워하기 때문이며 덜 부유한 문화권보다 그것을 부정할 기술이 더 많기 때문인 것이다. 내가 참석했던 유럽계 미국인들의 장례식에서 대부분 아무도 소리 내어 울지 않는다. 남자라면 더더욱 사정은 나쁘다. 비록 나는 같은 문화권의 대부분의 남자들보다 더 쉽게 울지만, 참석했던 유럽계 미국인 장례식에서는 장례식에 참석한 남자들이 눈물 한 방울 흘리지 않는다.

물론, 죽음을 부정하는 것은 미국 문화체계의 일부이다. 사람이 죽으면 가능한 한 빨리 시신을 집 밖으로 내보내는데, 이 때문에 가족이 사랑하는 사람과 함께 있을 기회와 현실 속에서 정말로 죽음을 경험할 기회를 허락하지 않는다. 참석했던 보통의 장례식에서 "복원된(restored)" 시신은 죽음의 부정을 영원한 것으로 만든다.

사람들은 죽은 사람이 얼마나 잘 생겼는지에 관한 말을 한다. 나는 이런 체계를 고통스럽다고 생각한다.

사람들이 죽음을 부정하는 또 하나의 이유는 역설적이라는 것인데, 인간은 여러 면에서 동물보다 우수한데, 우리도 동물처럼 죽는다는 것이다.

Becker(1973)는 "인간 Man[원문 그대로]은 말 그대로 둘로 나뉘진다. 즉, 인간은 뛰어난 존엄성을 가지고 자연에서 두드러진 존재라는 점에서 굉장한 고유성을 의식하지만, 제대로 보지도 못하고 말도 없이 몇 인치 땅 속으로 돌아간다"고 말했다(p.26). 죽음의 현실은 받아들이기가 쉽지 않다.

희망이 우리가 죽음을 부정하는 것의 일부일 수도 있다. 너무 오랫동안 희망을 가지는 사람을 알고 지낸 적이 있는가? 사람이 불치병의 마지막에 가까워지면 희망이 슬픔의 과정을 방해한다. 내가 아는 사람 중에, 배우자가 그들의 죽음의 현실을 받아들이기를 바라지만 배우자는 그것을 받아들이지 못하는 사람이 있다. 이런 경우에 희망이 방해물이다. 희망을 가지는 사람들은 아예 눈을 감은 채 그렇게 한다.

몇 년 전에, 아내가 암으로 죽은 내담자가 있었다. 슬픔을 도와주는 사람으로부터 나에게 보내졌다. 그 내담자가 자신의 이야기를 시작했을 때, 아내가 죽는 날까지도 희망을 버리지 않고 있었다는 것이 보였다. 그의 아내는 그에게 자신의 죽음에 관해 말하려고 했고, 성인인 자녀들도 그렇게 했다. 그가 아내를 위해 이 희망을 붙잡고 있었지만 그것은 그 자신을 위한 것임이 확실하다는 생각이 들었고 그는 단지 아내의 죽음을 직시할 수가 없었던 것이다.

개인적인 슬픔 이야기

이십 년 전, 초등학교 상담교사로 있었을 때, 근무하던 그 초등학교에서 전화를 받았는데, 나의 어머니가 인근 병원의 심장질환 집중치료실에 계시다는 것이었다. 너무나 놀랐고 무서웠다. 그날 일찍, 어머니는 늘 하듯이 일을 하러 가셨다. 진료실에서 일상적인 스트레스 검사를 하던 중에 쓰러지셨다. 다행히도, 병원은 길 건너편에 있었다. 나는 병원으로 달려갔고 어머니를 찾지 못해 잠시 답답한 시간을 보낸 후, 마침내 제대로 위치를 알아냈다. 그쪽으로 걸어가면서 어머니를 본 기억이 난다. 나는 울음을 터뜨렸고, 어머니는 나를 위로하려 애를 썼다.

두 여동생이 나중에 도착했는데도 놀랍게도 한 명(Kim)은 눈물을 흘리지 않았다. Kim은 나와 다른 누이에게 어머니를 위해서 강해져야 한다고 말했다. 그날 늦게 어머니와 누이들과 함께 어머니의 주요 동맥이 99%가 막혀있고 부차적 동맥도 상당히 막혀 있다는 이야기를 하였다. 이중 우회술을 받아야 했는데, 그것은 또 충격이었다. 의사는 우리에게 생존율이 높다고 안심을 시켰는데 약간은 도움이 되었지만 수술까지 24시간은 매우 두려웠다. 어머니가 수술실로 실려 가시면서 나를 보며 하시던 말씀이 기억난다. "스테이시(약간 지체가 있는 이복누이)를 부탁한다." 나는 그러겠다고 안심시켰다. 분명히 어머니는 수술대에서 죽을지도 모른다는 생각을 한 것이었다. Kim이 어머니에게 "괜찮으실거에요"라고 말했다.

다행히도 어머니는 수술을 견뎌내고 집중병동으로 돌아왔다. 무서워하는 듯이 보였다. 자세히는 들어가지 않겠지만 그녀의 안색이 창백했다. 한 때 담배를 피웠지만 그것이 도움이 되지는 않았다. 어머니가 수술실에서 나왔다는 말을 들었을 때 살았다는 생각에 감사해서 울었고, 집중병동에서 의식이 없는 채 누워계신 것을 보고 울었다. Kim은 어머니가 의식을 되찾지도 못했는데 어머니를 위해서 계속 "강했다". Kim은 머리가 아프다고 투덜대기까지 했다.

어머니의 수술과 집중병동에 계시는 동안, 나는 어머니 외에는 다른 아무 것도 신경을 쓰지 않고 있다는 것을 알았다. 그 다음 며칠간의 나의 일상은 가능한 한 병원에 머무르며 누이가 어머니와 함께 있는 동안 잠시 집에 쉬러 가는 것이었다. 어머니 외에는 나에게 아무것도 중요하지 않다는 것을 알게 되었다. 나는 운전도 다르게 하기 시작했다. 보통은 속도를 내었지만 속도를 낼 이유가 없는 것 같았다. 또한 평소에 걱정되던 일들이 중요한 것 같지가 않았다.

Jones(1989)가 "세상이 멈추는 것"이라고 부른 이런 경험이 내 인생의 중요한 것을 명확하게 만들어 주었다. 중요하다고 생각했던 것들이 내게는 하찮아 보였다.

이제, 어머니의 심장수술과 내가 겪었던 경험을 되돌아보니, 그 경험은 삶을 변화시키는 것으로 생각된다. 그것이 처음으로 죽음을 가까이 경험해 본 것이었고, 많은 것을 배웠다. 어머니의 수술과 입원에 대한 Kim의 반응에 당황했지만, 이제는 있었던 일에 대해 더 잘 이해한다. Kim은 바쁘게 움직이고 희망을 가지면서 안정을 느꼈다. 어머니가 돌아가실지도 모른다는 가능성을 직시할 수가 없어 그것을 직시하지 않았다. 나는 표면에 떠올라야 하는 감정을 그녀 스스로 경험할 수 있기를 바랬다.

몇 달 전에, 어머니는 동맥류로 거의 돌아가실 뻔했다. 어머니가 병원에 계시고 편찮으시다는 전화를 받았다. 누이 리사는 의사가 어머니가 연세 때문에(80세) 수술을 견딜 수 있을지 모르겠다고 했다고 말했다. 지금은 캘리포니아에 계시는데 아내와 내가 텍사스에서 비행기를 타고 가면서 다시는 생전에 어머니를 볼 수 없을지도 모른다는 생각이 들었다. 유치하지만, 작별인사를 하지 못하는 그런 일은 일어나지 않았다. 다행히도 살아났고, 지금 잘 계신다.

내가 이와 같은 슬픔과 상실의 순간을 경험하지 못했더라면 같은 수준에 있는 내담자와 공감을 할 수 있을지 모르겠다. 이런 종류의 경험은 겪어보지 않고서는 정말로 알 수 없는 것이다. 말로는 충분히 설명할 수가 없다. 상실에 관해 다른 누구의 이야기를 듣는 것이 도움은 되지만 직접 겪는 것과는 같지 않다.

DVD 세션에서의 슬픔

DVD에서, 내담자가 친구들과 지인으로부터 “이제 털고 일어나야 하지 않겠지?”라는 말을 들었노라고 말하는 것을 볼 것이다. 이 사람들이 의도하는 것은 잘 알지만, 그들의 위로는 나에게는 우스꽝스럽게 보인다. 이 내담자는 어느 누구에게든 가장 힘든 상실을 겪었다. 가장 스트레스를 겪는 상실의 목록을 보면, 자식의 죽음이 사람이 겪을 수 있는 가장 많은 스트레스를 겪는 첫 번째에 올라 있다. 자식의 자살은 상실감의 크기를 기하급수적으로 강화시킨다. 프리젠테이션에서 이 DVD를 상담사들한테 보여주면, 청중석의 어머니들이 이 내담자의 아들이 자살하였다는 말을 듣자 움찔하고 놀라며 헉하고 숨을 내쉰다. 이것은 모든 어머니들의 악몽이다.

이 책의 앞에서 말했듯이, 내가 하고자 하는 것은 내담자가 있는 곳에 함께 있는 것이다. 다른 무엇보다도, DVD의 내담자가 자신의 모래상자에 관해 말하면서(내담자의 말 12로 시작) 아들이 물에 빠지고 그녀가 아들을 구하려고 애를 쓰는 장면의 그 고통스러운 부분을 털어 놓을 때, 나는 이 엄청난 고통스러운 경험을 겪어낼 때 그녀와 함께 있으려고 노력한다. 나는 그녀를 그 고통 속에서 끄집어내려고 하지 않고 그녀를 안심시키지도 않으며, 비극적인 현실을 축소하려고도 하지 않으며, 그냥 어둡고 고통스러운 장소로 그녀와 함께 가려고 노력한다. 어떤 기법보다도 그것이 모래상자놀이 치료사가 슬픔의 문제를 다룰 때 해야 하는 것이라고 생각한다.

DVD 내용의 원고에서 몇 부분을 보자. 물론 원고에는 내담자와 나 사이에 있었던 일의 많은 부분이 빠져 있다. 목소리 톤, 속도, 침묵의 순간, 말을 말보다 더 많은 것으로 만드는 손길 등이 빠져 있다. 그러나 모래상자치료 세션에서 슬픔에 관한 원고 부분을 보자. 내담자의 말 12는 여기에 넣기에는 너무 길지만, 원고로 다시 돌아가 보고 싶으면 여기서 나의 설명을 보기 전에 그 전체를 다시 보고 DVD의 그 부분을 다시 볼 수도 있다.

치료사가 성인 내담자와 겪는 문제 중의 한 가지는 그들이 오랫동안 말을 하고 내용이 너무 많아서 함께 나눈 많은 주제들 중에서 무엇을 대답해야 할지 알기 어려운 것이다. 내담자의 말 12는 매우 길다. 실제 세션 중에서는 치료세션이기 때문에 그다지 길어 보이지 않았는데, 이 부분을 원고로 옮겨보니 시간이 똑같이 작용하지가 않고, 그것이 얼마나 길었는지 알 수 있었다. 자신을 의미하는 Pollyanna(지나친 낙천주의자) 형상과 강에 빠진 아들을 구하고 싶은 그 고통스러운 부분에 관하여 말을 하고 난 후, 그녀는 하나님으로 바꾸어 가족을 안전하게 해주지 않은 하나님에 관하여 말한다. 내담자는 나에게 물었다. “하나님을 어떻게 믿을 수 있나요? 성경에 하나님이 안전하게 지켜줄 것이라고 나와 있죠. 그런데 이런 일이 일어난 후에도 성경에서 하나님을 당신을 안전하게 지켜줄 것이라고 말하나요. 하나님은 우리를 안전하게 지켜주지 않았어요." 나는 이렇게 대답하기로 했다. "그러니까, 노아가 죽기 전에는 당신을 안전하게 지켜준다고 생각했지요. 그런데, 노아가 죽은 후, 내가 몰랐다거나, 내가 잘못 생각했다거나, 나를 지켜줄 줄 알았는데 지켜주지 않았지요?"

이전에 믿었던 것에 대한 신뢰의 상실이나 믿음의 상실은 내담자에게 있어서 또 하나의 상실이다. 사람이 오랫동안 뭔가를 믿었는데, 현실이 생각한 대로가 아니라는 것을 알게 되면, 그것이 상실이다. 그녀가 순진하다고 했던 것을 깨닫는 순간이 있었지만, "나는 안전하다고 생각했어"와 같이 안심을 주는 믿음을 상실하는 것은 고통스럽다.

하나님과 안전 문제가 끝난 후 바로, 내가 다음과 같이 대답했다(segment 14).

> 만약, 여기 나무 위에 있는 노아에게로 돌아갈 수 있다면, 당신은 그가 자연을 얼마나 사랑하는지에 관해 이야기 할 것입니다. 그가 거기 있으니까 당신은 나비가 천국에 있는 다른 사람들을 의미한다고 말했다고 생각합니다. 그리고 그들은 행복하다고, 하지만 당신이 그에게 집중하면 편안해지겠지만, 나는 모르지만, 그것에 대해 이야기를 하면서는 천국에 있는 그와 여기 나무 위에 있는 그를 묘사할 때만큼 편안하게 보이지는 않았습니다.

그러자 내담자가 말했다(segment 15). “그가 행복하다고 생각하는 것이 내게 위안을 주니까 그렇게 생각해야 한다는 것을 알아요. 하지만 그의 행복을 더 많이 생각하고 내 슬픔을 적게 생각해야 고통을 덜 느낄 수 있어요.” 이 문제는 슬픔의 과정을 복잡하게 만드는 것이다. 어떤 사람이 슬픔에 빠지는 것이 잘못이고 슬픔을 느끼는 것이 잘못이며, 자신의 감정을 느끼는 것이 잘못된 것이라고 생각하면, 그리고 올바른 일은 죽은 사람의 행복에 관해 생각하는 것이라고 느끼면, 상실을 경험한 그 사람은 슬픔의 과정에서 혼란스러워지고 산만해질 수가 있다. 이제, 내담자에게서 내가 다루고 있는 문제는 슬픔 그 자체가 아니라 상실감과 아들의 행복에 초점을 맞추려는 외면적, 내면적 압력 사이의 극성이다. 이것은 그녀에게 슬픔에 빠지지 말라고 하는 그녀의 삶의 또 다른 요소이다.

DVD 세션의 이 부분에 머물면서, 내담자는 (segment 17) 많은 사람들이 자신에게 아들의 행복에 관하여 생각하라고 충고한다고 말한다. 나는 이렇게 물으면서 대답했다. “그런 충고는 받으면 어떤가요?” 눈물이 맺히면서 말한다. “아들의 행복에 중점을 두지 않는 것에 죄책감이 들게 합니다.” 두 가지 이유에서 나는 그녀에게 “어떤가요?” 라는 질문을 했다. here-and-now로 돌아오고 싶었고, 그녀의 생각보다는 그 충고에 관한 그녀의 감정에 초점을 두고 싶었다. 언급했듯이, 치료사가 감정을 다룰 때, 내담자에게 “어떻습니까?” 라고 묻는 것은 현재의 감정에 초점을 두고 그것을 설명하는데 효과적인 방법이다.

내담자는 감정을 동시에 분석하고 경험하지는 못한다는 것을 기억하자. 내가 지도감독 했던 많은 치료사들은 내담자에게 감정을 의식할 수 있도록 도와주는 질문을 하려고 하지만 무심코 내담자를 생각으로 전환시키고 만다. 이 책에서 설명하는 접근법의 장점 가운데 하나는 치료사들이 감정의 인식을 도와주는 실용적인 기술을 배울 수 있다는 것이다. 모래상자 치료사들이 슬픔 문제를 다룰 때, 치료사와 내담자의 관계가 신뢰를 바탕으로 한 관계라고 가정하면 이 촉진 기술은 매우 유용하다.

이제, 이제 슬픔과 모래상자치료로 돌아가자. 본질적으로, 슬픔의 문제를 가지고 있는 내담자들은 A지점(상실감)에서 B지점(이런 감정의 해결)으로 옮겨가기를 원한다. 아마도 고통과 외로움과 두려움과 분노를 아마 받아들이기는 하지만, 왜 해결과 수용을 더 좋은지 명백한 이유가 있다. 슬픔과정을 정의하는 방법에 관해 의견이 다양하고, 슬픔과정보다는 슬픔유형과 같은 용어를 지지하는 문헌도 있지만, 이 책에서 나의 관점은 슬픔은 과정이라는 것이다.

지난 몇 년간, 나는 슬픔과정을 나선형으로 표현하였다. 도표9.1에서, 슬픔과정의 나선형을 그림으로 나타내려고 하였다. 여러분도 보듯이, 나선형의 원들이 도표의 아래 왼쪽 모퉁이에서는 작고 위쪽 오른쪽 모퉁이에서는 훨씬 더 크다. 원들은 슬픔과정이 순환하는 특성을 나타낸다. 많은 사람들은 상실감이 파형으로 오며, 그 감정들은 반복적이고 예측불가능하다고 말한다. 작은 원에서 더 큰 원으로의 진행은 시간을 의미한다. 이 패러다임에서 작은 원들은 적은 양의 시간을 의미한다. 왼쪽 아래에 있는 가장 작은 원들은 분, 또는 시간, 혹은 둘 다를 나타낼 수도 있다. 오른쪽 위에 있는 가장 큰 원은 큰 시간 덩어리, 즉 주나 달을 나타낸다. 각 원의 아래 부분은 저점, 또는 슬픔의 순간을 의미한다. 상실을 겪고 있는 사람이 그 사람이 죽었다는 것을 인정하면(적어도 부분적이라도), 상실감이 빈번하게 느껴질 것이다.

선의 굵기 차이가 보일 것이다. 왼쪽 아래의 진하고 굵은 선은 매우 강렬한 슬픔의 감정을 의미한다. 나선이 왼쪽 아래에서 오른쪽 위로 진행할수록, 선의 두께가 약해지고 오른쪽 위 지점에서는 가늘어진 것이 보일 것이다. 본질적으로, 선이 진하고 굵을수록, 슬픔의 감정이 더 강렬하다. 이 패러다임을 요약하자면, 시간이 흐름에 따라 슬픔의 감정은 빈도와 강도에 있어서 줄어든다.

물론, 슬픔의 감정을 방해하거나 도와주는 요소는 아주 많다. 한 가지 매우 중요한 요소는 도움의 수준이다. 상실을 겪을 때 받는 도움의 수준은 사람마다 크게 다르다. DVD 후반부에서 내담자가 남편에 관하여 이야기 하는 부분이 생각난다면, 필요로 하는 만큼의 슬픔의 도움을 가까이서 받지 못하는 것이 분명하다. 사람들이

슬퍼하는 방식에 있어서 성격유형(MBTI)이 하나의 요인이다. MBTI에는 감정유형과 사고유형이 있다. 미국에서는 남성의 60%가 사고유형이며 여성의 60%가 감정유형이다. 감정유형인 남성과 여성은 사고유형인 사람들보다 슬픔의 감정을 스스로 느낀다고 가정할 수 있다.

Figure 9.1

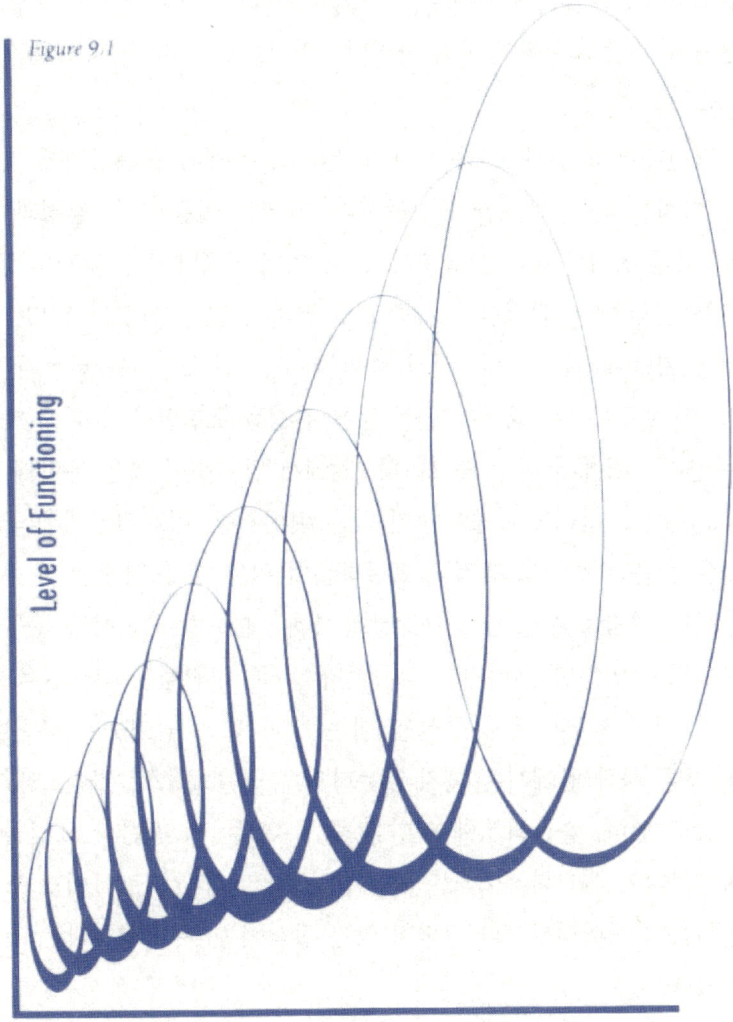

직관적으로, 나는 감정유형이 슬픔의 감정을 더 많이 느낀다고 짐작하지만 이런 짐작을 뒷받침하는 연구가 있는지는 모른다. 또한 MBTI에서 내향적인 사람들은 슬픔 감정에 관하여 말을 하지 않는 편이지만 감정은 외향적인 사람만큼이나, 또는 더 많이 느낄지도 모른다.

정신내부의 문제, 문화적 차이, 원가족 문제가 슬픔과정에 영향을 미치는 다른 중요한 요인들이다. 가족은 슬픔/상실 감정과 기타, 다른 정서를 다루는 유형이 있다. 어떤 가족에서는 감정이 겉으로 표현되지만, 감정을 억제하고 표현하지 않는 가정도 있다. 또 어떤 가정에서는 가족구성원 중의 누구는 분노를 표출하는가 하면, 또 누구는 두려움이나 슬픔 같은 감정을 표현한다. 문화적 차이는 슬픔과정에서 아주 중요하다. 앞에서 말했듯이 많은 유럽계 미국인들은 드러내놓고 슬퍼하지 않는 편이지만, 아프리카계 미국인들은 슬픔과 상실의 감정을 표현하는데 있어 더 드러내는 편이다.

어떤 사람들은 일반적인 감정에 대해 매우 방어를 하고 눈물을 참으려고 엄청난 에너지를 사용한다. 다른 사람들은 상실감을 피하기 위해 깔본다든지 구실을 대는 것과 같은 방어를 사용한다. 또 다른 사람 앞에서는 울지 않는다는 규칙을 스스로 가지고 있는 사람도 있다. 슬픔과정에 영향을 줄 수 있는 이 간단한 요인들은 완벽하다거나 과학적이라는 말은 아니다. 그러나 사람들이 스스로 슬퍼하게 내버려두거나 그렇지 않는 방식이 아주 다양하다는 것을 알았다.

이 패러다임은 실제로 슬퍼하지 않는다면 아무 효과가 없다. 우리 문화에서는 사람들이 일반적인 감정과 특별히는 슬픔과 상실감을 부정하고 피하고 저항하는 것이 이상하지 않다. 자신이 이런 감정을 느끼도록 내버려 두지 않는 사람들에게는 이 패러다임은 본질적으로 슬픔과정이 없기 때문에 슬픔과정을 설명하지 못한다.

이제 DVD 속의 내담자의 슬픔문제와 그녀의 슬픔과정을 도와주기 위해 내가 사용하는 전략으로 돌아가자. 내담자와 내가 도움이 되지 않는 충고와 그녀의 죄책감에 대해 초점을 맞추고 나자 다른 슬픔감정이 나타난다. segment 18과 20에서 내담자는 언젠가는 아들의 행복에 대해 초점을 둘 수 있을 것이라고 믿지만 현 시점에서는 "아들아, 네가 어떻게 나에게 이럴 수 있니? 어떻게 나를 이렇게 힘들게 할 수 있니?"라고 묻고 있다고 말한다. 세션에서 이 시점에 그녀의 과정을 도와주려고 노력했던 방식은 그녀가 segment 18에서 했던 말을 반복하게 하는 것이었다. 그리고 segment 21에서, "그 생각, 그가 했던 일과 그것이 당신에게 준 충격, 그가 자살한 것과 그것이 당신에게 준 충격을 생각하면, 바로 지금 그 생각을 하면 당신에게 어떤 일이 일어납니까?"라고 내가 말했다. 그녀는 "아직도 엄청난 충격이에요. 그냥 엄청난 충격이에요."라고 대답했다.

segment 21에서 이런 대답을 한 이유는 here-and-now로 그녀의 슬픔과 함께 하고 그녀의 슬픔에 더 깊이 가려고 노력을 했기 때문이다. 나는 오랫동안 이런 일을 해왔고, 그 내담자와 나의 관계가 강하기 때문에, 나는 이런 질문을 하는 것에 걱정을 하지 않았다. DVD에서 그녀가 한 말을 기억한다면 알 수 있듯이, 그녀는 슬픔 도움을 많이 받지 못한다. 사실, 그녀가 실제로 상호작용하는 많은 사람들이 그녀의 슬픔과정을 방해한다. 내 자신은 그녀가 그

과정을 견디어 낼 수 있도록 도와줄 수 있는 몇 안 되는 사람들 중의 한명이라고 생각한다.

내담자가 엄청난 충격이라고 말할 때, 나는 그녀가 있는 곳에 함께 있으면서 그 감정과 함께 하려고 노력한다. 보통 이런 감정이 표현될 때는 나는 속도를 늦추고 목소리를 부드럽게 하며 때로는 내담자에게 더 가까이 다가간다. 그녀의 기분이 나아질 수 있게 해줄 필요를 느끼지 않을 때까지 충분히 이 과정과 내담자를 믿는다.

글로 쓴 원고에 관하여 다소 오해할 수 있는 한 가지는 그녀를 면밀히 보지 않으면 세션에서 모래상자치료가 그녀의 감정에 미치는 영향을 놓치기가 쉽다는 것이다. 세션에서 소품이나 장면과 관련하여 아무 것도 말하지 않는 때가 많지만, 그것들을 보고 있다. 상자가 가지고 있는 힘의 일부는 내담자가 특정한 형상이나 소품 무리에 초점을 둔 후에도 시각적 영향이 계속된다는 것이다.

대처

사랑하는 사람의 죽음에 대처하는 사람들은 그들의 주의를 필요로 하는 생활에 책임을 여전히 지고 있다. 내담자가 사별로 작별을 한다 할지라도 그 이별은 슬픔과정이 끝나기 전에 너무 오래 머물 것이다. 그러므로 슬픔에 빠진 내담자는 슬퍼하는 것과 대처하는 것 사이의 균형을 찾는 것이 중요하다. 도표 1이 나타내듯이, 대처 기간은 시간이 경과하면서 길어진다. 슬픔 과정의 첫 몇 달간은, 이 균형을 찾기가 어렵다. 슬픔이 대처가 보이지 않을 만큼 전경에 있을 것이다. 그러나 몇 개월이 지나가면, 그 둘 사이의 균형을 찾는 것이 어렵긴 하지만 가능하다. 내 의견으로는 치료사의 역할은 슬픔과정과 대처를 지지하고 격려해주는 것이다.

유감스럽게도, 내담자들은 개인의 삶에서 이런 균형을 가질 지지를 찾지 못할 수도 있다. DVD의 내담자처럼, 내가 함께 했던 많은 내담자들은 동료와 가족들로부터 털고 일어나서 그들과 함께 가자는 압력을 받는다. 상실을 겪었던 나의 내담자들은 서두르지 않고 천천히 하라는 말을 해주는 사람들이 없다. 내담자들을 위해, 그들 삶에서 적어도 한 두 사람으로부터 슬픔 지지를 받게 되기를 바란다.

요약

이장에서는 슬픔에 빠진 내담자에게 모래상자치료의 가치와 DVD 속의 내담자에게 내가 사용했던 모래상자치료와 특수한 도움 기술의 가치를 설명하고자 하였다. 또한 슬픔과정을 설명하고 슬픔과정에 방해가 되는 것을 설명하려고 하였다. 상실의 감정이 너무나 고통스럽고 불안하게 하는 것임을 감안하여, 나는 내담자가 그렇게 강한 감정을 느끼고 표현하기를 주저할지도 모른다는 주의를 주었다.

숙지 사항

실습생을 위한 숙고할 내용

- 당신의 가족들은 슬픔과 상실감을 어떻게 처리하는가? 당신이 성장할 때 가족들은 죽음과 상실에 관하여 무엇을 가르쳤는가?
- 이제는 슬픔을 어떻게 처리하는 편인가?
- 치료세션에서 당신의 내담자들은 상실감을 얼마나 느끼고 표현하려고 하였는가?

수련 지도 감독관/상담 교육자를 위한 숙고내용

- 당신의 교육과정은 교육을 받고 있는 상담사들이 슬픔과 상실에 대처할 수 있도록 얼마나 잘 준비시키는가?
- 당신의 학생들이 상실을 겪은 내담자와 상담을 할 가능성이 있음을 고려하여, 당신의 교육과정에서는 이 문제를 이해하고 내담자의 슬픔과정을 도와주는데 필요한 기술을 습득하는 것을 얼마나 강조하는가?

Part Ⅲ

수련교육지도, 연구, 훈련

10
수련감독지도

상급학생 수준에서는 우리의 정보제공자와 다른 공식표현에 따라 기본적 특성은 학생의 자신감이 가변적인 것, 즉 자신감이 있으면서도 동시에 전문가로서 확신을 갖지 못하는 이중성을 갖는다 (Loganbill, Hardy & Delworth, 1982; Stoltenberg, 1981). 이것은 교육지도에서 긴장을 유발하는데, 주로 다른 어느 발달단계보다 더 강한 긴장이다. 한편으로는 자신감이 있으면서 다른 한편으로는 전문가로서 불안정하고 취약한 그 사이의 격차 때문에 이 수준의 교육지도가 매우 복잡해진다.

M.H. Ronnestad and T.M. Skovholt(1993, p.400)

본서의 나머지 부분과는 달리 이 장은 심리치료사들보다는 수련지도감독관들을 위해 쓴 것이다. 이 장에서 교육지도에 관해 말하고자 하는 것의 일부는 교육지도에서의 이론적인 문제와 내가 교육지도에서 모래상자치료를 활용하는 방법에 초점을 두기 때문에 수련지도감독관들이 더 관심을 가질 것이다. 그러나 교육지도는 심리치료사들에게 중요하기 때문에 이장에서 나는 교육지도에 참여할 필요가 있거나 하고자 하는 치료사들을 위한 유용한 정보를 제시하고자 하였다. 서두의 Ronnestad and Skovholt (1993)의 인용문은 상급수준의 대학원생들에게 초점을 두고 있으며, 이 장에서 내가 하는 대부분의 실제적인 언급들은 상급 수련생들을 교육지도하면서 나온 것들이다. 박사과정과 같은 상급 과정에 있는 사람은 교육지도를 받지 않고 실천에 임하는 것은 임의로 선택할 수 있는 것이 아니지만 교육지도를 받지 않은 유자격 개인 치료사가 될 수는 있다. 전문능력 발달에 있어서 교육지도 경험에 계속 참여하는 것이 왜 중요한지 설명할 것이다.

Mahoney(1986)는 치료사 준비과정이 기술만 너무 강조하고 관계와 내담자와 함께 존재하기는 별로 강조하지 않는다고 우려를 표명했다. Hansen(2005)은 상담사 교육과정이 이전 몇 십 년보다 개인의 고유한 경험을 이해하는데 별로 중점을 두지 않는다고 말했다. Hansen은 관계기법과 의료소품을 갈수록 더 강조하는 탓이라고 했다. 이 책에서 몇 가지 기법을 강조하기는 했지만, 나의 의도는 대부분 내담자와 치료사 사이에 진지함과 공감이 특징인 here-and-now 경험에 중점을 두는 것이다. 내담자에게 효과적으로 대응하는 법을 배우는 것, 내담자와 함께 존재하는 법을 배우는 것, 내담자가 있는 곳에 함께 있어주며 인정해 주는 법을 배우는 것은 모두 수련지도감독관들이 가르치기에도 어렵고 수련생들이 이해하고 실천하기에도 어렵다. 이런 접근을 배울 최선의 방법은 교육지도와 훈련을 통해서이다.

당신이 치료사이든, 수련지도감독관이든, 상담사/치료사 발달 개념은 중요한 개념이다. 치료사에게는 상담사/치료사 발달에 관한 타당한 이론은 발달의 다양한 시점에서 표준적인 것을 설명하고 기술해야 한다. 발달의 여러 시점에서 치료사에게 표준적인 것에 관한 이 지식은 당신의 경험을 정상화하는데 매우 유용하고 전문능력 개발에 있어 앞으로 나아갈 때 부딪치게 될 여러 가지 도전들을 예상할 수 있도록 도와준다. 수련지도감독관들에게는, 교육지도의 타당한 발달이론은 당신이 교육지도를 해야 하거나 할 것으로 예상되는 아주 다양한 치료사들과의 효과를 최대화할 수 있도록 수련생들과의 중재에 영향을 미쳐야 한다.

유감스럽게도, 교육지도에 관한 많은 발달이론은 대학원생들을 중심으로 하는 경향이 있다. 이 경향은 출발지점으로서는 괜찮지만 졸업 후에는 어떠한가? 나로서는, 상담사/치료사 발달에 관한 타당한 이론은 광범위한 전문 실습을 포함할 만큼 범위가 넓어야 한다. 다음 절에서, Ronnestad and Skovholt(2003)의 상담사/치료사 발달이론을 요약하였다. 관심이 있다고 생각되면 그들의 논문을 읽어보기를 권한다. 매우 유용하다는 생각이 들었다.

상담사/치료사 발달의 발달모델

Ronnestad and Skovholt(2003)는 "심리치료사들이 시간의 경과에 따라 직업과 관련하여 다양한 변수로 상담사/치료사로서 경험하는 방식"을 연구하였다(p.7). Ronnestad and Skovholt는 종적연구 설계를 사용하여 상담사/치료사 발달의 평생연구에 초점을 맞추었다. 연구가들은 다양한 경력을 가진 100명의 미국인 상담사/치료사들을 대상으로 면담을 하였는데, 시작단계와 상급 대학원생과 평균 5년, 10년, 25년의 전문경력을 가지고 박사과정을 하고 있는 대학원생 치료사들이 포함되었다. Ronnestad and

Skovholt는 치료사들에게 현재와 과거의 직업생활 문제에 관해 회상해보라고 하였다.

원래의 상담사/치료사 모델을 몇 년에 걸쳐 개량한 후에, Ronnestad and Skovholt(2003)는 phase가 상담사/치료사 발달의 실제를 더 잘 나타낼 수 있다고 생각하여 stage모델을 phase 모델로 새로 만들었다. Ronnestad and Skovholt는 stage는 질적으로 서로 다른 기능의 계층적, 연속적 순서를 가리키고, 그들은 이 개념이 상담사/치료사 발달의 실제를 반영하지 않는다고 생각하여 stage 개념을 바꾸기로 결정하였다. 반면에 phase 개념은 "치료사들이 겪는 변화의 점진적이고 연속적인 속성을 강조한다(p.40)." Ronnestad and Skovholt 모델은 6개 phase가 있다. 즉, 비전문 원조자 단계, 시작하는 학생 단계, 상급 학생 단계, 초보 전문가 단계, 경력 전문가 단계, 고급 전문가 단계가 있다.

나는 읽으면서 비전문 조수단계의 개념에 관심이 갔다. 학계에서는 대학원 상담준비 과정에서 학생의 교육 시작에 선행되는 원조자 경험에 거의 초점을 맞추지 않았다. Ronnestad and Skovholt(2003)는 도움을 받는 사람에 대한 비전문 원조자의 감정반응은 공감보다는 동정의 성격이라고 말한다. 동정은 원조자가 도움을 받는 사람에게 과도하게 개입할 수도 있고 따라서 도움을 받는 사람에게 구체적이고 강한 조언을 주는 경향이 있다는 표시이다. 수많은 대학원생들이 우리 상담과정에 들어왔을 때, 좋은 조언을 해주는 것이 상담사의 일인 줄 알았다고 말했다.

Ronnestad and Skovholt(2003)는 phase 2, 시작하는 학생 단계를 흥미 있고 굉장히 도전적이며 가끔 대응하기 힘든 단계로 표현한다. 비전문 원조자 단계에서 시작하는 학생 단계로 진행할 때 겪는 도전 중의 하나는 수련생들이 이전에 사용하던 동정과 충고하기 등의 익숙한 "원조" 도구 사용을 멈추고 내담자와 함께 사용할 새로운 도움이 되는 반응을 배우기를 요구받는 것이다. 자기회의, 낮은 자신감, 불안이 이 발달단계에서 수련생들이 대표적으로 겪는 것이다. 훈련 경험은 이 발달단계의 학생들에게는 위협적일 수 있다. 모델링이 중요하며 긍정적 피드백을 제공하는 지도교육관은 높이 평가되지만, 비난은 해로운 효과를 낸다.

상급학생(단계3)들은 지도교육을 대체로 긍정적으로 경험하고 지도교육관의 장점과 단점을 인식할 수 있다. 상급학생들은 내담자의 저항과 방어와 같은 복잡한 문제를 인식하고 탐구하고자 한다. 상급학생들은 경력 치료사들을 관찰하기를 좋아하는데, Ronnestad and Skovholt(2003)에 따르면, 상급학생들이 이렇게 할 기회가 많이 없다. 한 학생의 말에 의하면, "지도교육관들과 경험이 많은 사람들은 기술을 보여주려 하지 않는다(p.16)." 라고 말한다. 어떤 상급학생들은 시작하는 학생들을 지도교육 할 기회를 가진다. 상급학생들이 시작단계의 학생들을 지도교육 하는 것의 장점은 자신이 얼마나 많이 배웠는지를 알 수 있다는 것이다.

초보 전문가 단계(단계4)는 졸업 후 첫 몇 해가 포함된다. 이 단계의 치료사들과의 면담을 통해 Ronnestad and Skovholt (2003)는 끊임없는 개선의 과정, 즉 "개념적, 행동적 수준에 '버리고 더하는' 과정이 있다"는 것을 알았다(p.17). 초보 전문가들은 그들의 훈련의 타당성을 확인하는 시기를 거치고 어떤 전문적 도전에 부딪칠 때는 훈련에 환멸을 느끼기도 하며, 자아와 자신의 전문 환경을 탐색하는 시기를 거친다. 대학원 후에는 외부의 평가에서 자유로워지는 해방감과 초보 치료사들이 예상치 못했던 도전에 부딪칠 때 놀라움이 있다. 지도가 없다는 것은 무섭기 때문에 많은 초보 치료사들은 지도와 지지를 해줄 멘토를 찾는다. 대부분의 초보 전문가들은 직면하는 어려움들에 대해 준비가 되어 있지 않다. 한 여성 치료사는 "대학원 과정의 교육이 현실적인 격차가 있다는 것을 깨달았다."고 말했다(p.18).

Ronnestad and Skovholt(2003) 경력 있는 전문가 발달단계에 관한 광범위한 설명을 제시하였는데(단계 5) 충분히 다루기에는 너무 광범위하다. 그러나 이 단계의 몇 가지 특징은 치료적 관계의 중요성에 관해 더 깊이 이해하고, 역할과 상담 방식의 융통성이 증가하며, 부딪치는 많은 어려움들에 대해 명확한 대답은 없다는 것을 인식하는 것이다. Ronnestad and Skovholt가 소개한 개념은 "관용경계(boundary generosity)"였다. 관용경계에는 경력 치료사가 세션에서와 세션 후에 내담자와 깊은 관계를 맺는 능력, 집중력을 다시 모아서 다른 내담자와의 상담에 전념할 수 있는 능력이 포함된다. 이런 능력을 습득한 치료사들은 마지막 날에 소진되기 보다는 새로운 힘을 얻어 떠날 수 있다.

마지막으로 상담사/치료사 발달의 상급 전문가 단계(단계6)에는 다른 사람들에 의해서 고급 전문가라고 여겨지는 전문가들이 포함된다. Ronnestad and Skovholt 면담에서, 이런 치료사들의 평균 연령은 첫 번째 면담에서는 64세였고, 다시 면담을 하였을 때는 74세였다. 이런 치료사들 대부분은 삶에서 큰 상실을 겪었다. 멘토의 상실, 이상의 상실, 동료들로부터 받는 강한 영향력의 상실. 많은 고급전문가들은 은퇴의 과정에 있거나 점진적으로 은퇴로 전환하는 과정에 있기 때문에 권태가 큰 도전이 될 수도 있다. 이런 도전에도 불구하고 그들은 대체로 자기수용과 일에 대한 만족감을 가지고 있다. 치료사의 삶과 여정은 보람 있고, 도전이며, 때로는 예측불가능하고, 원컨대 만족스러울 수도 있다. Ronnestad and Skovholt(2003)가 언급하듯이, 초보 전문가 단계는 가장 도전적인 단계는 아니지만 그런 단계이다. 당신이 만약 이 단계의 치료사들을 지도하는 교육관이라면 이 단계에 관하여 Ronnestad and Skovholt의 정보가 매우 유용하다는 생각이 드는데, 다른 발달단계 모델은 졸업에서 멈춘다. 나의 일부 박사과정의 학생들이 경력치료사 단계에 있기는 했지만, 수련생들은 대부분 상급 학생이거나 초보 치료사 단계에 있었다. 물론, 각각의 수련생은 서로 다르므로, 치료사 발달의 모든 단계에서 수련생의 개방적 자세가 중요한 요소이다.

이장의 초점을 일반적 지도교육에서 모래상자치료와 지도교육으로 바꾸면서, 나는 박사과정 학생으로서 지도교육을 받았던 내 자신의 경험이 생각난다. 그 당시 나의 지도교육관 몇 분이 우리에게 성장과 인식을 촉진하도록 설계된 구조화된 활동을 제시하였다. 나는 이런 성장활동이 도움이 된다고 생각하였고 나의 수련생과 비슷한 철학을 계속 활용하고 있다. 그 중 가장 유익했던 것이 모래상자치료였다.

수련생들(supervisees)의 모래상자치료

몇 년 전에, 놀이치료 수련생을 대상으로 모래상자치료 활용에 관한 Terry Kottman의 발표에 참석했다. 발표시간에 Terry는 수련생의 모래상자치료 슬라이드를 보여주었다. 모래상자치료는 테리가 모았던 소품들에 내가 보지 못했던 상징들이 있어서, 또 수련생들의 자기 인식이 모래상자 속에 들어가 있어서 정말 놀라웠다. 테리의 슬라이드는 지도교육에서 모래상자치료를 활용하는 접근의 훌륭한 사례였다. 수련생이 수련생과 특정 내담자 사이의 역동관계를 담은 장면을 만들어 내게 한다. 이 장면들은 무엇을 해야 할지 모르는 느낌의 이미지, 내담자가 저항하는 이미지, 수련생이 짜증을 내거나 지루해하는 이미지 등이 될 수도 있다.

이 접근은 매우 중요하여 나는 이 분야의 테리가 하는 훈련에 참가하기를 강력하게 권장한다. 그러나 지난 5년 동안 내가 수련생들과 사용했던 접근은 초점이 사뭇 다르다. 즉, 수련생의 현재 삶을 담은 장면을 만들어 내는 것이다. 이런 장면으로는 치료사로서의 삶과 개인으로서의 삶이 포함된다. 내가 장면에 개인의 문제를 포함시키는 이유는 이 문제들이 치료의 질에 영향을 미치고, 나는 개인의 성장경험과 전문가로서의 성장경험의 가치를 믿기 때문이다. 도표 10.1에서, 자신의 현재 삶을 묘사하는 어느 수련생의 장면 사례를 볼 수 있다. 여러분도 알 수 있지만, 이 장면에는 가정의 이미지와 영적 이미지를 포함하여 수련생의 삶에 관한 다양한 부분들이 들어 있다.

우리는 모두 치료 세션에서 우리 자신의 문제를 제쳐둘 수 있다고 생각한다. 그러나 치료사들도 사람이다. 우리도 걱정하고 불안해지고, 고민을 하며, 실패를 겪고 일을 끝내지 못하기도 한다. Ronnestad and Skovholt 모델(2003)로 다시 돌아가, "관용한계"를 습득한 경력이 있는 전문가들은 자신의 문제와 내담자의 문제를 더 잘 분리하지만 경력이 많은 전문가들조차도 개인의 성장경험에서 도움을 얻는다. 대부분, 내가 함께 하는 수련생들의 발달수준은 상급학생들이다. 그들은 엄청난 스트레스를 받고 개인의 삶과 전문가로서의 삶에 균형을 찾기 위해 애를 쓰는 편이다.

나의 수련생들은 이론적으로 매우 다양하지만, 대부분 인본주의 접근을 활용한다. 인지, 해결중심, 행동 치료 접근에서는 치료사의 문제가 그다지 개입되지 않을 수도 있다. 초점은 전적으로 내담자에게 맞춰지는 경향이 있는데, 그 관계가 중요하기는 하지만 주된 것은 아닐 수도 있다. 그러나 인본주의 접근에서는 관계가 더욱 중심적 초점이 되며, 치료사는 자신의 here-and-now 경험을 내담자와 공유하기로 선택할 수도 있다. 온전히 존재하는 능력이 무엇보다도 가장 중요하다. 치료의 질은 치료사가 내담자와 온전히 존재하는 정도에 비례한다. 그러므로 개인의 문제가 상당히 관련된다. 만약 지도교육관이 개인의 문제에 관한 상담을 수용하고 안전한 분위기를 제공한다면, 수련생은 개인의 문제가 어떻게 치료관계를 저해하는지를 더 잘 인식하게 된다. 수련생에게 개인의 성장경험을 제공하는 것은 CACREP에서 요구하는 것이다. 모래상자 치료는 수련생에게 개인의 성장경험에 매우 유익하고 효과적일 수 있다.

과거에는, 상담사 훈련과정이 오늘날 보다 더 이런 종류의 경험을 강조하는 것 같았다. 현재 대학의 분위기는 교수들이 수련생들에게 자기인식 활동을 제공하는 것에 관하여 머뭇거리고 지나치게 경계하는 것 같다. 미국 상담협회윤리규정에서(2005), 상담 교육자들은 "학생과 수련생에게 자기성장이나 자기노출을 요구하는 훈련경험을 설계할 때 전문가의 판단을 활용할 것을 권장 받는다(P.15)." 분명히, 상담사들을 훈련하는 우리는 윤리규정을 염두에 두고 훈련 경험을 제공할 때 전문가의 판단을 활용할 필요가 있다. 수련생과 어디에서 한도를 정하느냐는 항상 명확하지는 않고 판단이 필요한데 나는 전문가의 안목을 믿는다.

그러나 요즘 추세는 상담사 교육자들이 해야 한다는 당위보다는 두려움에 더 이끌리고 있다. 만약 상담사 교육자들이 성장과 인식을 촉진하는 경험의 효과보다는 훈련경험의 적절성에 대해 더 관심을 가진다면, 상담사 교육자들은 목표를 벗어나고 있다. 분명히 수련생들은 자유롭게 자신의 자기노출을 제한할 수 있고, 전문가로서의 판단은 이런 훈련경험에 필요하지만, 내가 염려하는 것은 내가 함께 했던 수련생들의 인식의 수준이다. 만약 이들 수련생들이 내담자와 결과를 얻고자 한다면 성장의 필요성은 아주 크다.

나의 접근방식은 수련생들에게 내담자가 하는 것과 마찬가지로 자신의 삶에 관하여 모래상자를 만들게 하는 것이다. 나는 수련생들에게 그들이 할 수 있는 가장 정직한 장면을 만들어 내라고 요구한다. 내가 했던 수련생들과의 이런 훈련의 대부분은 짝을 이루거나 소집단을 이루어 했지만, 일부는 개별적으로 훈련하기도 했다. 수련생들의 모래상자를 처리할 때는 나는 내담자에게 하는 것과 비슷한 방식으로 그들에게 대응하는데, 변수가 있다. 나는 수련생이 어떤 분야를 더 탐구하고자 하는지를 확인하고 초점을 현재에 두는 편이다. 만약 가족 기원의 문제가 소품이나 소품무리의 초점이라면, 나는 그 수련생의 과거보다는 이 문제에 관한 현재의 감정에 초점을 둔다. 치료에 목적을 두는 것이지 치료사에 목적을 두는 것이 아니다(Yalom, 1995). 때로는 그것이 구분이 모호하지만 이 활동의 목적은 성격변화가 아니라 자기인식과 성장이라는 것을 명심한다.

상급 수련생과의 수련교육지도

이장의 서두에서 Ronnestad and Skovholt(1993)가 말했듯이, 상급수련생과의 교육지도는 복잡하다. 상급수련생에 대해서 내가 좋아하는 것 중의 하나는 발달단계가 낮은 상대보다 자기인식이 더 높다는 것이다. 비록 그들의 자신감은 변동은 있지만, 상담능력에는 주로 자신감을 가지고 있고, 그것 때문에 내담자에게 초점을 맞추는 것이 덜 중요해진다. 상급수련생과의 대부분의 세션은 학계 환경에서는 3인 1조 교육지도로 이루어진다. 박사과정 2학기 학생들을 교육 지도한 적이 있었다. 그들은 일 년 내내 인턴근무를 하고 일주일에 한 번씩 나와 3인 1조의 교육지도에 참여한다.

내가 한동안 이 일을 하고 있고, 박사과정 인턴들은 내가 이전 학기에 교육지도 했던 인턴들에게 말을 했기 때문에, 나의 수련생들이 전체 교육지도를 수련생 자신의 문제에 관한 모래상자치료에 전념하는 세션을 요구하는 것이 유별난 일은 아니다. 그들은 신뢰하는 사람과 자신의 문제를 탐구할 기회를 갖고 싶어 한다. 내가 함께 했던 상급수련생들은 자신을 위한 경험을 절실히 요구한다. 그들은 끊임없이 교수와 내담자와 동료들에게 자신을 헌신적으로 바칠 것을 요구 받는다. 나는 그들에게 자신의 방어 자세를 내려놓고 멋있어 보일 염려를 하지 않아도 되는 느낌을 가질 수 있도록 휴식을 주려고 한다. 그들은 항상 세밀히 관찰되고, 수행을 하고 기여를 해야 하는 엄청난 스트레스를 받는다. 모래상자치료는 그들에게 그들이 원기를 회복할 수 있는 반대의 경험을 제공한다. 몇몇 수련지도감독관들과는 달리 나는 수련생들이 모래상자에 넣은 문제의 종류를 제한하지 않는다. 그들에게 내가 내담자에게 말하는 것과 같이 그들 삶의 장면을 만들어내라고 한다. Yalom(1995)이 말했듯이, 수련생과의 상담과 내담자와의 상담은 차이점과 유사점이 있다. 기술적 차원에서는 내담자에게 사용하는 기술을 수련생에게도 똑같이 사용하지만, 수련생의 문제를 탐구할 때 얼마나 깊이 들어가느냐에 관해서는 내 자신에게 한계를 둔다.

Skovholt(2001)는 심리치료사들에게는 분출이 도움이 된다고 말했다. 그들은 내담자의 이야기를 들어줄 때 겪는 감정적 스트레스를 표출하고 전문가로서, 개인으로서 스트레스요인을 경험할 필요가 있다. 나와 모래상자치료 세션을 하자고 요구한 상급수련생들의 대부분은 전문가 준비과정과 개인의 삶에서 높은 수준의 스트레스를 보인다. 자신의 삶에 균형이 없다고 느끼기 때문에 그들의 문제와 관련한 불만을 분출시키는데 도움이 된다.

상급수련생과의 이런 모래상자치료 세션의 일정을 짜면서, 나는 두 명의 수련생과의 모래상자치료에 적어도 한 시간 반 세션을 하는 것이 중요하다는 것을 알았다. 보통 교육지도 세션은 겨우 한 시간이지만 수련생이게 질적인 경험을 제공하기에는 충분한 시간이 아니라는 것을 알았다. 실제로, 나는 두 시간짜리 세션을 선호하지만 대부분 그것은 실행가능하지 않다. 수련생들과 이런 종류의 상담을 하고자 할 때, 나는 조급하게 느끼고 싶지 않다.

이장의 앞부분에 한 수련생의 모래상자치료 그림이 나온다(그림 10.1). 그 수련생의 모래상자치료 세션을 글로 옮긴 것이 그 다음 페이지에 있다. 만약 여러분이 모래상자를 많이 만들어 보았거나 일정 시간동안 모래상자로 상담을 해보았다면, 그 장면이 매우 한정되어 있다는 것을 알 것이다. 모든 것이 상자의 한가운데 있고 어떤 면에서는 서로 묶여 있다. 나뭇잎을 통해 형상들을 보기가 쉽지 않지만, 두 마리 큰 야생 고양이가 사이에 뱀을 한 마리 두고 서로 마주보고 있는 것이 보일 것이다. 배경에는 그보다 작은 고양이가 두 마리 있는데, 한 마리는 큰 고양이 쪽을 보고 있고, 다른 한 마리는 시선을 피하고 있다. 다음은 세션을 발췌한 부분이다. 이 세션을 하던 당시에 나는 이 수련생을 한 학기 반 동안 교육지도하고 있었다.

스티브: 많은 감정을 불러일으키는 상자를 만든 것 같구나. (느린 속도) 지금 현재 있는 곳에서 시작하자. 상자의 이미지를 가리킬 필요는 없어. 그냥 지금 현재의 느낌에 관해 이야기를 하렴.

수련생: (눈물이 흘러내린다) 물건을 잡으려고 손을 뻗었을 때, 내가 어떻게 느끼는지 알아내려고 했어요. 저것을 집어 들자마자

나는 울기 시작했어요. 저것은, 나의 파트너 Bill을 의미합니다(눈물을 흘리며 몇 초간 쉰다).

스티브: (부드러운 목소리로 몸을 기울이며) 천천히 하자. 잠깐 아무 말도 안 해도 돼.

수련생: (약 30초 침묵) 이것이 바로 지금 우리가 있는 곳이에요. 그렇게 나쁘지는 않아요, 하지만 무서워요(상자를 바라보며).

스티브: 그렇다면, 그것에 대해서 조금만 이야기 해보자. 무섭다는 것에 대해.

수련생: 어제 우리의 기념일이었는데, 우린 축하하지 못했어요. (계속 훌쩍거린다)

아무 것도 하지 않았고 축하도 하지 않았어요. 지난 몇 달 동안 우리 관계에 대해 걱정을 했지만, 난 관계를 복잡하게 만들었어요. 몇 년 전에 정말로 힘든 때가 있었는데, 또 다시 나빠지고 있는 것 같아요. 모든 것이 무너져 내릴까봐, 우리가 헤어질까봐 겁이 나요.

스티브: 헤어진다는 생각을 하면, 너에게 무슨 일이 일어나지?

수련생: 걱정이 되요. 혼자 말하기도 해요. 이번엔 어떻게 해야 할지 알아요. 전혀 다르게 행동할 것이고 지난번에는 내가 무너졌어요. 이번에는 무너지지 않을 거예요. 난 정말 강하고 슬프겠지만 상관없이 그렇게 될 거예요.

스티브: 분노는 어때?

수련생: 네, 그가 그냥 가버리고 나에게 말을 하지 않기 때문이에요. 예전과 똑같이 돌아 갈까봐 두려워요. 하지만 이번에는 그

런 식으로는 해결하지 않을 것입니다. 그는 행복하지 않아요. 난 이번에는 너무 애쓰지 않을 거예요. 일이 제대로 해결되지 않는다 하더라도 난 괜찮아요. 난 괜찮을 거예요. 지난번에는 괜찮을 거라는 생각이 들지 않았어요.

스티브: 괜찮겠지, 하지만 지금 그 생각을 하면 넌 지금 괜찮지 않잖아.

수련생: 그건 상실과 같은 것이에요.

스티브: 물론 그렇지. 괜찮다는 것은 마치 나는 해낼 수 있어.. 같은 아무데나 쓸 수 있는 말이지. 그러나 그 관계가 끝날지도 모른다고 생각을 하면 너는 괜찮지가 않지.

수련생: 아주 슬플 거예요. 지난번에는 슬프고 화가 나고, 내 스스로 잘 지낼 수 있을 것 같은 생각이 들지 않았어요. 이제 그런 일이 일어난다면, 슬프고 화가 나겠지만, 괜찮을 거예요.

스티브: 샘에게(다른 수련생) 내가 만약 스스로 헤쳐 나가야 하더라도 난 괜찮을 거야, 비슷한 일이 일어나도 마찬가지야 라고 말해보렴.

수련생: (다른 수련생을 마주 보며) 내가 만약 스스로 헤쳐 나가야 하더라도 난 괜찮을 거야(확신을 가지고 말했다).

스티브: 그렇게 말하면서, 너 자신을 믿니?

수련생: 믿어요.

스티브: 난 너를 믿는다(다른 수련생이 고개를 끄덕인다).

수련생: 냉정해지고 단호해진 것 같아요.

스티브: 그러니까, 너는 네가 말했던 그 나빴던 해보다 지금 더 나은 입장에 있는거지.

수련생: 훨씬 더 나은 입장이에요.

스티브: (수련생이 일 분간 다른 것을 하고 난 후) 현재로 돌아와, 너의 관계를 설명하고자 한다면, 어떻게 설명할 수 있겠니?(수련생을 바라보다가 모래상자를 바라보며)

수련생: (모래상자를 바라보며) 편해요. 바빠요.

스티브: 너희 둘의 관계를 어떻게 설명할 수 있겠니?

수련생: 좋지 않아요. 그는 늘 일만 하고 시외에 있는 때가 많아요.

스티브: 받고 싶은데 그로부터 받지 못하는 것이 뭐지?

수련생: 내가 겪고 있는 이 형편없는 일들에 관해서 프로그램의 다른 박사과정 학생들에게 이야기하는 것처럼 그에게 이야기할 수가 없어요. 멍한 눈빛을 하고 있어요.

스티브: 외로움을 느끼는 것 같은데.

수련생: 맞아요. 몇 년 전처럼 짜증을 부리고 팩팩거릴 수도 있어요.

스티브: 위험하니?

수련생: 네, 그가 그럴 때는 또 시작이구나라고 생각해요.

스티브: 마음이 상한 것 같구나.

수련생: 그래요, 정말 형편없어요. 적어도 이제는 그가 하는 방식이 싫으면 그에게 말해요. 전에는 그가 그렇게 할 때 속으로 삭혔어요.

스티브: (수련생이 일 분 동안 미래에 관해 말하고 난 후, 내가 모래상자로 돌아온다) 이 형상을 보니(왼쪽의 큰 고양이를 만지며) 이것이 빌이구나, 그렇지? 이 형상은 분명 저것보다는 덜 공격적이네, 이것은(오른쪽 큰 고양이)...

수련생: 그건 나에요.

스티브: 더 공격적으로 보이는데, 그건 의도적인 것이니?

수련생: 네, 그는 그냥 편하게 있을 뿐이에요.

스티브: 약간 수동적.

수련생: 내가 일어나서 돌아다녀요. 어디론가 가고, 뭔가 일을 하고.

스티브: 이 관계에 대해 누가 더 신경을 많이 쓰지?

수련생: 내가 더 많이 신경을 씁니다. 나는 관계가 좋아지기를 바랍니다. 그는 매달리지 않고 에너지를 쏟지도 않아요. 내가 배운 것, 내가 알고 있는 것 때문이라는 것을 알아요. 내가 교육을 새로 시작하거나 뭔가를 배운 것 같은 기미가 있으면, 마음을 닫아버려요. 그가 나에 대해 좀 더 수용적이라면, 자신의 처지를 보고 성장하고 변해야 할 거에요.

스티브: 성장하려고 하지 않는 사람과 결혼을 한다는 것은 어떤 것일까?

수련생: 외롭겠죠. 불만스럽고. 그는 직업적으로는 성장을 했고, 매우 성공을 했지만 곧 그 큰 집에 우리 둘만 있게 될 거에요.

스티브: 꽤 공허하게 들리는군.

수련생: 나는 공허해지는 것을 원치 않아요.

스티브: 여기 이 두 개의 형상을 보니, 두 개의 형상이 자네가 더 원하는 이 역학관계를 의미한다는 사실이 떠올랐어. 자네의 말을 듣고 보니, 자네는 앞으로 다가가고, 그는 뒤로 물러나고 있다는 생각이 들어. 그건 것 맞니?
관계가 이어지기를 그 사람이 원하는 것보다 더 많이 원한다는 것은 어떤 것인가?

수련생: 큰 돌덩어리와 함께 사는 것과 같아요. 그는 없으니까 절망

> 스럽죠. 그는 내말을 듣지 않아요. 눈에 보이지도 않는 것 같아요. 그는 정말로 눈에 보이지 않는 것 같아요. (잠시 쉬며 다시 울기 시작한다) 말로 표현하기는 힘들어요. 나는 파경을 원하지는 않아요. 단지 너무 힘들지 않기를 바래요.

앞에서 말했듯이, 많은 수련지도감독관들은 수련생과 이와 같은 개인의 문제에 관해 이야기하려고 하지 않는다. 내가 이것을 하는 이유는 모래상자치료를 하는 동안 내담자와 하듯이, 수련생이 세션에 가지고 오는 것은 무엇이든지 상담을 할 수가 있기 때문이다. 이 수련생은 상자처리를 시작하기도 전에 강한 감정을 느끼고 있었다. 그들이 하는 이야기에 제한을 두지도 않는다. 교육지도의 관점에서, 이런 문제들은 분명 수련생이 내담자와 하는 상담에 영향을 미칠 수가 있다. 우리가 우리 자신의 문제를 집에 놔두고 오려고 노력한다 해도, 그리고 다른 사람들보다는 그렇게 할 수 있겠지만, 가정에서 영향을 주는 문제들은 내담자와 상담을 하는 동안에도 우리에게 영향을 미친다.

여러분이 이 발췌문을 읽으면서 전경에 떠오를 것으로 짐작되는 또 하나의 질문은, "모래상자치료로 무엇을 해야 하지? 두 사람은 상자나 소품에 초점을 두지도 않았는데?"라는 생각이 들 것이다. 이것은 타당한 질문이고 많은 모래상자치료사들과 수련지도감독관들이 내가 했던 식으로 세션에 접근하지 않으려는 것이다. 모래상자치료사들 대부분은 상자와 상자 안의 은유에 초점을 두고, 상자와 관련된 문제는 별로 강조하려고 하지 않는다. 내가 내담자와 수련생과 가장 중요하게 여기는 것은 내담자/수련생이 존재하는 곳에 함께 존재하기이다. 만약 그가 어떤 문제에 초점을 맞추면 나도 그것과 함께 한다. 물음은 "모래상자를 출발점으로서 얼마나 많이 활용해야 하는가?"이다. 나의 대답은 수련생에게 달려있다는 것이다. 일반적으로 수련생이 추상적일수록 그 수련생은 모래상자를 상자 안의 형상들과 장면에 연결되는 문제에 출발점으로 삼는 경향이 더 많다.

이 발췌문의 끝부분에서, 나는 수련생의 초점을 상자로 옮겨갔다. 그 수련생은 현재를 떠나 있었는데, 나는 할 수 있으면 언제든지 세션을 현재로 돌리려고 노력했다. 또한 모래상자의 힘을 활용하기를 원한다. 시각적 이미지가 가지고 있는 힘은 수련생에게 영향을 미치고, 나는 그가 모래상자의 충만함을 경험하기를 원한다. 이 발췌문의 끝에서, 내가 수련생에게 ……는 어떤 것이지? 라고 묻는다. 이 기술은 내담자와 수련생이 감정을 찾도록 도와주는데 유용하다. 앞에서 말했듯이, 내가 본 많은 치료사들은 내담자들을 감정으로부터 벗어나게 하면서 정반대의 일을 한다. 기억해라. 감정을 동시에 느끼기도 하면서 분석할 수는 없다. 우리는 감정을 충분히 느끼기보다는 분석하는 것을 더 잘한다. 발췌문의 마지막에 내가 수련생에게 "관계가 이어지기를 그 사람보다 자네가 더 많이 원한다는 것은 어떤 것인가?"라고 묻는다. 그 수련생은 감정에 초점을 맞추고 그 감정을 느끼면서 울기 시작한다. 이 기술은 내담자/수련생이 감정을 더 깊이 탐구할 수 있도록 하는데 매우 유용하다.

말했듯이, 내가 수련생과 모래상자치료 세션을 시작하는 방식은 수련생에게 그들의 삶의 장면을 만들어내라고 하는 것이다. 주로

3인1조 교육지도를 하기 때문에 두 수련생에게도 그들의 장면을 만들어 내라고 한다. 학교의 스트레스는 항상 그들의 상자에 포함되기 때문에 따로 초점을 맞출 필요가 없다는 것을 알았다. 보통, 그들의 상자의 일부는 학교 밖의 생활에 관한 것이고 일부는 학교와 관련된 문제에 초점을 둔다.

만약 한 수련생이 문제를 솔직하게 터놓고 탐구하고자 한다면, 어떤 카타르시스가 일어난다. 그것은 치료와는 다르지만 분명히 치료이다(Yalom, 1995). 수련생이 모래상자를 통해서 그들의 감정을 표현할 기회가 있으면, 그 기회를 의미 있고, 카타르시스적이며, 유익하고 치료가 되는 것으로 보고한다. 앞에서 말했듯이 모래상자에서 장면을 만들어낸다는 것은 처리과정이 없이도 치료가 된다(Homeyer & Sweeney, 1998).

상급수련생들과 모래상자를 활용하는 방식 중의 하나는 우리가 주의를 기울여야 하는 수련생의 자기 돌봄 영역에 내가 목표를 두도록 돕는 것이다. 분명히, 치료사들에게 자기 돌봄은 매우 중요한 주제이며 박사과정 학생들과 학문적 환경에서 이루어지는 나의 교육지도의 많은 부분을 차지한다. 그들은 엄청난 스트레스를 받으며 자기를 돌볼 시간이 거의 없다. 만약 박사과정이 정말로 노력을 요구하는 것이라면 스트레스의 양은 그보다 훨씬 더 많아진다.

도표 1의 모래상자를 자기 돌봄의 예로 들어보자. 이것은 실제로 나의 상급수련생이 만든 모래상자이다. 세 명의 의사 근처에 있는 들것에 실린 군인 소품무리에 초점을 두자. 이 이미지들은 자기 돌봄 문제를 의미한다. 그 수련생은 자신이 언제나 타인을 보살펴야 하고 자신은 타인이 돌보는 들것에 실린 환자인 적이 없

다고 생각한다고 말했다. 그 문제를 탐구하면서, 보살핌을 받는 사람보다는 그 관계 속에서 보살핌을 주는 사람의 문제가 수련생의 주요 문제라는 것이 명백해졌다. 그녀는 자신의 요구에 초점을 두지 않으려고 했다.

이 예는 수련생들의 문제를 탐구하기 위해 모래상자를 활용하는 가치를 보여준다. 수련생들이 교육지도를 받기 위해 올 때, 초점은 수련생과 내담자간의 관계이며, 자기 돌봄의 문제는 완전히 빠져버릴 수도 있다. 반면에 수련생들에게 모래상자를 통해서 자신을 표현해보라고 하면 그들은 내담자로부터 한 발 물러나서 자신에 대해서 생각할 기회를 가진다. 수련생들이 안전하다고 느끼면, 자기 돌봄과 관련되는 문제들을 건드릴 수도 있다.

모래상자 치료의 수련교육지도

Friedman(2008)은 집단 모래상자 교육지도를 한 자신의 경험을 보람 있고 도전적인 것이라고 했다. Friedman의 한 수련생은 그 집단에서의 경험을 이렇게 표현했다. "내가 내담자의 모래상자를 보이면서 이 집단에서 훨씬 더 많은 노출이 있다. 일대일 교육지도에서 단지 나의 내담자의 진행하고 있는 사례를 말하는 것과는 반대이다(p.26)." 또 다른 수련생도 말했다. "다른 사람들은 모래상자에서 너무나 분명하게 보는 것을 나 자신은 보지 못한 것 같은 느낌이다(p.27)."

수련생들이 말하는 이 두 모래상자 교육지도에서, Friedman의 교육지도 접근이 주로 내담자의 상자에 초점을 둔다는 것이 명백하다. 수련생들은 자신의 내담자의 모래상자를 보여주는 것에 대해 마음이 불안했고, 판단을 받거나 비판을 받는 것에 대해 걱정한 것이 분명했다. 비록 그들이 경험이 집단 내의 다른 수련생들에게도 일반적이지만 그 집단의 초점은 나의 관심을 가장 많이 사로잡았다. 모래상자치료에 관한 책을 읽고 나서, 나는 모래상자 그 자체가 주 초점이지만, 교육지도에서는 교육관이 here-and-now와 세션 중의 수련생의 경험과 세션에서 있었던 어떤 언어적 중재에 초점을 둘 수도 있다는 것을 알았다. 관심을 끌었던 또 하나의 문제는 수련생이 그들의 세션을 녹화하지 않았다는 것이다. 녹화를 하기로 하는 결정은 융의 접근에 영향을 받았는데, 이것은 종종 교육지도에서는 처리단계에 포함되지 않는다. 수련생들은 교육지도 세션을 하는 동안에 내담자의 모래상자를 재현하였다.

Friedman이 모래상자 치료 교육관으로서 나보다 경험이 더 많다고 생각하지만, 나의 인본주의 접근은 교육지도를 크게 바꾸지는 않는다. 내가 해왔던 대부분의 모래상자 치료 교육지도는 3인1조 교육지도이다. 치료세션을 녹화했고, 상자 그 자체에 초점을 둔다 하더라도, 상자에는 그다지 집중을 하지 않고 그 처리과정에 더 집중했다. 언급하였듯이 상급학생과 치료사들과 주로 초점을 두는 분야는 교육지도 세션에서 그들의 here-and-now 경험이다. 나는 "이 세션 부분을 보면서 알게 된 것이 무엇이지?"라고 묻는다.

교육지도를 하는 동안에 초점을 두는 또 다른 중요한 것은 모래상자치료 세션의 처리 단계이다. 대부분의 상급 수련생들은 특정한 순간이나 처리단계의 두 가지에 관한 걱정과 질문을 가지고 교육지도 세션에 온다. 우리는 그 부분을 함께 보고 수련생과 내담자 사이의 상호작용을 탐구한다. 때때로 나는 내가 다르게 했을지도 모르는 것을 이야기하지만, 보통은 그것이 내가 사용하는 주된 중재는 아니다. 더 빈번하게는, 치료 세션과 교육지도 세션의 그 순간의 수련생의 경험을 탐구하고자 한다. 만약 수련생이 그럴 의지가 있으면, 보통은 자기인식이 더 높아진다.

모래상자치료 교육지도와 다른 3인1조 교육지도 세션에서 받는 흔한 질문 하나는 내담자의 감정, 저항, 또는 회피에 나는 어떻게 대응할 것인가이다. 수련생에게 내가 하는 것을 말하는 대신에 종종 그 수련생을 내담자로 하고 내가 치료사의 역할을 맡으면서 그 순간에 내가 하는 것을 보여준다. 그러나 나는 이것을 역할놀이 중재라고 생각하지 않는다. 나는 그것을 경험이라고 생각한다. 수련생들이 내담자처럼 연기를 하는 것이 아니라 내담자가 되기를 원하고, 수련생 자신의 감정이 경험의 일부가 되기를 원한다. 이런 경험적 접근은 상급수련생들과 치료사들에게 아주 효과가 좋았다.

요약

치료사 발달은 수련지도감독관과 치료사들이 이해해야할 중요한 문제이다. Ronnestad and Skovholt(2003)는 치료사/수련생의 요구를 이해하는데 유용한 포괄적인 치료사 발달 모델을 제시하였다. 치료사들이 자신의 발달 초기단계를 뒤돌아보게 함으로써 Ronnestad and Skovholt는 각 단계에서 기능을 하고 있는 수련생들로부터 각 단계에 대한 통찰을 모았다.

모래상자치료는 교육지도를 받는 상급 대학원생과 심리치료사들에게 효과가 좋은 자기 인식 활동이 될 수 있다. 발췌문의 수련생과 같은 수련생들이 교육지도에서 모래상자치료를 요구할 때, 나는 그들이 더 깊은 수준에서 문제를 탐구하고자 한다는 것을 알았다. 수련생들은 모래상자치료가 개인 차원에서 도움이 되었다고 말했다. 그들은 박사과정 학생으로서, 치료사로서 겪는 스트레스와 압박감에 관해 자신의 감정을 표현할 기회를 가진 것을 소중하게 여겼다. 나는 모래상자치료를 활용하는 상급학생들과 초보 치료사들을 교육지도 하면서, 모래상자치료의 교육지도를 경험에 의한 것으로 만들기 위해 노력한다.

숙지 사항

수련생을 위한 숙고할 내용

- 당신은 당신의 경험과 이전의 슈퍼비전을 어떻게 설명 하겠는가?
- 무엇이 도움이 많이 되었는가? 혹은 무엇이 도움이 되지 않았는가?
- 상담 / 치료 개발의 Ronnestad 및 Skovholt의 이론에서 당신은 어디에 적합하다고 생각하는가?
- 당신에게 가장 적절한 단계의 설명과 어떻게 관련이 있는가?
- 당신이 슈퍼비전에서 얻을 수 있는 것은 무엇이고 조언을 얻지 못한 것은 무엇인가?

수련 지도 감독관/상담 교육자를 위한 숙고내용

- 지금까지의 수련지도 감독으로서의 경험을 어떻게 설명 할 수 있는가?
- 당신이 좋아하는 것은 무엇입니까? 혹은 싫어하는 것은 무엇인가?
- 상담사 / 치료사 개발 이론에서 유용한 것은 무엇인가? 또는 도움 받지 못한 것은 무엇인가?
- 당신의 슈퍼비전 접근은 무엇인가?

11
연구

Yu-Pei Shen and Stephen A. Armstrong

놀이 치료

모래상자치료는 일종의 놀이치료로 생각된다(Carmichael, 1994; Flahive & Ray, 2007). "놀이치료는 경험적으로 입증된 치료방법이며 놀이를 아동의 자연스러운 언어로 활용할 수 있게 한다(Flahive & Ray, p.363)." Ray, Bratton, Rhine and Jones(2001)에 의해서 60년에 걸쳐 실시된 94건의 놀이치료 질적 연구 논문에 관한 메타분석은 놀이치료를 받는 치료집단이 대조집단보다 더 수행능력이 좋다는 것을 알았다(Cohen's d=.80).

모래상자

비록 놀이치료가 효과적인 중재라는 것이 밝혀졌지만 모래상자치료에 관한 연구는 부족하다(Flahive & Ray, 2007; Kestly, 2001; Shen&Armstrong, 2008). 일부 연구가들이 모래상자에 관한 질적연구를 시작했지만 대부분은 결과연구가 아니다. 모래놀이의 효과는 개별 사례 연구의 분석에 의해서 입증되었지만, 몇 안되는 연구가 소수의 모래상자를 연구한 것이었다. Pabon은 8세에서 17세까지 아동의 모래상자를 설명함으로써 학교환경에서 모래놀이의 효과를 논의하였다(Mitchell & Friedman, p.113). Pabon(2001)은 "모래상자 치료는 모든 연령의 사람들에게 활용되어 좋은 결과를 낼 수 있다(p.136)"고 말하였다. 그러나 Pabon의 내담자 성장의 증거는 일화적인 것이었다. Kestly(2001)는 초등학교에서의 집단 모래놀이 중재에 관하여 설명하면서, 교육목적과 사생활 보호가 무엇보다도 중요하기 때문에 실험연구를 위한 양적자료를 얻기 어렵다고 말했다(p.345). 그녀는 아동의 행동평가체계(BASC)를 모래놀이 효과의 사전검사와 사후검사 척도로 활용할 것을 권장하였다.

지금까지 실시된 연구의 일부는 모래상자치료의 효과를 연구하는 것이 아니라 다양한 집단의 모래상자의 특징을 연구한다. 예를 들어, Caprio(as cited in Mitchell & Friedman, 1994)는 50명의 성인 정신과 입원환자를 대상으로 모래상자치료의 효과를 연구하였다. 이 성인들은 입원해 있었지만, 그들의 모래상자치료는 희망적인 내용이었다. 뿐만 아니라 모래상자치료는 치료계획의 방향을 제시해주었다. 모래상자는 이전에는 표현되지 않았던 극적인 경험과 특정한 강점분야를 보여주었다. 조증 환자의 모래상자는 과도하게 가득 찼고, 우울증 환자의 모래상자는 텅 비었다.

Shaia(as cited in Mitchell & Friedman, 1994)는 아동 성학대의 경험이 있는 16명의 남자와 그렇지 않은 33명의 남자의 모래상자를 비교하여 모래상자 내용의 차이를 연구하였다. Shaia는 성적 학대를 당한 남자들의 모래상자에는 곰과 늑대가 들어 있었고, 학대를 받지 않은 남자들의 상자에는 곰과 늑대가 들어있지 않았다. ($p<.05$, 효과크기는 보고되지 않았다.) Shaia는 성적학대를 받은 남자들은 그렇지 않은 남자들보다 모래를 덜 만졌다. ($p<.05$. 효과크기는 보고되지 않았다.) 질적 연구에서, Miller(1979)은 성인들과 모래상자 치료를 활용한 9명의 치료사를 대상으로 면담을 하였다. 이 연구는 주로 치료사들이 내담자와 모래상자를 활용한 이유와 방법에 초점을 두었다. 모래상자를 이용한 이유에 관하여 물었을 때, 대부분의 치료사들은 모래상자가 표현과 자기발견에 도움이 된다고 말했다. 치료사들은 또한 모래상자는 내담자가 그들의 의식적인 인식수준을 넘어 이전에는 몰랐던 인식 영역으로 가게 해준다고 말했다. 대부분의 치료사들은 모래상자가 내담자의 정신내적역동에 대한 통찰을 제공해준다고 말했다.

대조적으로, Zarzaur(2004)은 한 사립학교에서 유치원에서 4학년까지 26명의 아동을 대상으로 연구를 실시하였는데, 모래상자 치료의 효과를 행동중재와 비교하였다. 상담에 위탁된 아동들을 무작위로 모래상자치료나 행동수정으로 배정하였다. Zarzaur는 두 조건의 아동에게서 아동행동확인 교사평가서에서 통계적으로 유의한 사전검사와 사후검사의 차이점을 발견하였다.

Mitchell and Friedaman(1994)은 이렇게 말하였다.

> 성과 연구는 다음과 같은 질문을 다루는데 중요하다. 어떤 종류의 환경에서 모래놀이를 활용해야 하는가?(기관, 학교, 병원, 부부상담, 집단상담, 개인치료)? 치료과정의 어느

> 시점에서 그것을 도입해야 하는가? 어떤 유형의 내담자에게 모래치료가 권고되는가? (p.113)

Mitchell and Friedman은 이 중재가 치료결과에 미치는 효과를 결정하기 위해서는 내담자와 치료사간의 언어적 상호작용을 연구해야한다고 제안하였다. 위에서 언급한 연구들이 지적하듯이, 모래놀이 치료사와 연구가들이 내담자들이 상자 처리에서 하는 것보다는 상자 그 자체의 내용에 더 초점을 두는 경향이 있다. Mitchell and Friedman이 제기한 질문에 답하기 위해서는 현재로서는 결과연구가 부족하지만, 환경의 종류, 내담자의 유형, 모래상자를 도입해야 하는 시기와 같이 제기된 문제들에 답을 하는 최근의 두 연구에 대해 여기서 논의할 것이다.

Flahive and Ray

Flahive and Ray(2007)는 수업 중에 지장을 주는 행동과 같은 행동 문제를 겪고 있는 56명의 사춘기이전 아동들(실험집단 28명과 대조집단 28명)에게 집단 모래상자 치료의 효과를 연구하였다. 사전검사/사후검사 실험설계를 이용하여, 미국의 남서부에 있는 한 초등학교에서 연구를 실시하였다. 참가자들 중에서 29명은 남학생, 27명은 여학생이었고, 35명은 히스패닉, 16명은 백인, 5명은 흑인이었다. 실험집단의 참가자들은 10주간 일주일에 한 번 집단 모래상자치료를 받았다. 사후검사 후, 대조집단도 역시 중재를 받았다.

Flahive and Ray(2007)는 실험집단과 대조집단 사이에 아동-교사 평가척도에 대한 행동평가척도(BASCTRS)에 관한 행동증상지수(BSI)에서 통계적으로 유의한 차이를 발견하였다. F(1.53)= 4.98, p=.03, Cohen's d=.53. Cohen's d 와 같은 효과크기는 차이의 크기를 평가하는데, Cohen's d .5는 보통의 효과로 생각되며, 이것은 두 집단 간에 대략 one-half(0.5)의 표준편차의 차이로 해석할 수 있다. Flahive and Ray는 비록 실험집단 평균의 행동이 약간 개선되었지만, 대조집단 평균의 문제행동은 악화되었다.

Flahive and Ray는 BASC-TRS의 내면화 행동문제 척도에 관하여 실험집단과 대조집단 사이에 통계적으로 유의한 차이를 발견하였다. F(1.53)= 4.04, p=.04, d=.59. 또한 연구가들은 BASC-TRS의 외면화 행동 문제척도에 관하여 통계적으로 유의한 차이를 발견하였다. F(1,53)=10.44, p<.01, d=.54. Flahive and 부모-아동 평가척도에 대한 행동평가척도의 외면화 행동문제 척도에 관하여 실험집단과 대조집단 사이에 통계적으로 유의한 차이를 발견하였다. F(1,43)=4.90, p=.03, d=.63.

"교사가 평가를 할 때 10회의 세션에서 집단 모래상자치료에 참가한 아동은 대기 대조집단에 지정된 아동들과는 유의한 차이를 보였다(Flahive and Ray, 2007, P.377)." 연구가들은 실험집단 아동들의 행동의 전반적인 개선은 약간이었지만, 대조집단 아동들의 행동은 상당히 악화되었다고 말했다. "대기명단의 대조집단에 지정된 아동들은 모래상자 집단 중재에 참가한 아동들에 비해 문제행동의 외면화가 상당히 늘었다(p.378)." 그들의 연구에서 집단 모래상자 치료의 영향을 요약하면서, Flahive and Ray는 "이 연구의 결과는 집단 모래상자 치료가 행동문제가 있는 사춘기이전 아동들에게 긍정적인 치료효과가 있으며, 적어도 증상의 악화를 방지하였다고 말했다(p.379)."

Shen and Armstrong

Shen and Armstrong(2008)는 자존감이 낮은, 7학년 어린 사춘기 여아 37명을 대상으로(치료집단 18명과 대조집단 19명) 집단 모래상자 치료의 효과를 연구하였다. 연구가들은 유사실험, 사전-사후검사 설계를 이용하여 미국 남서부의 중학교 세 곳에서 연구를 실시하였다. 참가자들은 평균 연령이 12세였고, 20명은 아프리카계 미국인, 12명은 백인, 5명은 히스패닉이었다. 치료집단의 참가자들은 5주 동안 일주일에 두 번씩 집단 모래상자치료를 받았다. 사후검사 후에는 대조집단도 역시 중재를 받았다.

Shen and Armstrong(2008)는 자존감을 측정하기 위해서 연구에서 널리 이용되어 온 자기관리 도구인 〈아동을 위한 자아지각 검사(SPPC, Harter, 1985)〉를 이용하였다. SPPC는 지각된 영역 특수적 능력을 평가하는 다섯 가지 하위척도(학업능력, 사회적 수용, 운동능력, 신체적 외모, 행동)와 전반적인 자기 가치를 평가하는 하나의 별도 척도(전체적인 자기가치)가 있다.

피험자간의 요소(집단 구성원)와 피험자 내적 요소(시간)를 포함하는 혼합 설계에서 얻은 자료를 분석하는데 SPANOVA를 사용하였다. Shen and Armstrong(2008)는 SPPC의 하위척도 6개 중에서 5개의 점수에서 통계적으로 유의한 상호작용 효과를 발견하였다. 연구가들은 학업능력에서 F(1,35)=13.758, p=.001, 통계적으로 유의한 상호작용 효과를 발견하였고, 사전검사와 사후검사 사이에 치료집단에서 통계적으로 유의한 단순효과, F(1,17)=15.132, p=.001, d=.68을 발견하였다. Shen and Armstrong은 치료와 시간마다 사회적 수용 하위척도의 점수에서 통계적으로 유의한 상호작용을 보고하기도 하였다. F(1,35)= 13.607, p=.001.

마찬가지로 연구가들은 치료와 시간마다 신체적 외모 하위척도 점수에서 F(1,35)=7.53, p=.01의 통계적으로 유의한 상호작용을 발견하였고 사전검사와 사후검사 사이에 치료집단의 통계적으로 유의한 단순효과를 'F(1,17)=12.658, p=.002' 발견하였다. Shen and Armstrong는 치료와 시간마다 행동 하위척도의 점수에서, F(1,35)=10.413, p=.003의 통계적으로 유의한 상호작용을 보고하였다. 그리고 사전검사와 사후검사 사이에 대조집단에서 F(1,18)=8.269, p=.01, d=.64의 통계적으로 단순 효과를 보고하였다. 마지막으로, 연구가들은 치료와 시간 간에 전반적인 자기가치의 점수에서 F(1,35)=8.039, p=.008의 통계적으로 유의한 상호작용을 발견하였고, 사전검사와 사후검사 사이에 치료집단에서, F(1,17)=14.807, p=.001, d=.83의 통계적으로 유의한 차이를 발견하였다.

요약하면, "SPPC의 하위척도 6개 중 5개에서 통계적으로 유의한 상호작용이 있었다. 뿐만 아니라, 단순효과의 효과크기는 주목할 만했고, 시간 경과에 따라 치료집단에서는 실제로 유의한 차이가 있었고 대조집단에서는 그와 상응한 변화가 없었다는 것을 보여주었다(Shen & Armstrong, 2008).”

요약

놀이치료는 “경험적으로 입증된 치료 선택”(Flahive & Ray, 2007, p.363)이기는 하지만, 모래상자의 효능을 입증할 양적연구가 많이 없다. 이전의 연구들은 모래상자의 창작, 특정 장애가 있거나 이전의 트라우마가 있는 참가자가 만들어낸 모래상자의 내용을 연구하였다. Friedman and Mitchell(1994)은 모래상자 치료를 위한 적합한 환경과 다양한 유형의 내담자에 대한 모래상자치료의 효과에 관한 문제를 다룰 성과연구가 필요하다고 하였다. Flahive and Ray 연구는 행동문제가 있는 사춘기이전 아동들과 학교환경에서 하는 집단 모래상자치료의 효과를 입증하는 증거를 제시하였다. Shen and Armstrong(2008) 연구는 집단 모래상자 치료가 자존감이 낮은 것으로 확인된 어린 사춘기 여아들에게 학교기반의 효과적 중재라는 것을 알았다. 이 연구는 사춘기이전 아동과 어린 사춘기 아동을 대상으로 학교환경에서 집단 모래상자치료의 효과를 연구하였다. 이런 최근의 연구결과는 모래상자 치료의 효과를 입증하는 뒷받침을 제공하지만 많은 연령과 보이는 문제점들을 연구하지는 않았다.

12
훈련(training)

훨씬 더 효과적이고 오래가는 학습은 학습자가 의미 있는 학습 경험을 만들어냄으로써 가능하다.

C. Beard and J.p. Wilson(2006, p.1)

체험을 통한 학습

나는 내담자와 경험적 접근을 이용하며, 교실에서 학생들을 위한 경험을 만들어낼 수 있을 때 학생들이 가장 잘 배울 수 있다고 생각한다. 청소년과 성인 내담자와 함께 모래상자치료를 활용하는 법을 배우기 위해서는 체험을 통한 학습이 가장 좋은 방법이라고 생각한다. 여러 발달 단계의 치료사들을 훈련시켜 오면서 여러분이 빨리 시작할수록 더 좋다고 나는 확신한다(Ronnestad & Skovholt, 2003). 모래상자치료 수업 상급반에서 나는 첫 시간에 학생들에게 모래상자를 만들어내라고 한다. Homeyer and Sweeney(1998)는 내담자와 모래상자치료를 활용하는 법을 배우는 첫 단계로 먼저 내담자로서 모래상자치료를 체험하는 것을 권장하였다. 이것은 매우 중요하며 이런 경험적 활동이 체험을 통한 학습의 첫 단계이다.

내가 수업을 가르칠 때(대집단 수업)학생들이 모래상자에서 장면을 만들고 난 후에 그들은 짝을 이루어 다른 학생과 그들의 모래상자장면을 처리한다. 지난 몇 년간 해왔던 훈련에서 대부분 이런 활동의 변형을 이용한다. 여러분이 장면을 만들어내고 처리하면서 이방식의 힘을 경험하면 모래상자가 얼마나 치료에 효과가 있는지 알게 될 것이다. 또한 내담자와 모래상자를 활용하는 방법과 시기를 체험할 수 있다. 앞에서 말했듯이 내담자와 모래상자를 이용하는 시기(or whether)의 타이밍이 매우중요하다.

모래상자훈련은 개인적으로나 교육지도에서 제공받을 수 있지만 이런 식으로 학생들이나 치료사들을 훈련시킬 기회가 많지 않았다. 보통 2명에서(3인조 교육지도)에서 20~25명의 수련생 집단으로 모래상자치료훈련을 제공한다. 수련생들이 그들의 장면을 만들고 난 후에 우리는 그 장면들을 처리한다. 보통 내가 소집단이나 치료사들을 훈련시킬 때 우리는 모래상자를 집단으로 처리한다. 각각의 수련생이 자신의 모래상자에 관하여 이야기하고 나는 각각의 수련생과 상담을 한다. 대집단에서는 수련생들이 그들의 상자를 먼저 짝을 지어 처리하고 그다음에 내가 더 상담을 하고 싶은 사람이 있는지 묻는다. 그 집단 앞에서 몇 명의 개별 수련생들과 이 책의 파트II에서 논의한 촉진기술을 보여준다. 훈련 전에 수련생들을 만나본 적은 없지만 수련생을 위해 시범 치료를 할 수 있도록 안전한 환경을 만들 수 있다. 어떤 수련생들은 here and now로 감정을 느끼려고 하고 또 어떤 수련생들은 많은 감정을 느끼기를 두려워한다. 어떤 식으로든 감정을 억제하는 내담자와 상담하는 법을 보여줄 수 있기 때문에 수련생들이 시범을 보는 것은 도움이 된다. 사실 내가 수업에서 모래상자수업을 가르칠 때 8장에서 논의한 기술을 시범보일 수 있도록 학생들에게 저항을 하라고 요구한다.

모래상자를 처리하는 인본주의적 접근을 활용하는 법을 배우는 가장 좋은 방법은 매주 또는 일주일에 두 번 만나서 보고 연습하는 것이다. 이 훈련모델을 이 장의 뒷부분에서 더 자세히 설명하겠지만 여기서 간단히 언급하고자한다. 나는 이런 훈련모델에서 두 가지 방식으로 비디오녹화를 이용하였다. 즉 내가 치료사 역할을 하는 경우와 수련생이 치료사 역할을 하는 경우이다. 두 경험 모두 수련생들이 비디오로 보기에 귀중한 자료이다. 치료사 역할을 하는 수련생과 상담을 할 때 그 수련생은 나중에 녹화 비디오를 보고 자신이 감정에 대응하고 양극성을 다루고 저항에 대응하는 방식을 익힌다. 수련생이 치료사로서 세션을 녹화할 때 그는 자신의 강점과 성장영역을 알 수 있다. 언급했듯이 수련생들과 수련생들은 자신의 기술부족이나 약점을 보면 자기비판을 하는 경향이 있다. 나는 이런 접근을 배우는 수련생들과 수련생들에게 인내심을 가지라고 격려하며 here and now로 상담하는 법을 배우려면 시간이 걸린다고 강조한다.

물론 일주일에 한 번 하는 훈련모델은 수련생들이 운전해서 올 수 있는 거리에 살고 있지 않다면 효과가 없을 것이다. 그래서 나는 다른 훈련방식을 이용하였다. 몇 년 전에 오스트레일리아에서 나는 일일훈련을 하였는데 지금까지 실천을 해오고 있는 그 경험에서 여러 가지를 배웠다. 그 곳의 수련생들은 매우 미숙(경험이 없어)하였으므로, 나의 목적(그리고 그들의 목적)은 그들에게 모래상자치료를 소개하는 것에 더 초점을 두었다. 그러나 그 곳에서 배운 것을 차후의 간단한 모래상자치료 훈련세션에서 하려고 노력을 했다. 즉 설명이 경험과 결부되지 않는다면 그것에 대해 이야기하는데 너무 많은 시간을 보내지 말라는 것이다. 내가 왜 특정 방식으로 대응을 하는지를 설명할 때, 설명을 우리가 집단 내에서 가졌던 경험의 맥락에서 하려고 노력한다.

놀이치료 훈련

모래상자치료는 일종의 놀이치료이다. 모래상자치료처럼, 놀이치료에서는 내담자가 놀이와 활동을 통해서 간접적이며 비유적으로 자신을 표현한다. 아동들이 장난감을 사용하는 방식은 청소년과 성인들이 모래상자에서 소품을 사용하는 방식과 매우 유사하다. 1장에서, 모래상자치료의 훈련의 일부로서 놀이치료의 입문과정을 들으라고 권장하였다. 놀이치료 훈련은 어느 치료사든 모래상자치료에 더욱 효과를 볼 수 있게 해줄 것이다.

여러분이 질 높은 놀이치료 훈련을 받는 것이 중요한데, 의미있는 연구 증거로 뒷받침된 유일한 놀이치료 접근은 아동중심 놀이치료이다. 여러분의 이론적 접근과는 상관없이 이런 종류의 놀이치료 훈련을 받기를 권한다. 아동중심의 놀이치료의 철학은 이 책에서 설명하고 있는 인본주의적 접근과 완전히 일치한다. 질 높은 놀이치료 훈련(연수)이라는 말은 강사가 충분한 훈련이 되어 있어야 하며 체험을 통해 배울 기회를 가져야 한다는 의미이다. 체험을 통한 학습은 누구든지 다른 사람과 상담하는 법을 배우는 방법이며 놀이치료는 언어를 통한 상담방법과는 사뭇 다르다. 놀이 세션을 하는 동안 말을 하거나 하지 않는 어린 아동들과 상담을 하는 것은 필수이다. 4세에서 8세 아동과의 상담 경험이 없다면, 모래상자치료에서 여러분이 효과를 얻는데 필요한 지식과 기술과 경험을 제공하는 강의를 빠져서는 안 된다.

워크숍도 유익하고, 나는 정기적으로 학술회의에서 발표를 한다. 학술회의 발표에서 이 책에 관하여 들어본 적이 있을지도 모른다. 이런 종류의 훈련은 관심을 가지고 있는 수련생들에게 놀이치료와 모래상자치료를 소개하는 유익한 방법이다. 그러나 모래상자 훈련(sandtray training)은 워크숍에서 배울 수 있는 것보다 더 많은 것을 요구한다. 놀이치료사를 관찰하거나 누군가가 놀이치료에 관하여 말하는 것을 듣는 것이 도움이 되기도 하지만 그것을 행하는 것을 연습해야 한다. 체험을 통한 학습의 기회를 포함하고 있지 않은 놀이치료 훈련은 불충분하고 불완전하다.

놀이치료 과정의 입문을 가르칠 때, 나는 UNT에서 배운 모델을 따른다. 몇 주간의 수업에서 장난감을 가지고 짝을 지어 아동중심의 이론, 놀이의 의미, 촉진 반응과 제한 환경을 비롯한 모든 핵심적 개념을 다루고 나면, 학생들은 아동과(4-8세) 두 번의 가정실습을 계획한다. 그 후, 나는 녹화된 세션을 보고 그들에게 세션에 관한 피드백을 해준다. 몇 주 후에, 우리는 아동들을 놀이방으로 데리고 가서 학생들이 번갈아 가며 25분간 아동들과 상담을 하고 다른 세 명의 학생들과 나는 양방향 거울이나 모니터를 통해 그것을 지켜보는 미시적 실습 계획을 짠다. 이런 종류의 실무 훈련은 놀이치료에 필수이다.

훈련 모델

가능하다면, 12명 정도의 반에서, 또는 정기적으로 만나는 비공개 훈련 집단 내에서 모래상자 치료에 대한 인본주의적 접근을 배우는 것이 유익하다. 나는 이 두 방식 모두 성공적으로 활용했고, 참가자들은 실습에서 배운 기술과 인식을 활용할 수 있었다고 말했다. 이 모델이 다른 것들에 비해 분명한 장점은 3장과 10장에서 설명한 치료사 발달 모델과 맞다는 것이다. Ronnestad and Skovholt(2003)의 말처럼, 전문가로서의 성장과 발전 과정은 시간이 걸린다. 그러므로 이 접근을 배우는 가장 좋은 방법은 오랜 시간을 두고 배우는 것이다. 클래스 방식에서는 여름에 5주 동안은 일주일에 2회, 10주 동안은 일주일에 1회로 이것을 가르쳤다. 나는 10주 방식을 더 선호하지만, 더 효과가 있는지는 잘 모르겠다. 중요한 것은 학생들에게 수업을 떠나 클래스 밖에서의 접근을 하고 질문을 가지고 클래스로 돌아올 기회를 주어야 한다는 것이다. 나는 가능한 한 이 클래스를 경험을 하게 만든다.

더 좋은 방식은 8명 정도의 실습생들이 비공개 집단을 만들어 정기적으로 만나 이 접근을 배우는 것이다. 비공개 집단이라는 말은 집단이 모이고 나면, 장기간 동안 새로운 멤버를 들이지 않는다는 의미이다. 나는 학계에 있기 때문에 학기에 맞추어 사는 경향이 있는데, 학기가 집단을 유지하는데 좋은 기간이다. 나는 수련생들에게 한 학기에 몰두하라고 말한다. 나는 수련생들과 매주, 또는 2주에 한 번 만나는데, 매주 모임을 하는 것이 더 좋다고 생각하지만, 수련생들이 그렇게 하기는 어렵다.

집중 훈련

지난 일 년 동안, 이 접근을 배우고자 하는 치료사들과 학생들에게 원격 집중훈련을 제공하고 있다. www.sandtraytherapy-institute.com에서 여러분이나 집단을 위한 이런 종류의 훈련을 계획하는데 도움이 될 정보를 찾을 수 있다. 기본적으로 두 가지 선택이 있는 것을 볼 수 있는데, 달라스(Dallas)로 오거나 내가 여러분이 있는 곳으로 가서 여러분의 집단을 훈련시키는 일정을 잡을 수 있다. 앞으로는 도시를 선정하여 훈련할 계획을 짤 수 있겠지만, 아직은 그런 적은 없었다. 주말 내내 하는 세션보다는 일일 훈련세션을 더 많이 해왔지만, 일일 세션으로는 개념과 중재의 어느 부분도 충분히 받아들일 수가 없어, 일일 훈련은 이 접근 활용을 시작할 수 있게는 하지만, 훈련을 계속 따라할 수가 없다면, 계속해서 효과적으로 활용하기는 어려울 것이다. 2일 또는 3일 훈련을 하면 이 접근을 배울 시간이 더 많아진다.

최종적 견해

이 책이 여러분에게 도움이 되었기를 바란다. 책을 쓴다는 것은 나에게는 우여곡절이 많은 모험이었다. 책을 쓰기 전에는 하고자 하는 것에 대한 전반적인 생각이 있었지만 책은 나름대로의 생명이 있었다. 여러분이 치료사로서 발전하는데 내가 도움이 될 수 있다면, 언제든지 나에게 연락을 해도 된다. 나는 교수로서, 이메일을 자주 사용하니까 이메일을 통하면 가장 빠르게 연락이 된다.

여러분을 개인적으로 만나본 적은 없지만, 놀이치료 학술회의나 기타 전문가 회의에서 나를 보면, 다가와서 소개를 해주기 바란다.

진심으로 모래상자치료를 여러분이 만나는 내담자와 효과적인 중재로 활용할 수 있기를 바란다. 지도교육관이라면, 역시 이 책이 도움이 되었기를 바란다. 모래상자치료는 경이로움으로 가득 찬 모험이다. 우리가 모래상자치료를 내담자와의 중재로 활용할 때, 그들의 내면세계로 초대를 받는 권리를 가진다. 여러분이 배운 것으로 내담자가 여러분을 어디로 인도하더라도 그들과 함께 있을 수 있기를 바란다. 이 모험에 함께 해주신 것에 감사드린다.

참 고 문 헌

Allan, J(1988). *Inscapes of the child's world: Jungian counseling in schools and clinics.* Dallas, TX: Spring Publications.

American Counseling Association. (2005). *Code of ethics and standards of practice.* Alexandria, VA: Author.

Armstrong, S.A., & Simpson, C.S. (2002). Expressive arts in family therapy: Including young children in the process. *Texas Counseling Association Journal,* 30(2), 2-10.

Bachelor, A., & Horvath,A. (1999). The therapeutic relationship. In M.A. Hubble, B,L. Duncan, & S.D. Miller (Eds), *The heart and soul of change: What works in therapy* (pp.23-55). Washington, DC: American Psychological Association.

Beard, C., & Wilson, J.P. (2006). *Experiential learning: A handbook of best practices for educators and trainers* (2nd ed.). Philadelphia, PA: Kogan Page.

Benson, H. (1975). *The relaxation response.* New York: Morrow.

Bernard, J.M. (1997). The discrimination model, In C.E. Watkins, *Handbook of psychotherapy supervision* (pp.310- 327). New York: Wiley.

Boik, B.L., & Goodwin, E.A. (2000). *Sandplay therapy: A step-by-step manual for psychotherapists of diverse orientations.* New York: W.W. Norton & Company.

Bratton, S.C., & Ferebee, K. (1999). *Psychotherapy isn't what you think.* Phoenix, AZ: Zeig, Tucker & Theisen.

Burns, D.D. (1999). *Feeling good handbook.* New York: Penguin Group.

CACREp. (2001). Council for accreditation of counseling and related educational program 2001 standards. Retrieved October 5, 2006, from http://www.cacrep.org/2001Standards.html

Cain, D.J. (2002). Defining characteristics, history, and evolution of humanistic psychotherapies. In D.J. Cain & J.Seeman (Eds.), *Humanistic psychotherapies: Handbook of research and practice* (pp.3-54). Washington, DC: American Psychological Association.

Carey, L. (1994). Family sandplay therapy. In C.E. Schaefer & L. Carey (Eds.), *Family play therapy*. Northvale, N.J.: Aronson.

Carmichael, K.K. (1994). Sand play as an elementary school strategy. *Elementary School Guidance & Counseling*, 28, 302-307.

Carson, R. (2003). *Taming your gremlin: A surprisingly simple method for getting out of your own way*. New York: Collins.

Draper, K., Ritter, K.B., & Willingham, E.U. (2003). Sand tray group therapy with adolescents. *Journal for Specialists in Group Work*, 28, 244-260.

Erdman, P., & Lampe, R. (1996). Adapting basic skills to counsel children. *Journal of Counseling & Development*, 74, 374-377.

Flahive,M., & Ray, D. (2007). Effect of group sandtray therapy with preadolescents in a school setting. *Journal for Specialists in Group Work*. 32, 362-382.

Frank, J.D., & Frank, J.B. (1991). *Persuasion and healing* (3rd ed.). Baltimore: johns Hopkins University Press.

Friedman, H.S. (2008). Becoming a group sandplay supervisor: My personal odyssey. In H.S. Friedman & R.R. Mitchell

(Eds.), *Supervision of sandplay Therapy.* New York: Routledge.

Greenspan, S.I. (1993). Playground politics: *Understanding the emotional development of your school-age child.* Cambridge, Ma: Perseus Books.

Greenspan, S.I., Shanker, S.G. (2004). *The first idea: How symbols, language, and intelligence evolved from our primate ancestors to modern humans.* Cambridge, Ma: Da Capo Press.

Hansen, J. (2002). Postmodern implications for theoretical integration of counseling orientations. *Journal of counseling & Development,* 80, 315-321.

Hansen, J.T. (2005). The devaluation of inner subjective experiences by the counseling profession: A plea ti reclaim the essence profession. *Journal of counseling & Development,* 83, 406-415.

Herlihy, B. (1985). Person-centered Gestalt therapy: A synthesis. *Journal of Humanistic Counseling,* Education & Development, 24(1), pp.16-24.

Homeyer, L., & Sweeney, D. (1998). *Sandtray: A practical manual.* Self-Esteem Shop.

Jacobs, R.H., Reineche, M.A., Gollan, J.K., & Kane, p. (2008). Empirical evidence of cognitive vulnerability for depression among children and adolescents: A cognitive science and development perspective. *Clinical Psychology Review,* 28(5), 759-782.

Jones,A. (1989). *Soul making: The desert way of spirituality.* New York: HarperOne.

Kagan, N. (1980). Influencing human interaction-Eighteen years with IPR. In A.K. Hess(Ed.), *Psychotherapy supervision:*

Theory, research, and practice (pp.262-283. New York: Wiley.

Kagan, H.K., & Kagan, N.I. (1997). Interpersonal process recall: Influencing human interaction. In C.E. Watkins, *Handbook of psychotherapy supervision* (pp.296-309). New York: Wiley.

Kalff, D. (1980). *Sandpaly, a psychotherapeutic approach to the psyche*. Santa Monica, CA: Sigo Press.

Keating, T. (1992). *Open mind, open heart*. New York continuum Publishing.

Kestly, T. (2001). Group sandplay in elementary schools. In Drewes, A., Carey, L., & Schaefer, C. (Eds.), *School-based play therapy* (pp.329-349). New York: John Wiley & Sons.

Kirschenbaum, H. (1979). *On becoming Carl Rogers*. New York: Delacorte.

Kirschenbaum, H., & Henderson, V.L. (1989). *The Carl Rogers reader*. Boston: Houghton Mifflin.

Korb, M.P., Gorrell, J., & Van De Riet, V. (1989). Gestalt therapy: Practice and theory. Elmsford, NY: Pergamon Press.

Kottler, J.A., & Brew, L. (2003). *One life at a time: Helping skills and interventions*. New York: Brunner-Routledge.

Kramen-Kahn, B., & Hansen, N.D. (1998). Rafting the rapids: Occupational hazards and coping strategies of psychotherapists. *Professional Psychology: Research and Practice*,29,130-134.

Landreth, G. (2002). *Play therapy: The art of the relationship* (2nd ed). Muncie, IN: Accelerated Development.

Loganbill, C., Hardy, E., & Delworth, U. (1982). Supervision: A conceptual model. *The Counseling Psychologist*, 10, 3-42.

Lomonaco, S., Scheidlinger, S., & Aronson, S. (2000). Five decades of children's group treatment: An overview. *Journal of Child & Adolescent Group Therapy*, 10, 77-96.

Mahoney, M.J. (1997). Psychotherapists' personal problems and self-care patterns. *Professional Psychology: Research and Practice*, 28, 14-16.

Maslach, C., & Leiter, M. p. (1997). *The truth about burnout*. San Francisco: Jossey-Bass.

Mayeroff, M. (1990). *On caring*. New York: Harper Perennial.

Miller, R.R. (1979). Investigation of a psychotherapeutic tool for adults: The sandtry. *Dissertation Abstracts International*, 43(01), 257B, (UMI No. 8207557)

Mitchell, R.R., & Friedman, H.S. (1994). Sandplay: Past, present and future. New York: Routledge.

Mosak, H.H. (2005). Adlerian psychotherapy. In R.J. Corsini and D. Wedding(Eds.) *Current psychotherapies* (7th ed.). Belmont, CA: Brooks/Cole.

Myers, J. E., & Williard, K. (2003). Integrating spirituality into counselor preparation: A developmental, wellness approach. *Counseling and Values*, 47, 142-155.

Oklander, V. (1988). *Windows to our children*. Highland, NY: Gestalt Journal Press.

Pabon, A.J. (2001). Sandplay therapy in a time-limited school-based program. In A.A. Drewes, L.J. Carey, & C.E. Schaefer (Eds.), *School-based play therapy* (pp.123-138). Hoboken, NJ:John Wiley & Sons.

Pope, K.S., & Tabachnick, B.G. (1994). Therapists as patients: A national survey of psychologists' experiences, problems and beliefs. *Professional Psychology: Research and Practice*, 25, 247-258.

Prochaska, J.O., DiClemente, C.C., & Norcross, J.C. (1992). In search of how people change: Applications to addictive behavior. *American Psychologist*, 47, 1102-1114.

Ray, D., Bratton, S., Rhine, T., & Jones, L. (2001). The effectiveness of play therapy: Responding to the critics, *International Journal of Play Therapy*,10,85-108.

Rogers, C.R. (1942). *Counseling and psychotherapy: New concepts in practice*. Boston: Houghton Mifflin.

Rogers, C.R. (1959). A theory of therapy, personality and interpersonal relationships, as developed in the client-centered framework. In Koch, S. (Ed.) *Psychology: A study of science: Vol. 3. Formulations of the person and the social context* (pp.184-256). New York: McGraw-Hill.

Rogers, C.R. (1961). *On becoming a person*. Boston: Houghton Mifflin.

Rogers, C.R. (1989). A client-centered/person-centered approach to therapy. In H,Kirschenbaum & V.L. Henderson (Eds.), *The Carl Rogers reade*r. Boston: Houghton Mifflin.

Rohr, R. (1999). Everything belongs: The gift of contemplative prayer New York: Crossroad Publishing.

Ronnestad, M.H., & Skovholt, T. M. (1993). Supervision of beginning and advanced graduate students of counseling and psychotherapy. *Journal of Counseling & Development*, 71, 396-405.

Ronnestad, M.H., & Skovholt, T. M. (2003). The journey of the counselor and therapist: Research findings and perspectives on professional development. *Journal of Career Development*, 30, 5-44.

Sexton, T.L., & Whiston, S. C. (1994). The status of the counseling relationship: An empirical review, theoretical implications, and research directions. *The Counseling Psychologist*, 22, 6-78.

Shen, Y., & Armstrong, S. A. (2008). Impact of group sandtray therapy on the self-esteem of young adolescent girls. *Journal for Specialists in Group Work*, 33, 118-137.

Skovholt, T.M. (2001). *The resilient practitioner: Burnout prevention and self-care strategies for counselors, therapists, teachers, and health professionals.* Needham Height, MA: Allyn & Bacon.

Skovholt, T.M., & Ronnestad, M. H. (1992). Themes in therapist and counselor development. *Journal of Counseling and Development*, 70, 505-515.

Skovholt, T.M., & Ronnestad, M. H. (2001). The long, textured path from novice to senior practitioner. In T. M. Skovholt, *The resilient practitioner: Burnout prevention and self-care strategies for counselors, therapists, teachers and health professionals* (pp.25-54). Needham Heights, MA: Allyn & Bacon.

Stoltenberg, C. (1981). Approaching supervision from a developmental perspective: The counselor complexity model. *Journal of Counseling Psychology*, 28, 59-65.

Summit on spirituality: Counselor competencies. (1997). *ACES Spectrum*, 57, 16.

Turner B.A. (2005). *The Handbook of Sandplay Therapy.* Cloverdale, CA: Temenos Press.

Vernon, A. (2002). *What works when with children and adolescents: A handbook of individual counseling techniques.* Champaign, IL: Research Press.

Wadsworth, B.J. (1996). *Piaget's theory of cognitive and affective development: foundations of constructivism.* (5th ed.) White Plains, NY: Longman.

Williams, M. (1983). *The velveteen rabbit.* New York: Little Simon.

Yalom, I.D. (1995). *The theory and practice of group psychotherapy* (4th ed.). New York: Basic Books.

Zarzaur, M.C. (2004). The effectiveness of sandtray therapy versus classroom behavior management on the improvement of school behavior of kindergarten through fourth-grade students. *Dissertation Abstracts International,* 65(11), 4121B, (UMI No. 3153961)

부록 A

DVD 세션의 대본

Steve (S) 시작합시다. 방금 장면을 만드셨는데, 이 장면은 어떻게 보이나요?

1) **내담자 (C)** 그 장면을 만들면서, 제가 그 장면 안에서 그리는 느낌을 저 스스로 느끼게 했습니다. 그것에 대해 아직 말해주지는 않았지만 이미 느끼고 있는 것 같은 느낌입니다. 나는 벌써 그 감정을 아직 느끼고 있는데, 이는 나를 아프게 하는 것입니다. 왜냐하면 그것들이 고통스러운 감정이기 때문입니다.

S 그래서 벌써 고통을 느끼고 있으시군요.

2) C 저를 아시잖아요. 그것에 관해 인식하려고 노력하는 중입니다. 그저 장난감을 들고 있는 것은 이해가 되지 않지만 나는 내가 생각하고 있는 계획을 생각한다는 것이 나에게 고통을 주는 것이라고 추측합니다.

S 뭐 그렇죠. 그러면, 당신은 무언가를 주목하고 있고, 예전에 이야기하여 아시는 대로 다른 사항에 마음을 두고 있는 것이 아마도 좋을 것입니다. 그러니까, 실제로 당신의 삶에 있는 사항에 집중하시라고 말씀드릴 때에는 단지 신경을 쓰는 것만으로 고통을 느끼는 거지요. 저는 그렇게 추측합니다.

3) C 예, 신경을 쓰기만 해도 그렇습니다.

S 그래서 당신이 그 장면을 만드시면서, 소품 작업이 끝난

후에도 들거나 그냥 소품을 집기만 해도 감정이 느껴지시는 겁니다. 당신이 이와 같은 감정을 느끼고 계시다는 것을 알겠는데, 지금 무엇을 알아챘나요?

4) C 너무 슬퍼질 것 같아서 두려워요. 너무 슬픈 건 멀리 하고 싶어요. 슬픔과 함께 있는 것과 슬픔을 멀리 하려는 사이에서 갈피를 못 잡겠어요.

S 어느 것을 하더라도 괜찮습니다. 지금은, 슬픔에서 벗어나 있다고 느껴집니까?

5) C 다른 것을 생각하는 것만으로도 좀 걱정입니다. 왜냐하면 저는 너무 많은 다른 슬픔 요인들을 갖고 있기 때문이지요. 고통의 많은 요소를 표현하게 해 준다는 점에서는 좋은데 그 고통을 키우고 넓게 하는 것은 좋지 않은 것 같아요.

S 뭐, 이리로 가려고 하는데, 고통에서 벗어나고 싶으면 그것도 괜찮고, 그 속으로 가고 싶으면, 그것도 괜찮아요. 꼭 옳은 길이 있는 게 아니에요. 아시는 바대로, 곧 상자 안에 있는 여러 물건에 대해 말씀해 달라고 부탁할 것입니다. 그러나 내가 거기에 가는 것을 바라지 않는다는 것을 아신다면 그것도 좋아요. 꼭 그럴 필요 없어요. 정말로 그건 당신에 달렸지요. 그리고 당신이 뭔가를 경험하지 않기로 결심했다면 난 당신의 결심대로 상담할 것이고, 우리는 당신이 정한 방향으로 진행할 겁니다. 그래서 아마도 - 나도 몰라요- 아마도 거기에 들어왔다 나왔다 하는 것이 있을 것이고 그 것은 좋을 겁니다. 이것은 보통 이런 식으로 움

직여요.

6) C 글쎄, 제가 나아지기 위해 필요한 감정을 느끼려고 하는데, 시간이 오래 걸린다고 말을 하려 했어요. 그리고 사람들이 "이제는 다음 단계로 나아갈 때라고 생각해요?"라고 말해요. 그래서 내가 여전히 매우 아프다는 생각이 '뭔가 잘못 되었구나' 라고 생각하게 만들어요.

S 다른 사람들이 그렇게 말할 때에는, 다른 사람들이 당신이 다음 단계로 나아가도록 압력을 가하는 것 하고 스트레스로 경험하시는 것 같군요.

글쎄요, 그것에 대해서 내가 어떻게 생각하는지 아시잖아요? 다음 단계로 나아가시라는 압박감으로 느끼시길 바라지는 않습니다. 그냥 그런 거예요. 나는 분명 그렇게 느끼는 집단에 속하지 않아요.

7) C 그러나 저는 이런 감정을 느끼고 싶지 않아요. 단지 극복하고 싶어요. 단지 고통을 극복하고 싶어요.

S 그래서 고통을 천천히 해결해 나가고 싶지만 그것을 느끼고 싶지는 않고 그냥 끝나기를 바라시는 거군요.

8) C 예, 어떻게든 할 수 있으면 거기에서 완전히 벗어나길 원해요. 램프의 지니처럼 완전히 벗어나고 싶어요. 그런 선택을 원해요

S 뭔가를 끊어버리면 좋겠지요. 그리고 지금 고통을 느낍니까?

9) C 장면을 만들 때 그랬어요.

S 좋습니다. 그리고 이제는 돌아온 건가요? (정지) 지금 하고

자 하는 것은 집중입니다. 이걸 하는 데에는 몇 가지 방법이 있지요. 상자 전체를 나에게 말해 줄 수도 있고 혹은 그 중 당신이 중요하다고 생각하거나 당신 눈에 뜨이거나 당신이 집중하기를 원하는 일부에 집중할 수도 있어요.

10) C 제가 선택하는 모든 것이 저에게는 의미가 있어요.

S 그래서 아마도 전부 모두에 집중하겠군요.

11) C 의미가 없으면 선택하지 않았어요.

S 좋습니다.

12) C 저는 강의 보트에 있어요. 그리고 저는 일종의 지나친 낙천주의자예요(Pollyanna). 왜냐하면 Noah의 일이 어떻게 되어가는 지 알지 못하였고 놓친 것들이 있기 때문이에요. 그리고 그것이 부정(denial)이었는지 무엇이었는지는 몰라요. 그러나 지금 돌아보니 저는 그저 실패처럼 느껴요. 그리고 지나친 낙천주의는 현실과 접촉하지 않는 거예요. 그리고 그 고무 밴드는 제가 Noah를 구하려 하는 것 이지요. 저는 꿈을 꾸었고 꿈속에서 그를 구하려 하였고 구하기를 바랬어요. 그런데 그는 다리 밑 물에서 익사했어요. 고무 밴드가 그의 목 주위에 있는데 목 졸려 죽는 것을 의미해요. 내가 보트에 있는 이유는 두 장소(양극성) 사이에 잡혀있기 때문이에요. 나는 보다 편안하고 고통이 없는 내세에 있고 싶어요. 그래서 이쪽은 천국이고 이쪽은 현세구요. 등대는 좀 멀리 있는데 희망을 나타냅니다. 왜냐하면 지금 저는 별로 희망을 느끼지 못하기 때문이에요. 그리고 노아는 어른이라기보다 어린 소년이에요. 왜냐하면

16년을 생각할 때 그것은…… 그는 여전히 내 아이이기 때문이에요. 그가 어쩌면 어른처럼 보이지만 아직 내 아이예요. 그 애와 단지 16년을 보내는 것만으로는 충분하지 않아요. 그리고 나는 소년 시절에 그 애를 실망시켰어요. 그리고 천국에서는 …… 노아, 아시죠, 그는 자연을 사랑했어요: 캠핑, 그리고 나무 집 같은 거 말이에요. 그래서 노아는 독수리이고 높이 날아서 나무에서 이제 행복해요. 그리고 독수리 날개라는 노래가 생각나요. 그의 장례식 때 그 노래를 연주했어요. 그는 날개 위로 당신을 들어 올릴 거예요. 그래서 그는 지금 행복해요. 나비들은 천국에서 그와 즐기고 있는 다른 사람들을 나타내요. 나도 그곳에 가고 싶은데 내가 70살이거나 몇 살이 되던 간에 그 때까지 기다리고 싶지 않아요. 그와 함께 하기 위해 기다리기에는 너무 긴 시간이에요. 너무 긴 시간처럼 느껴져요. 그리고 하나님은 …… 나는 아직도 하나님에게 화가 나 있어요. 하나님은 마법사에요. 왜냐면 일종의 대체로 마음대로 하는 것처럼 보여서요. 제가 이런 일을 당했다는 것은 불공평해요 말씀 드린 바와 같이 좋은 기독교인이고 생애에 나쁜 짓을 하지 않았어요. 나는 내가 안전하다고 생각했어요. 그런데 이유도 없이 이런 일을 당했어요. 그건 불공평해요. 하나님에게 돌아 갈 길을 찾아서 하나님을 믿어야 해요. 하나님을 어떻게 믿죠? 성경에서 그가 우리를 안전하게 지킬 거라고 읽었죠. 그리고 이런 일이 생긴 다음, 당신은 “그가 당신을 안전하게 지킬 거라고 성경이 말했다"고 했지요. 그는 우리를 안전하게 지켜주지 않았어요.

S 그래서 노아가 죽기 전에는 그가 당신을 안전하게 지켜 주리라는 느낌을 가졌죠. 그리고 노아가 죽고 나서 내가 몰랐다던지, 잘못된 궤도 위에 있었다던지, 혹은 나는 당신이 우리를 안전하게 해 줄거라 생각했는데 그렇지 않았다 뭐 이런거였지요.

13) C 방금 참 순진했다는 것을 깨달았어요. 아무도 안전하지 않다는 것 혹은 좋은 사람이라는 것이 나쁜 일이 그 사람에게 안 생긴다는 것이 아니라는 것, 저는 그것이 사실이라고 생각하는 땅에서 살았어요. 그 때에 나는 세상을 더 사랑했어요. 왜냐하면 지금 저는 그 때 했던 것보다 더 걱정을 하거든요

S 좀 냉혹하게 혹은 그렇게 들리는군요. 세상은 당신이 생각했던 것보다 더 거칩니다.

14) C 그래요, 정말 그래요.

S 만약 여기 나무 위에 있는 노아에게로 돌아갈 수 있다면, 당신은 그가 자연을 얼마나 사랑하는지에 관해 이야기 할 것입니다. 그가 거기 있으니까 당신은 나비가 천국에 있는 다른 사람들을 의미한다고 말했다고 생각합니다. 그리고 그들은 행복하다고, 하지만 당신이 그에게 집중하면 편안해지겠지만, 나는 모르지만, 그것에 대해 이야기를 하면서는 천국에 있는 그와 여기 나무 위에 있는 그를 묘사할 때만큼 편안하게 보이지는 않았습니다.

15) C 그가 행복하다고 생각하는 것이 내게 위안을 주니까 그렇

게 생각해야 한다는 것을 알아요. 하지만 그의 행복을 더 많이 생각하고 내 슬픔을 적게 생각해야 고통을 덜 느낄 수 있어요

S 당신은 그래야만 할 것 같이 들리는군요.

16) C 예, 저는 그걸 잘 하고 있는 것 같지는 않아요.

S 그러니까 당신은 그의 행복에 집중해야 한다고 느끼거나 믿는다는 거죠. 그러나 그러기가 힘들지요. 당신의 상실 경험이 압도해 어떤 일이라도 그것은 그 이면정신에 있다는 말이죠.

17) C 많은 사람들이 그렇게 말해요. 많은 사람들이 그런 충고를 하지요. 그는 이제 행복하고, 중독과 싸우지 않아도 된다고요. 그것은 누구나 하는 충고인데 하도 많이 들었기 때문에 그것은 이제 해야 할 것 같아요.

S 그런데 내면적으로 느껴지지는 않는다는 거지요. 당신에게 그런 말을 해 주는 것은 다른 사람인데 그런 충고를 들으면 어떤가요?

18) C 그의 행복에 집중하지 않아서 죄 지은 것 같아요. 내 슬픔은 잊어버리고 그의 행복을 생각만 할 수 없나요? 그러나 알잖아요. 지난 번 여기 마지막으로 있었을 때, "네가 나에게 어떻게 이럴 수가 있어? 아들아"라고 나에게 말하며 이야기 했지요. 나는 여전히 그 분위기에 있어요. "네가 나에게 어떻게 이럴 수가 있어? 아들아" 나는 머지않아 행복한 쪽으로 가서 내가 그와 함께 있기 때문에 오랫동안 행복할 것이라고 확신해요. 그러나 당장 지금은 내가 거기에 없

죠.

S 당장 지금 당신이 어떻다고요?

19) C 나는 보다 행복한 어딘가를 원하는 고통에 빠져있고 안전을 걱정하죠.

S 다른 나쁜 일이 생기게 되나요? 당신이 말한 대로 "네가 나에게 어떻게 이럴 수가 있어? 아들아" 이게 당신이 한 말인가요? 말을 해 보니 당신이 그것을 다시 느끼는 것으로 보입니다.

20) C 네가 나에게 어떻게 이럴 수가 있어 아들아? 어떻게 네가 나를 이리 끌어들일 수가 있어? 그것은 그가 나를 고문하는 것과 같아요. 그리고 그것은 전혀 논리적이 아니라는 것을 저는 알아요. 왜냐하면 누가 자살로 죽으면 그는 전혀 논리적이지 않고 다른 사람을 생각하지 않는다는 것을 저는 알아요. 그래서 논리적이지 않다는 것을 알지만 저는 그것을 느껴요

S 그것이 논리적이지 않을 지라도 그는 그러기로 한 선택을 했고 그 선택은 아직도 당신에게 이런 영향을 주고 있지요. 그가 당신에게 무슨 짓을 하려고 하지 않았을지라도 여전히 이런 감정을 느끼게 되었지요.

21) C 그래요

S 그래서 그 생각, 그가 했던 일과 그것이 당신에게 준 충격, 그가 자살한 것과 그것이 당신에게 준 충격을 생각하면, 바로 지금 그 생각을 하면 당신에게 어떤 일이 일어납니까?

22) C 아직도 엄청난 충격입니다. 그냥 엄청난 충격이에요. 전 많이 웁니다. 그리고 가끔 그의 가장 친한 친구 집에 가서 한 밤중 파자마를 입고 그를 집으로 데려 오려고 애쓰던 때를 생각해요. 나는 그를 구하려고 애쓰던 방법을 생각하고 다시 실패하는 것을 느끼게 되요.

S 이야기하기 어려운 일이라는 것 압니다마는 당신은 실패했다는 말을 여러 번 했어요.

23) C 아이가 자살해서 죽은 어떤 엄마라도 실패같이 느낄 거예요. 이건 당연한 것이죠.

S 이걸 알았어야 했죠. 이 이야기를 하면서, 조금 더 주의를 기울이고 징조를 발견하였어야 했다고 생각을 해요.

24) C 정말 멍청하게 느껴져요. 교육을 잘 받은 사람으로 어떻게 그리 무지할 수가 있나 믿기지가 않아요. 그러나 중독자는 음흉하고, 많은 사람을 속인다고 하지요. 제가 그 증인인 셈이죠.

S 나는 그가 당신에게 꽤 많이 거짓말을 했다고 가정합니다.

25) C 예, 그러면서 학교에서는 어떻게 잘 했는지 놀라워요. 그러고 어떻게 학교에서 잘 하고 어떻게 성적도 좋고 학교도 빼먹지 않았죠. 어떻게 되어가는지 우리에게 알려줄 예고 신호가 없었어요.

S 그래서 이 모든 다른 일들이 있음에도 그는 여전히 그 일을 해냈죠.

26) C 다른 면에 대해서도 이야기하길 원하세요?

S 그러시죠.

27) C 그래서 이제 이것이 제 세상이죠. 그리고 많은 즐거움을 느끼지 않아요. 그래서 그 안에 즐거움을 많이 넣지 않았어요. 여기 작은 애들은 Kirsten과 Daniel. 그들은 대문 앞에 있어요. 제가 그들을 안전하게 지키려 하니까요. 사탄은 마약과 술, 어린아이를 친 자동차, 그리고 세상의 모든 위험을 비유한 것이라고 생각해요. 뱀도 그것들에 이르는 사탄이죠. 그리고 저것은 그것들을 안전하게 지키려는 열망이죠.

물론, 저는 다 큰 3명의 소녀를 그곳에 두지 않죠. 그러나 그들을 안전하게 하고픈 바램은 있지요. 이것은 나에게 적대적인 것을 나타내요. 전투처럼 느껴요. 이것들은 내가 싸우고 졌던 전투를 나타내요. 아이를 잃으면 전투에서 진 거죠. 간단하게 말해서, 정말로 당신은 전투에 진 거에요. 왜냐하면 아이들을 기르면 성공한 것이고 하나를 잃으면 전투에서 진 거죠. 아마도 다른 아이들에 대한 것이 아니고 일종의 하나 아니면 모두이죠: 전부 아니면 꽝. 그리고 의사들, 가끔 저는 그들을 너무 믿었었다고 생각해요. 그들은 노아가 그들에게도 거짓말 하는 것을 잡아내지 못했죠. 그리고 나는 그가 있었던 외래환자 재활원, 한 곳을 신뢰하는데 그가 나에게 재활 치료를 받겠다고 하였죠. 그리고 나는 그들을 신뢰했고 지금 그게 잘못되었다고 느껴요. 그리고 이것은 그가 병원에 있었다는 사실을 나타냅니다. 우리는 병원이 그를 안전하게 지켜 주리라 믿었는데 그렇지 못했지요. 그래서 나는 의사나 정신 건강 전문가를 신뢰하는데 문제를 갖고 있어요. 지난여름 노아는 심리학자를 만났는데 그는 일을 잘하지 못했어요.

탱크는 여러 가지 방법으로 부모 노릇 하는 것을 힘들게 하기 위해 나를 향해 총을 쏘는 이 세상을 나타내요. 그리고 목사를 여기에 넣었는데 왜냐하면 어떤 의미에서 그것은 부분적으로 하나님이지만 또 부분적으로 나를 실망시킨 조직화된 종교예요. 우리가 전에 이야기 하였지요. 그리고 교회의 누구도 전혀 도움이 되지 않았어요. (이것도 이해 안됩니다) 나는 모든 천주교 규칙을 내가 생각하기로는 끝까지 따랐어요. 그리고 슈퍼맨 킹은 죠쉬이고 나는 정말 그를 뒤돌아보아야 합니다. 그는 슈퍼맨 입니다. 왜냐하면 그는 모든 것을 아는 것처럼 느끼고, 무엇도 그를 건드릴 수 없다고 느끼고, 노아에 대한 나의 경고를 들을 필요가 없었고, 모든 것을 알기 때문이에요. 그래서 그는 슈퍼맨이에요. 그는 누구 말도 들을 필요가 없어요. 그는 내가 치유를 하는데도 방해가 되었고 노아를 구하려고 하는데도 방해되었어요. 그는 나와 반대로 일했어요. 그래서 불행하게도 그는 이 길의 잘못된 편에 있거나 그를 나처럼 보트에 태워 이것을 헤쳐 나가기 위해 나를 돕도록 할 필요가 있어요. 그러나 그는 정말로 아니에요.

S 먼저 내 눈에 띄는 것 중 하나는 그것이 외롭게 보인다고 말 하려 하였습니다. 그가 얼마나 멀리 있는지 보기만 해도 알지요. 그러나 그가 멀기만 한 것이 아니고, 보트 근처

에 있지 조차 않아요. 그러나 노아가 살아 있었을 때와 죽고 난 후 둘 다 어떻게 그가 당신과 교감하는 것을 설명하였나요. 전에도 당신은 혼자처럼 느꼈고 지금도 혼자처럼 느끼는 것 같아요. 그는 단지 당신을 지원하지 않는 것이군요.

28) C 내 누이와 친구는 나를 도와주었으니 나와 같이 놓을 수 있었겠군요.

S 그러니까 완전히 혼자는 아니었군요. 그들은 여기 어딘가에 있을 수 있겠군요. 당신은 그들의 지원을 받는다고 느꼈군요. 자. 우리는 모든 것을 다 다루었고 잠시 후 뭔가로 돌아오지요. 그러나 잠시 당신의 신체에 주목하시기 바랍니다. 그리고 나에게 지금 바로 당신 신체에서 일어난 것 중 당신이 알게 된 것을 나에게 말해 주세요.

29) C 저는 방금 무엇인가가 희망이 나에게 돌아오게 해 주기를 바랬어요: 다시 안전하다고 느끼는 것. 그리고 내가 일주일에 두 번씩 상담을 받거나 병원을 가거나 아니면 뭘 해야 되는지 모르겠어요. 희망을 가져오기 위해 나를 도와줄 무언가가 있어야만 할 것처럼 보여요. 나는 이미 그 때문에 많은 알약을 먹고 있어요. 그러나 그들은 희망이라는 알약이 없어요. 희망이라는 알약이 필요해요.

S 그래서 단지 희망적이기가 어렵군요.

30) C 나는 노아가 그리워요.

S 다시 말해 보세요.

31) C 네가 너무 그립다. 나의 뇌에서 일어나는 일 중 하나는 그

의 어린 시절을 다시 경험하는 것이지요. 되돌아가서 그가 어렸을 때 같이 집에 머물기를 원하는 것과 같아요: 되돌아가서 모든 것을 다시 하길 원하는 것이 정상인가요? 어떻게 생각해요? 당신은 어떤 것이라도 하기를 원하지요.

S 그래서 시간을 되돌려 그것을 다시 재생하신다는 거세요?

32) C 누가 사라진 다음에는 그 사람의 사진이 더 있었으면 해요. 나는 그의 녹화테이프를 갖고 있었으면 해요. 많은 것을 가졌으면 해요. 지금 가진 사진이라도 있어서 기쁘긴 하지만, 누군가 사라진 다음에는 충분하지 않다고 느껴요. 이번이 처음이라, 부모나 다른 무엇을 잃지 않아서, 죽음에 관해 이해를 할 만큼 죽음을 경험해 보지 않았어요. 나와 가까운 사람 누구도 죽지 않았어요. 우스울지 모르지만 내 나이의 여자들 죽음에 관해 더 많이 알지 못합니다. 그러나 그 점에서는 축복 받았다고 생각합니다.

S 당신은 복 받았습니다. 그러나 마지막 말은 비판으로 들립니다. 뭐라고 하셨었지요? 내 나이 또래 여자 치고는 우스운 것이라 하셨던가요?

33) C 모르겠어요. 당신과 가까운 사람을 잃어버리면 당신은 한동안 생명 있는 것에 감사하고 다시 감사하지 않는 패턴으로 살짝 되돌아갈까요? 저는 모르겠어요. 어떻게 되는 건지?

S 당신에게는 어떻던가요.

34) C 제에게는 아직도 너무 생생해요.

S 그러니까 어느 시점 이후에는 당신이 더 감사할 수 있기를

바라는군요.

35) C 나는 그와 함께 한 시간에 감사해요. 그러나 저는 더 많이 원해요. 이번 여름처럼 …… 여자 애들과 여행. 그것이 인생을 흘러가게 하고 당신이 갖고 있는 것을 정말로 즐기지 않는 대신에 내가 가지고 있는 것에 감사하려고 하는 것이 제 방식이에요. 어느 날 죠쉬와 이야기를 했는데 그가 말했습니다. "그럴 돈과 시간이 없어" 그에게 말하고 싶었습니다. "당신 평생에 걸쳐 그런 말을 할 수는 없어. 왜냐면 어떤 일이 일어났는지 봐" 그것은 다른 시간이 없을 때도 있다는 것을 깨닫게 해 줍니다. 그곳 물에 있는 그를 쳐다보기도 싫습니다. 단지 쳐다보기만 봐도 생각이 나니까요. 그래서 어떤 면에서는 좋다고 생각합니다. 왜냐면 그것이 내가 연출하는 것을 도와주고 아마도 그 트라우마를 극복하도록 도와줄 것이니까요.

S 그래서 지금 저는 두 가지를 알았습니다. 물에서 그를 바라볼 때 정말로 힘듭니다.

36) C 예, 매우 힘듭니다. 당신이 몹시 그들을 구하고 싶고 거의 구했는데 구하지 못한 내가 꾼 꿈과 같습니다.

S 그 말을 다시 한 번 하세요. 그런데 당신이라는 말 대신 나라는 말을 사용하세요.
즉 "내가 몹시 ……." 이런 식으로요.

37) C 나는 몹시 그를 구하고 싶습니다. 나는 그를 구하고 싶습니다.

S 그래서 무엇보다도 – 조용 – 당신은 그를 구하고자 하는

것을 알고 있습니다.

38) C 물론이죠. 나는 이전의 날로 돌아가서 우리가 달리 했다면 또는 다르게 우리가 그를 구했었다면 하고 그 게임을 합니다.

S 그래서 이것을 혼자 되풀이하고, 되풀이하고 만약에 …만

39) C 한동안 이번 여름처럼 떠나 갈 겁니다. 그것을 많이 못했어요. 그렇지만 그 때는 학교가 시작한 후 다시 많이 했어요. 그래서 일종의 주기처럼 그것이 들어왔다 나갔다 하는 건지 잘 모릅니다.

S 당신이 주기적으로 들어옴과 나감에 대해 이야기 하니까, 내가 주목한 것은 여기에도 우리가 이것을 하는 동안은 정말로 이것에 밀물과 썰물이 있다는 것입니다.

지금 당신이 어느 지점에 도달한 것을 알았습니다. 그곳에서 당신은 잠깐 뒤집혔다 잠잠했다 그리고 다른 파도가 오고 혹은 어떤. 이것이 당신이 경험하고 있는 것입니까?

40) C 내가 지금 산만한지 모르겠습니다.

S 그렇게 보이지 않아요 …… 가끔 더 그래 보입니다- 그것이 평화인지 저는 모릅니다- 그러나 잠깐 잠잠한 감이 더 듭니다. 그리고 그러나 아마도 아닌 듯 …….

41) C 정말 저는 그리 생각하지 않습니다.

S 지난 수 분 동안 고요한 느낌이 없었군요.

42) C 내가 중지한 것을 알았습니다. 내가 어디에서 중지하고 좀 더 이성적이 되는 지 거의 당신이 말한 것과 같습니다.

S 그런 거지요

43) C 그래서 내가 중지하고 다시 생각하기 시작하면 그만큼 느끼지 못합니다.

S 당신이 생각하는 모드로 들어가면 – 그랬었지요 – 그것은 잠잠한 감이 아니었죠. 당신이 생각하는 모드로 들어가면 더 했고 심지어 전복되었습니다.

그래서 일상생활에서 당신이 해야 될 일을 할 때, 일하러 가고, 공부하고 …… 해야 할 모든 일. 그러면 내가 추측하건대 당신이 생각하는 모드에 있을 때 더 흔들린다.

44) C 물론이죠.

S 지금 그렇게 보입니다.

45) C 나는 통제를 잘 합니다. 내가 할 수 있을 때 감정모드에 들어가도록 합니다. 그 때는 학생과 그런 물건으로부터 떨어져 있습니다. 운전을 할 때 내가 나를 느끼게 할 수 있는 때가 있는데 그러면 그렇게 합니다. 좋은 거지요

S 기능할 수 있다는 것은 좋은 것입니다. 당신이 말한 바와 같이 당신이 학생들과 있을 때에는 주의력 있기를 바랍니다. 그러나 재미있는 것은 – 당신이 일 분 전에 그것을 통제하는 것에 대해 말했다는 것을 뜻합니다 – 일 분 혹은 이 분 전과 비교해서 지금 재미있습니다. 당신은 그것으로 이동하였고 당신은 상당히 흔들려 보입니다. 생각하는 모드에 있을 때 당신이 경험하는 방식인가요? 당신 보이기가.. 모르겠습니다. 전복까지 가 내가 생각해 낼 수 있는 유일한 말입니다. 그러나 내가 생각한 다른 말은 안에 있

기 강한 모드같이 보입니다. 강해지는 느낌 혹은 그 모드에 있을 때 어떤 종류의 힘이 있습니까?

46) C 힘, 추측하건대 통제 때문에 …… 내가 할 수 있을 때까지는 나 자신이 감정 모드로 들어가는 것을 허용하지 않습니다.

S 거의 사치 혹은 어떤 것으로 들립니다.

47) C 예

S 당신의 주에 당신이 그것을 전혀 할 수 없었던 때가 많이 있었습니다. 당신은 자유, 혹은 시간 혹은 그것을 할 수 있는 여유가 없는 것입니까?

48) C 시간제로 일하는 것이 좋았습니다. 왜냐하면 내가 노아를 생각할 기회를 더 많이 갖고 적절한 시간까지 미루지 않고 슬픈 감정에 빠져 볼 수 있기 때문입니다. 그것은 좋기도 나쁘기도 합니다. 왜냐하면 어린 애들이 있으면 …… 그들에게 너무 큰 슬픔을 보이지 않기 위하여 우리가 어떻게 말하는지 아시지요. 그래서 그들과 함께 있으면 그들이 내가 너무 슬퍼하는 것을 보지 않도록 하려고 매우 조심합니다. 그러나 그들이 내가 좀 슬퍼하는 것을 보아도 별 문제없다는 것을 알고 있습니다. 왜냐하면 그들이 내가 무엇을 겪고 있고 노아 때문에 아직도 얼마나 슬퍼하는지 알기 때문입니다.

S 당신은 그들 주변에서 자신 너무 많이 그것을 하도록 하지 않는군요. 조금은 보여주지만 너무 많이는 아닙니다. 그렇게 하는 것이 그들을 보다 안전하게 하는 것이라고 상상이 됩니다.

49) C 예 그들은 내가 우는 것을 좋아하지 않습니다.

S 많은 사람이 당신 우는 것을 좋아하지 않아 보입니다.

50) C 맞습니다.

S 그것을 극복할 때가 되었거나. 이전에 말하지 않았다는 것이지요. 이제 다음 단계로 나아가야 할 시간 같습니다.

51) C 사람들 앞에서 울면 사람들이 괴짜라 생각하며 당신을 바라 볼 것입니다. 그것은 정말 흥미로웠습니다. 왜냐하면 언니와 외출을 하는데 그녀는 내가 노아에 대해 말을 많이 하게 합니다. 그러면 내가 울기 시작하고 사람들은 …… 대중에게 그런 식으로 감정을 드러내는 것이 괜찮지 않다는 것이 우리 사회의 슬픈 면 같네요.

S 괜찮아도 될 때 그렇지 않다면 내가 연단에 올라가서 우리 사회에 대해 말하는 것이 쉽겠군요. 그들이 당신에게 무슨 일이 있었는지 알기만 한다면…… 8개월 밖에 안 되었잖아요 아들이 자살한 것을 8개월 만에 극복하라고 나한테 말하는 사람은 도리 없지요. 왜 그런 말을 하는 사람이 있는 거지요? 정말 기가 막힙니다.

52) C 당신이 말하는 것을 듣고 싶어요. 왜냐하면 그게 정상인자 아닌지 나 자신에게 묻기 시작했으니까요. 죠쉬가 그런 비슷한 말을 했어요. 그는 말할 겁니다. "그 이야기 꺼내지도 마"라고요. 괜찮다고 정말로 슬퍼하는 것이 정상이라고 사람들이 말하는 것을 듣기는 좋아요. 많은 사람들이 말해요, "나는 그것을 상상하기도 싫어요."
그게 정답이에요. 상상하기도 싫을 거예요. 왜냐하면 사람들이 그것을 상상하려고 한다고 느끼면 그들은 정말 ……

S 오늘 우리가 말하면서 제가 모르던 것을 알게 되었습니다. 다른 때에 우리가 그것에 대해 이야기한 것을 알고 있습니다만 조금 전 당신은 정상이라는 것에 대해 다시 말하였습니다. 그래서 그것은 거의 …… 거기에 가지 말라는 죠쉬의 말을 언급했습니다. 그래서 그의 말에서 당신이 얻은 것은 당신이 정상이라면 이렇게 많이 경험하지 않을 거라는 거지요. 사실입니까?

53) C 물론이죠. 당신이 정상이라면, 그에 관해 당신을 슬프게 하는 것들에 대해 생각하지 않겠죠. 당신이 그것을 봉쇄하지요. 그가 바로 그렇게 하고 내가 하기를 바라는 것이고 단지 나를 슬프게 하는 것들에 대해서 생각하지 않는 것이지요.

S 그래서 그의 방법은 자신의 감정을 봉쇄하는 것이고 당신에게 바라는 것은 - 정상이 되기 위해 - 당신의 감정을 봉쇄하는 것이죠.

54) C 그를 그것들로 괴롭히지 마세요. 나를 이용해 그를 괴롭히지 마세요. 그를 향해 운다든지, 팔로 안아주기를 기대한다든지 또는 다른 무엇을 …… 왜냐하면 너무 과분한 것이니까.

S 에 물론이지요, 이전에 이 문제에 관해 이야기 한 적이 있습니다. 그가 당신에게 정말로 바라는 것은 신경을 덜 쓰게 하는 것입니다. 그가 운이 별로 좋지 않았다고 생각하는데 그렇습니까?

55) C 신경을 덜 쓰게 한다. 슬프게 하는 부인 - 여보 미안해

S 당신에 대해 생각해 볼 때, 그는 신경을 덜 써도 되는 누군가를 선택할 수도 있었습니다. 그리고 당신은 신경을 덜 써도 되는 사람이 아닙니다. 당신은 사실 감정이 있고 문제들을 이야기하고 그것들을 양탄자 밑에서 쓸어내지 않지요. 그래서 내가 주목하고 싶었던 것은 나를 귀찮게 말라는 것이었습니다. 회상해보면, 당신을 상당히 오래 알았으니까, 노아의 일이 생기기 전 당신 삶을 회상해보면 죠쉬와의 관계에 있어 그것이 정말로 문제였지요: 나를 귀찮게 마!

56) C 정말 그래요. 그렇지만 지금 나에게 보다 의미가 있는 것은 나의 욕구가 그 어느 때보다도 정당하다는 것이지요. 곁에서 받쳐주는 파트너와 함께 슬퍼하고 싶다는 욕구는 엄마가 가질 수 있는 가장 정당한 욕구 같아요. 그래서 내 욕구가 얼마나 정당한 것이냐고 자신에게 하도 많이 물어봐서 이제는 묻지도 않아요. 나는 내가 그를 필요로 한다는 것을 알지만 그는 그것을 정당한 것으로 생각하지 않고 어떻게 반응할지를 몰라요.

S 당신이 당신의 욕구에 대해 정당하다고 말하니까 내가 생각하는 것 하나는 그것을 정당화 한다는 것도 당신에게는 불쾌한 것이지요.

57) C 아니에요. 날 알잖아요.

S 예 당신을 알지요. 그러나 그래서는 안돼요. 이 욕구는 정당하지요. 당신들 관계가 한동안 어떻게 작용해 왔는지 알

고 있으니까 내가 이런 식일 거라고 추측해봅니다. 그가 당신에게 말 한 것 중 일부는 당신에게 충격을 줘요. 당신은 자신에게 질문을 해요 그리고 그것이 정당한 욕구인지 아닌지 질문을 하지요

58) C 스티브 박사님. 당신이 나의 인생을 꽤 잘 요약했군요. 그는 매우 재미있어요. 왜냐하면 그는 오늘 내가 간다고 하면, "내가 가기를 원해요?" 라고 말하고, 저는 "버스터, 4개월마다 갈수는 없어요." 그런 식으로 되는 게 아니니까요.

S 글쎄요, 저는 사실 그가 오시기를 바라지는 않았을 거예요.

59) C 네, 알아요. 그런데도 매 4개월마다 그런 말씀을 하세요.

S 그럼, 모래상자에 대해서는 생각하시지도 않으시던 건가요? 제가 이번에 갈 수 있도록 당신이 가시는 건가요?

60) C 그는 도움이 되어 주세요.

S 제가 그분을 본 지 참 오래되었군요. 그래요, 이제는 생각하시는 모드에 들어가신 것 같으니 괜찮으시다면 지금 멈추기 적절한 시간 같군요. 저는 이 장면을 보는 걸 좋아해요. 정말로, 시작하기 전에 제가 말씀드렸던 것처럼, 이것에는 3차원적인 무언가가 있고, 정말 많은 이미지가 있네요.

61) C 네 그렇지요.

S 그래요, 오늘은 이걸로 이제 멈춥시다.

역자소개

▌전애영

E-mail: sory1060@hanmail.net

한국통합심리치료교육학회
부산동그라미아동가족상담센터
대구사이버대학교외래교수
동부산대학 겸임교수
대구계명문화대학교 외래교수
중앙신학대학원대학교 겸임교수

〈자격사항〉

한국발달자립지원학회(수련감독자)
한국통합심리치료교육학회(통합심리치료수련감독자)
한국휴먼표현예술 모래놀이협회(모래놀이심리치료수련감독자)
1급상담전문가(인간관계학회)
학교상담사(한국상담학회)
모래놀이치료전문가(한국모래놀이치료학회),
가족상담전문가1급(가족관계연구회)
놀이치료전문가(한국아동심리재활학회)
놀이치료전문가(한국모래놀이치료학회)
부모교육전문강사(PET, APT, HFC)
탄력적부모역할훈련(RPT개발자)치료놀이사(한국치료놀이연구회)
성격유형전문강사(MBTI, 에니어그램)
가톨릭심리상담사(부산가톨릭대학심리상담연구소)
가정폭력상담사(보건복지부)
성폭력상담사(보건복지부)
현실치료강사(한국심리상담연구소)
방과 후 치료놀이 보육교사(한국치료놀이 연구소)
인간중심표현예술치료전문가(나탈리 로저스 과정 치료사)

〈주요 논문 및 저서〉

석사(모-아 치료놀이 프로그램이 모-아상호작용에 미치는 영향)
박사(모래놀이치료에서 동물상징의 활용)
음성틱 아동의 모래놀이치료 사례 (한국아동심리재활학회)
또래관계 어려움이 있는 아동의 모래놀이치료사례(한국모래놀이치료학회)
학교폭력과 가출청소년의 모래놀이치료사례(한국모래놀이치료학회)
동화와 모래놀이치료에 나타난 동물상징성사례고찰(한국모래놀이치료학회)
모래놀이치료에서 동물상징의 질적사례 활용(한국아동심리재활학회)
장애유아 통합교육을 위한 치료(2회유아교육국제학술 심포지엄)
모래놀이로 읽는 '마음의 섬'(한글문화사)
심리를 읽어가는 모래놀이심리치료(공동체)

역자와의
협의하에
인지 생략

인본주의적 인간중심 모래상자 치료

2013년 8월 23일 인쇄
2013년 8월 30일 발행

역 자 전애영
발행자 박준식

발행처 도서출판 원미사
서울 성북구 장위 2동 65-192호 우남빌딩 202호
전화 : 02) 919-9630, 942-1276
등록 : 1994년 1월 18일(제6-192호)
E-mail : wonmisa9630@daum.net

정가 15,000원

ISBN : 978-89-5544-190-1